古典文獻研究輯刊

三五編

潘美月・杜潔祥 主編

第 **11** 冊

詩經世本古義
（第七冊）

陳 開 林 校證

國家圖書館出版品預行編目資料

詩經世本古義（第七冊）／陳開林 校證 -- 初版 -- 新北市：
花木蘭文化事業有限公司，2022〔民 111〕
目 4+212 面；19×26 公分
（古典文獻研究輯刊 三五編；第 11 冊）
ISBN 978-626-344-113-2（精裝）
1.CST：詩經 2.CST：研究考訂
011.08   111010303

ISBN-978-626-344-113-2

9 786263 441132

古典文獻研究輯刊
三五編　第十一冊　　　　　　　ISBN：978-626-344-113-2

詩經世本古義（第七冊）

作　　　者　陳開林 校證
主　　　編　潘美月、杜潔祥
總 編 輯　杜潔祥
副總編輯　楊嘉樂
編輯主任　許郁翎
編　　　輯　張雅淋、潘玟靜、劉子瑄　美術編輯　陳逸婷
出　　　版　花木蘭文化事業有限公司
發 行 人　高小娟
聯絡地址　235 新北市中和區中安街七二號十三樓
　　　　　　電話：02-2923-1455／傳真：02-2923-1452
網　　　址　http://www.huamulan.tw 信箱 service@huamulans.com
印　　　刷　普羅文化出版廣告事業
初　　　版　2022 年 9 月
定　　　價　三五編 39 冊（精裝）新台幣 98,000 元

詩經世本古義
（第七冊）

陳開林　校證

目

次

詩經世本古義卷之二十二

閩儒何楷玄子氏學

周僖王之世詩二篇

何氏小引

《大車》，美息媯，以醜楚子也。

《無衣七兮》，晉人刺曲沃武公也。武公伐翼，弒晉侯緡，盡以其寶器賂王請命。王使虢公命曲沃伯以一軍為晉侯。於是武公盡有晉地，更號曰晉。

大車

《大車》，美息媯，以醜楚子也。劉向《列女傳》云：「楚伐息，破之，虜其君，使守門，將妻其夫人而納之於室。楚王出遊，夫人遂出見息君，謂之曰：『人生要一死而已，何至自苦？妾無須臾而忘君也，終不以身更貳醮。生離於地上，豈如死歸於地下哉？』乃作詩曰：『穀則異室，死則同穴。有如不信，死如皦日。』息君止之，夫人不聽，遂自殺。息君亦自殺，同日俱死。楚王賢其夫人守節有義，乃以諸侯之禮合而葬之。君子謂夫人說於行善，故序之於《詩》。」按：《左傳·莊十年》：「蔡哀侯獻舞娶於陳，息侯亦娶焉。息媯將歸，過蔡，蔡侯曰：『吾姨也。』止而見之，弗賓。息侯聞之怒，使謂楚文王曰：『伐我，吾求救於蔡而伐之。』楚子從之。秋九月，楚敗蔡師於莘，以蔡侯獻舞歸。」十四年，「蔡哀侯為莘故，繩息媯以語楚子。楚子如息，以食

入享，遂滅息。以息嬀歸，生堵敖及成王焉，未言。楚子問之，對曰：『吾一
婦人而事二夫，縱弗能死，其又奚言？』楚子以蔡侯滅息，遂伐蔡。秋七月，
楚入蔡。」而《呂氏春秋》則云：「楚王欲取息與蔡，乃先佯善蔡侯而與之謀，
曰：『吾欲得息，奈何？』蔡侯曰：『息夫人，吾妻之姨〔註1〕也。吾請為饗息
侯與其妻者，而與王俱，因而襲之。』楚王曰：『諾。』於是與蔡侯以饗禮入
於息，因與俱，遂取息。旋舍於蔡，又取蔡。」二說微不同，然皆與《列女
傳》相出入。息嬀非完節者，特以其生二子而從不與楚子交言，又能隱忍以
復夫仇，可謂奇矣。其踐同穴之言，同日俱死，想亦在蔡仇既報之後。亂之生
也，則自蔡侯之侮息嬀始之，故聖人錄其詩以為色誡。息在今汝寧府息縣，
姬姓，侯爵。初，鄭、息有違言，息侯伐鄭。事在隱十一年。君子以息不親
親，卜其將亡，故知其為姬姓也。其詩無所附，或因其為周同姓之國，是以姑
繫之《王風》與？

大車檻檻，叶感韻，讀如撼，戶感翻。**毳衣如菼**。感韻。《說文》作「緂」。
徐鍇云：「今人所染麥綠也。」**豈不爾思？畏子不敢**。感韻。○賦也。「大
車」，牛車也。以下文「檻檻」證之，則此乃囚車也。「檻」，《說文》云：「櫳
也。」徐鍇云：「古謂檻車。」按：管仲檻車至齊，即此檻也。息為楚所滅，
君與夫人皆被虜，用檻車載之以歸，故重言「檻檻」耳。「毳衣」，楚子之服。
按：《周禮》，公之服自袞冕而下，如王之服；侯伯之服自鷩冕而下，如公之
服；子男之服自毳冕而下，如侯伯之服。詳見《采菽》篇。細毛曰毳。以其衣
無龍、山、華蟲、火，而首宗彝。宗彝，虎蜼。蜼，獸名，似獼猴而大於虎，
皆毛蟲也，故取毳為冕名。凡冕服皆玄衣纁裳，此本鄭玄之說。楚為子爵，衣
正首毳。「菼」，萑之初生者。「爾」，謂息君也。「子」，指楚子。楚僭稱王，而
嬀乃以子呼之，蓋諱言之也。我豈不思復與爾為夫婦哉？身既被囚，畏彼而
不敢耳。○**大車啍啍**，元韻。《廣韻》作「嗔嗔」。**毳衣如璊**。元韻。《說
文》作「㻱」。**豈不爾思？畏子不奔**。元韻。○賦也。「啍」，《說文》云：
「口氣也。」疊言「啍啍」者，口氣重遲之貌，故以象車行重遲之狀。「璊」，
《說文》云：「玉經色也。」「經」、「䞓」通。《爾雅》云：「一染謂之縓，再染
謂之䞓。」郭璞以為「淺赤也」。沈括云：「稷之璊色者謂之穈。穈色在朱黃之
間，似乎赭，極光瑩，掬之粲澤，熠熠如赤珠。此自是一色，似赭非赭，蓋所

〔註1〕「姨」，《呂氏春秋·孝行覽第二·長攻》同，四庫本作「娣」。

謂璊，色名也，而從玉，以其赭而澤，故以喻之也。」猶鶪以色名而從鳥，以鳥色喻之也。」「如璊」，指裳也。陳祥道云：「葵之初生，其色玄，則『如葵』言其衣。璊之為玉，其色赤，則『如璊』言其裳。」按：此與鄭氏「玄衣纁裳」之說合。纁者，赤黃色。裳色象坤，以土無正位，必附於火故也。古者衣不殊裳，故「如葵」、「如璊」皆言衣以冠之。「奔」，謂奔往相就。○**穀則異室**，質韻。**死則同穴**。叶質韻，戶橘翻。**謂予**《列女傳》作「有如」。**不信，有**《列女傳》作「死」。**如皦**《列女傳》作「皎」。**日**。質韻。○賦也。「穀」，毛《傳》云：「生也。」郝敬云：「《老子》曰：『谷神不死。』谷與穀同。」上二章皆紀初遇虜時事，至此則嬀已為楚王納之宮中矣，故有「穀則異室」之語。「穴」，鄭云：「謂冢壙中也。」孔云：「《檀弓》曰：『合葬非古也。自周公以來，未之有改。』然則周法始合葬也。」《白虎通》云：「合葬者，所以固夫婦之道也。」《漢書》：「哀帝太后崩，上曰：『朕聞夫婦一體，《詩》云：穀則異室，死則同穴。附葬之禮興焉。郁郁乎文哉！吾從周。』」又，呂氏云：「古之所謂合葬者，同其兆而已，非同坎而葬也。蓋死有先後，前喪已葬，復啟之以納後喪，仁人有所不忍，有禮者有所不取也。此云同穴者，亦同兆也。」〔註 2〕「皦」，《說文》云：「玉石之白也。」毛、鄭以皦日為白日，象其色也。言生既不得同室而居矣，庶幾死而得同穴以葬乎？蓋至是，嬀亦視死如歸矣。呼皦日以為正，若謂所不即就死者有如日，於是嬀果死也。嬀其毀節以伸志者耶？一說：程大昌云：「言我志明白如日皦然也。」亦通。韓憑妻何氏詩云：「其雨淫淫，河大水深，日出當心」，其義正同。劉向贊云：「楚虜息君，納其適妃。夫人持固，彌久不衰。作詩同穴，思故忘新。遂死不顧，列於貞賢。」

《大車》三章，章四句。《序》云：「刺周大夫也。禮義陵遲，男女淫奔，故陳古以刺今大夫不能聽男女之訟焉。」其說既自難通。朱子則謂「周衰，大夫猶有能以刑政治其私邑者，故淫奔者畏而歌之如此」。然革面而不革心，聖人何取焉？《子貢傳》、《申培說》皆以為「周人從軍行役而訊其室家之詩。」豐氏解謂「大車乃任載之車，毳衣乃行役者之服，而『畏子不敢』則指其主者而言也」。鄒忠胤亦謂「古者，凡出車一乘則有兩車，一正一副，小者曰輕車，即兵車，所以戰者；大者曰重車，即役車，所以載輜重者」。又引季

〔註 2〕《呂氏家塾讀詩記》卷七《大車》。

彭山說，謂「毳冕五章之畫衣，以絲為之，而『如菼』、『如璊』之毳衣以毛布為之。菼，騅也，薍也。璊，虋也，即《大雅》之『維穈』也。詩人意謂役久衣敝，其蒙茸綻裂有如此耳」。於文義固亦近之。惟末章約誓之辭，終非男子之語。彼其曉曉自明無他，亦何為哉？

無衣七兮

《無衣七兮》，《秦風》亦有《無衣》，故加「七兮」二字為別。晉人刺曲沃武公也。武公伐翼，弒晉侯緡，盡以其寶器賂王請命。王使虢公命曲沃伯以一軍為晉侯。於是武公盡有晉地，更號曰晉。自「武公伐翼」下，俱出《史記》。○《子貢傳》云：「曲沃偁弒三君，而取其國，盡以寶器賂周僖王，王命之為晉侯。國人作此詩以刺之。」《申培說》同，惟「曲沃偁」作「唐公孫偁」。「偁」者，武公名也。《史記》又作「稱」。「三君」，謂哀侯、小子侯及侯緡也。「僖王」，一作「釐王」。按：《左傳·桓八年》：「王使立緡於晉。」至莊十六年，乃云：「王使虢公命曲沃伯以一軍為晉侯。」武公雖已封侯，而僅立一軍者不正，其篡晉得之，故地雖大而禮從小國也。至閔二年，武公子獻公始作二軍。呂祖謙云：「以《史記》、《左傳》考之，平王二十六年，晉昭侯封季弟成師於曲沃，專封，而王不問，一失也。平王三十二年，潘父弒昭侯，欲納成師，而王又不問，二失也。平王四十七年，曲沃莊公弒晉孝侯，而王又不問，三失也。桓王二年，曲沃莊伯攻晉，王非特不能討曲沃，反使尹氏、武氏助之。及曲沃叛王，王尚能命虢伐曲沃，立晉哀侯。使其初師出以正，豈至於此乎？四失也。桓王十三年，曲沃武公弒晉小子侯，王雖不能即討，明年猶能命虢仲立晉哀侯之弟緡於晉，又明年猶能命虢仲、芮伯梁伯、荀侯、賈伯伐曲沃。至是，武公篡晉，僖王反受賂命之為諸侯，五失也。以此五失觀之，則禮樂征伐移於諸侯，降於大夫，竊於陪臣，其所繇來者漸矣。」

豈曰無衣七質韻。兮？不如子之衣，安且吉質韻。兮。賦也。衣言七者，謂七章之衣。《周禮·典命》職云：「侯伯七命，其國家、宮室、車旂、衣服、禮儀皆以七為節。」《大行》職云：「諸侯之禮，執信圭七寸，繅藉七寸，冕服七章，建常七斿，樊纓七就，貳車七乘，介七人，禮七牢，朝位賓主之間七十步。」此皆所謂七命之數也。專言「衣」者，古禮，王命諸侯，必皆以衣

賜之。《春秋・文元年》：「天王使毛伯來錫公命。」《公羊傳》云：「錫者何？賜也。命者何？加我服也。」是命諸侯必賜衣之證也。「豈曰無衣七兮」，言我國非不能自製此衣，但苟無所受，則此衣亦不足重耳。「子」，指武公也。武公既受王命，而得諸侯之服，故曰「子之衣」。以其初受王命，甫欲即位，非舊為諸侯者，故仍以子稱之。「安」，以命有所受，不可動搖言。沃自桓叔乘潘父之難入晉，為晉人敗歸。莊伯弒孝侯，又為晉人所攻。又乘鄂侯之卒伐晉，晉人立哀侯以拒之。屢得屢失，亦知不受王命之不安矣。「吉」字與「凶」相反。《書》曰：「惠迪吉」，順理之謂也。此所謂「吉」，不過謂此衣既受之於天子，則可以杜絕眾忿，壓服人心，而無「終朝三禠」之患、問罪篡弒之凶耳。武公之所以賂王請命者，意正在此。詩人辭若揚之，而實誅其心，言子則若將以此衣為安且吉乎？呂云：「唐喬琳為朱泚吏部尚書，選人白前所注某官不便，琳答曰：『足下謂此選竟便乎？』朱泚雖有吏部選，而不可謂之便。晉國雖有冕服，苟無天子之命，亦不可謂之『安且吉』、『安且燠』也。」嚴粲云：「五代劉仁恭謂梁使者曰：『旌節吾自有之，但要長安本色耳。』與『豈曰無衣』之言一也。武公之事，國人所不與，最後僖王命武公為諸侯，晉人力不能討，無如之何，特迫於王命不得已而從之耳。且武公有無王之心，而後動於惡。篡弒，大惡也，王法之所不容誅也。彼其請命於天子，豈真知有王哉？特以人心所不與，非假王靈，終不能定晉。正與唐藩鎮戕其主帥而代之以坐邀旌節者無以異。《無衣》之詩不刪者，所以著世變之窮而傷周之衰也。」鍾惺云：「未世天子，反為亂人之資，此曹操所以終身不廢漢獻也。」○**豈曰無衣六**屋韻。**兮？不如子之衣，安且燠**叶屋韻，乙六翻。陸德明本作「奧」。**兮。**賦也。降七言六者，天子之卿之服[註3]。《典命》職云：「王之三公八命，其卿六命，其大夫四命。及其出封，皆加一等，其國家、宮室、車旗、衣服、禮儀亦如之。」說者以為在王朝全乎臣，故命數儀等從陰，以近王而屈；出就封全乎君，加一等，命數儀等從陽，以遠王而伸。晉，侯爵，出得七命，則入為王卿，正當得六命也。簡晉之先君見經傳者，如燮父事康王，文侯輔平王，亦皆入為王卿也。但八命、六命，其繪繡之物無考，蓋禮文軼耳。「燠」，《說文》云：「熱在中也。」與「席不暇煖」「煖」字同。服久則煖。命出天子，無更易之患，故可以久。王應麟云：「自僖王命曲沃為晉侯，而篡臣無所忌，威烈王之命晉大夫襲僖之跡也。有曲沃之命，則有三大夫之命，出爾反爾也。」

〔註3〕「之服」，四庫本無。

《無衣七兮》二章，章三句。《序》以為「美晉武公也。武公始並晉國，其大夫為之請命乎天子之使，而作是詩也」。朱子駁云：「武公弒君篡國，大逆不道，乃王法之所必誅而不赦者。雖曰尚知王命之重而能請之以自安，是亦御人於白晝大都之中，而自知其罪之甚重，則分薄賕，餌貪吏，以求私有其重寶而免於刑戮，是乃為賊之尤耳。以是為美，吾恐其獎奸誨盜，而非所以為教也。《小序》之陋固多，然其顛倒順逆、亂倫悖理，未有如此之甚者。」愚按：朱子之論正矣。至《序》中所云「請命乎天子之使」一語，亦無稽據，坐為詩中「子」之一字誤耳。顧不知子即指武公也。此詩寓刺於美，其言衣之安吉繇請命而得之，然篇中不敘及請命之事。朱傳改為作詩者代武公自述〔註4〕，而以「子」為「天子」之稱，則又不倫甚矣。

〔註4〕朱熹《詩序辨說》：「但此詩若非武公自作，以述其略王請命之意，則詩人所作，以著其事，而陰刺之耳。」

詩經世本古義卷之二十三〔註1〕

周惠王之世詩十六篇

何氏小引

《君子陽陽》，刺王子頹也。

《防有鵲巢》，憂讒賊也。陳宣公多信讒，君子憂懼焉。

《伐檀》，魏國女閔〔註2〕傷怨曠而作。

《園有桃》，晉人憂獻公寵二驪姬之子，將黜太子申生也。

《河廣》，宋襄公母歸於衛，思襄公而不止，故作是詩〔註3〕。

《干旄》，衛求援也。懿公時，狄入衛，衛人濟河南奔，於是求援於齊、宋、許三國，立戴公焉。

《竹竿》，許穆夫人念衛也。

《載馳》，許穆夫人作也。閔其宗國顛覆，自傷不能救也。衛懿公為狄人所滅，國人分散，露於漕邑。許穆夫人閔衛之亡，傷許之小，力不能救，思歸唁其兄，又義不得，故作是詩也。

《泉水》，許穆夫人自傷己力不能救衛，思控於他國也。

〔註1〕按：四庫本卷二十三分為上下。《君子陽陽》至《載馳》為卷二十三之上，《泉水》至《蔦生》為卷二十三之下。

〔註2〕「閔」，底本作「關」。參詩正文注。

〔註3〕詩正文下有「也」。

—1319—

《有狐》，齊桓公思恤衛也。

《清人》，刺鄭文公也。高克好利而不顧其君，文公惡而欲遠之不能，使高克將兵而禦敵於竟，陳其師旅，翶翔河上，久而不召，眾散而歸，高克奔陳。公子素惡高克進之不以禮，文公退之不以道，危國亡師之本，故作是詩也。

《木瓜》，美齊桓公也。衛國有狄人之敗，出處於漕，齊桓公救而封之，遺之車馬、器服焉。衛人思之，欲厚報之，而作是詩也。

《定之方中》，美衛文公也。衛為狄所滅，東徙渡河，野處漕邑。齊桓公攘戎狄而封之，文公徙居楚丘，始建城市而營宮室，得其時制。百姓說之，國家殷富焉。

《采苓》，晉人諫獻公信讒之詩。

《陟岵》，晉狐偃從公子重耳出亡也。

《葛生》，刺晉獻公也。好攻戰，則國人多喪矣。

君子陽陽

《君子陽陽》，刺王子頹也。按：《左·莊二十一年》：「初，王姚嬖於莊王，生子頹。子頹有寵，蒍國為之師。惠王立，取蒍國之圃為囿，又取邊伯之宮，奪子禽、祝跪與詹父田，而收膳夫石速之秩。故五大夫及石速作亂，因蘇氏奉子頹以伐王，不克，出奔溫。蘇子奉子頹以奔衛。衛師、燕師伐王〔註4〕，入王城，立子頹。王處於櫟。子頹享五大夫，樂及遍舞。鄭伯聞之，見虢公曰：『寡人聞之，哀樂失時，殃咎必至。今頹歌舞不倦，樂禍也。司寇行戮，君為之不舉，而況敢樂禍乎！奸王之位，禍孰大焉！臨禍忘憂，憂必及之。盍納王乎？』虢公曰：『寡人之願也。』春，胥命於弭。夏，同伐王城。鄭伯奉王自圉門入，虢叔自北門入，殺子頹及五大夫。」《周語》亦云：「惠王三年，邊伯、石遫、蒍國出王而立王子頹，王處於鄭。子頹飲三大夫酒，子國為客，樂及遍舞。鄭厲公見虢叔曰：『吾聞之，司寇行戮，君為之不舉，而況敢樂禍乎！今吾聞子頹歌舞不思憂。夫出王而代其位，禍孰大焉！臨禍忘憂，是謂樂禍，禍必及之。盍納王乎？』虢叔許諾。鄭伯將王自圉門入，虢叔自北

〔註4〕「王」，底本誤作「玉」，據四庫本改。

門入，殺子頹及三大夫，乃入。」二書所載相合。此詩所詠，即子頹樂舞之事也。

君子陽陽，韻。**左執簧**，陽韻。**右招我由房**，陽韻。**其樂只且**。子余翻。此〔註5〕句無韻。○賦也。「君子」，指子頹也。孔穎達云：「《史記》稱『晏子御，擁大蓋，策四馬，意氣陽陽，甚自得』，則『陽陽』是得志之貌。」董鼎云：「《莊子》曰：『以陽為充孔揚』，則『陽陽』者，氣充於內，容貌不枯也。」「簧」，孔云：「笙管之中金薄鍱也。」劉熙云：「簧，橫也，於管頭橫施於中也。以竹鐵作，於口橫鼓之亦是也。」大笙十九簧，小笙十三簧。朱子云：「蓋以竹管植於匏中，而竅其管底之側，以薄金葉障之，吹則鼓之而出聲。」《詩》言「吹笙鼓簧」，以其為笙之舌，故以簧表笙。又有口舌之類，故亦曰「巧言如簧」也。「左執簧」者，言執簧之人在左也。按：《儀禮·大射儀》云：「樂人宿〔註6〕縣於阼階東，笙磬西面，其南笙鍾。」曰「笙磬」、「笙鍾」者，謂應笙之鍾磬也。據此，應笙之鍾磬在東，則笙在東可知矣。簧者，笙之簧。東為左，故曰「左執簧」也。獨舉笙為言者，以其隨縣在東方，萬物生於東，故樂人宿縣以阼階為首，而西階次之。《詩》之舉左以該右，意亦如此。「招」，《說文》云：「手呼也。」「我」，五大夫之輩也。此詩代為五大夫之辭，故云爾。「由」，從也。「房」，《說文》云：「室在旁也。」崔氏云：「宮室之制，中央為正室，正室左右為房。」《尚書大傳》云：「天子之堂廣九雉，三分其廣，以左為內，五分內，以一為高，東房、西房、北堂名三雉。」陳祥道云：「天子路寢之制，室居中，左戶右牖，東西有房，房之南有東西夾室。鄭康成釋《儀禮》，謂『房當夾室北』是也。孔安國謂『西房西夾室，東房東夾室』，誤矣。然房皆南戶而無北牖，室有北牖而無北堂。則房戶之外，繇半以南謂之堂，其內繇半以北亦謂之堂。昏禮尊於房戶之東，是房有南戶矣。《禮·大射》，修膳者升自北階立於房中。而不言入戶，是房無北牖矣。《昏禮》，尊於室中北牖下。是室無北堂矣。故《昏禮》洗在北堂，直室東隅，則北堂在房之北可知。」「右招我由房」者，謂招我輩而相從於西房之間也。右為西。西者，賓位，故招之使居於此，亦猶賓在西階，主人在阼階也。「只且」，語助聲。「其樂只且」，見五大夫輩亦以此為樂也，與「君子陽陽」相應。詩之刺意，則鄭伯數語盡之矣。○君子

〔註5〕四庫本衍一「此」字。
〔註6〕「宿」，底本作「指」，據四庫本、《儀禮·大射儀》改。

陶陶，豪韻。**左執翿**，叶豪韻，徒刀翻。《說文》作「翳」。**右招我由敖**，豪韻。**其樂只且**。賦也。「陶」，通作「謠」，《說文》云：「喜也。」「翿」，《爾雅》云：「纛翳也。」《注》云：「今之羽葆幢。」陳祥道云：「蓋執之以引舞者。」按：《鄉射禮》，君國中射，則皮樹中，以翿旌獲，白羽與朱羽糅。翿旌之羽，惟白與朱而已。舞有文、武二舞。《虞書》「舞干羽於兩階」，舊說謂武舞執干在西階，文舞執羽在東階。此但言「左執翿」者，舉東以該西，亦如上章「左執簧」之意。《左傳》、《國語》所謂「樂及遍舞」者，即其事也。「遍舞」，據韋昭以為「遍舞黃帝、堯、舜、夏、商、周六代之樂」，則文、武二舞兼用可知。或泥「左」之一字，疑專用文舞，然則「左執簧」者豈亦只鼓一簧乎？必不然矣。《說文》云：「出放為敖。」「右招我由由〔註7〕敖」者，謂招我等從西房之間而放觀乎彼也。

《君子陽陽》二章，章四句。《子貢傳》謂「某王好音，大夫風之」。「王」上闕一字。《申培說》以為「景王好音，而士遂習音，君子諷之而作是詩」。按：《左傳》、《國語》載「景王鑄大鐘，而問律于伶州鳩」。景王好音之說本此，然正未必然。《序》則以為「閔周也。君子遭亂，相招為祿仕，全身遠害而已」，亦無所據。若朱子改為「行役者之婦人，其夫既歸，家室相樂而作」，匪直淺陋，抑鑿空甚矣。倘亦為「房」之一字所誤乎？

防有鵲巢

《防有鵲巢》，憂讒賊也。陳宣公多信讒，君子憂懼焉。出《序》。○陳宣公信讒，事無所考。惟《史記》載宣公二十一年，公有嬖姬，生子款，欲立之，乃殺其太子禦寇。禦寇素愛厲公子完，完懼禍及己，乃奔齊。此亦足為信讒之一證。宣公，名杵臼。

防有鵲巢，叶豪韻，讀如曹，時勞翻。邛從邑，工聲。與邔不同。邔從匕從卪。**有旨苕**。叶豪韻，徒刀翻。**誰侜**豐氏本作「譸」。後同。**予美**？《韓詩》作「娓」，云：「美也。」**心焉忉忉**。豪韻。○興也。「防」、「邛」，一說皆陳地名。《郡國志》陳國陳縣，《注》引《博物記》云：「邛地在縣北，防亭在焉。」愚按：「防」，堤也，人所築以捍水者。朱子之解得之。防所以有鵲巢者，羅願云：「鵲，水大則巢高，水小則巢卑。巢皆取木之枝梢，不取墜枝。」

〔註7〕按：四庫本同，疑衍一「由」字。

陸佃云：「先儒以為鵲巢居而知風。歲多風則去喬木，巢傍枝，故能高而不危也。」又云：「鵲善相其地而累巢，安則致其功用，有驚懼之憂，則不累也。蓋巢性多懼，就利違害。《莊子》所謂『瞿鵲子』者，義取諸此。」許慎云：「鳥在木上曰巢，在穴曰窠。」巢字從木，象形。徐鍇云：「臼，巢形也。《《，三鳥也。」「邛」，毛《傳》云：「丘也。」孔穎達云：「土之高處，草生尤美，故邛為丘。」「旨」，《說文》云：「美也。」「苕」，草名，與《苕之華》之「苕」不同。陸璣云：「『旨苕』之『苕』，苕饒也。幽州人謂之翹饒，蔓生，莖如勞豆而細，葉似蒺藜而青，其莖葉綠色，可生食，如小豆藿也。」愚按：苕可生食，故云旨苕。陸佃云：「言不驚懼之，故『防有鵲巢』；不殘賊之，故『邛有旨苕』也。」「誰」，鄭玄云：「誰，讒人也。」孔云：「是就眾讒人之內告問是誰為之。」「侜」，《爾雅》云：「誑也。」郭璞云：「幻惑欺誑人者。」又，《說文》云：「有廱蔽也。」蓋以欺誑為廱蔽也。「予美」，鄭玄云：「我所美之人，謂宣公也。」按：古者目君皆曰美人。既為人所侜矣，而猶呼之曰「予美」，忠愛之至也。「說文」無「忉」字，當作「怊」，云：「悲也。」詩之取興，言鵲以構木為巢而得安，苕以生於高丘而茂盛，今我為讒人誑諼於君所，心焉懷憂，無以自寧，則鵲巢、旨苕之不如也。首二句反興「忉忉」，非興讒人。後章仿此。○**中唐有甓**，錫韻。**邛有旨鷊**。錫韻。《爾雅注》作「虉」。《說文》、豐本俱作「虉〔註8〕」。**誰侜予美？心焉惕惕**。錫韻。○興也。《爾雅》云：「廟中路謂之唐。」按：「唐」字義訓「大〔註9〕」，《說文》以「唐」為「大言」，《周禮》亦以「唐弓」為「大弓」是也。廟之中路比所居宮室之中路為大，故曰「中唐」。「甓」，《爾雅》云：「瓴甋也。」張揖、郭璞皆以為「甌磚也」。今江東呼為瓴甓，乃地下所踐者。陳祥道云：「唐與陳皆堂下至門之徑，特廟堂異其名耳。《考工記》曰：『堂塗十有二分。』鄭氏曰：『階前，若今令辟祇也。分其督旁之修，以二分為峻。』蓋令辟即甓也，祇其道也。中央為督。峻其督，所以去水。」「鷊」，鳥名。陸佃云：「綬鳥也。鷊善相其天而吐綬，樂則見其文采，有戕賊之疑則不吐也。今綬鳥大如鴝鵒，頭頰似雉，有時吐物，長數寸，食必蓄嗉。臆前大如斗，慮觸其嗉，行每遠草木。《古今注》謂之吐綬鳥，一名錦帶功曹，今俗謂之錦囊。」《韻會小補》云：「一名闞株，

─────────────────────────────

〔註8〕「虉」，當作「虉」。按：《說文解字・虉》：「綬也。從艸鷊聲。《詩》曰『邛有旨虉』是。」
〔註9〕「大」，底本誤作「人」，據四庫本改。

以其行必遠草木。亦曰真珠雞，體有真珠點文。食之甚美。」愚按：鷊亦可食，故稱旨鷊。又，《爾雅注》作「虉」，所謂綬草者也。以此艸具五色作綬文，故字從鷊。然未聞言虉可食者，則不得以旨名矣。或謂以其五色美觀，變美言旨。然終涉牽強，當作鳥名解為正。「惕」，《說文》云：「敬也。」詩之取興，言中唐壘甓，瀉水不侵；邛有旨鷊，吐綬成采。今我為讒人所中，心焉敬懼，不敢自寧，安能使蔞菲不入而自露其章采乎？是則甓與旨鷊之不如也。一說：歐陽修云：「讒言惑人，非一言一日之致，必緣積累而成。如鵲巢漸積以構成之，又如苕饒蔓引牽連以及我也。」又云：「『中堂有甓』，非一甓也。亦以引牽而成綬草，雜眾色以成文，猶多言交織以成惑，義與貝錦同。」嚴粲、呂祖謙皆主其說。但四句既皆比讒人，則苕、鷊二物似不應以旨稱之。愚所不取。

    《防有鵲巢》二章，章四句。《子貢傳》、《申培說》皆以為「泄冶被讒，內子憂之而作。」按：《左傳》：「陳靈公與孔寧、儀行父通於夏姬，皆衷其衵服，以戲於朝。泄冶諫曰：『公卿宣淫，民無效焉，且聞不令，君其納之。』公曰：『吾能改矣。』公告二子，二子請殺之。公弗禁，遂殺泄冶。」此詩語意近之。其所云「予美」者，乃妻稱夫之辭，與《葛生》之「予〔註10〕美」同義。惟用「俯」之一字，於文理不可通耳。《韓詩》解「心焉惕惕」，以為「悅人也」。朱子亦謂「此男女之有私，而憂或間之之詞」，則未知所謂「予美」者，男稱女乎？女稱男乎？善乎郝敬駁之，云：「以『予美』為男子，則《簡兮》為怨女矣。以『予美』為婦人，則《離騷》為曠夫矣。從《序》，則此詩為忠憤。從朱，則此詩為閨思。聖人刪訂之義，宜何從乎？」

伐檀

《伐檀》，魏國女閔〔註11〕傷怨曠而作。出陳暘《樂書》述古琴曲。○魏國小政繁，居高位者貪鄙不事事，而小臣困於行役，故其室家嗟怨之如此。舊說謂伐檀實河干比君子不見用，亦似近之。惟「河水清且漣猗」一語竟屬無謂。再四尋求，乃悟為怨女之自道也。古琴曲所傳固不妄。

〔註10〕「予」，底本誤作「子」，據四庫本改。
〔註11〕「閔」，底本作「關」，據四庫本、《樂書》改。按：陳暘《樂書》卷一百四十三《樂圖論‧琴曲上》：「二曰《伐檀》，魏國女閔傷怨曠而作也。」

坎坎伐檀叶先韻，徒沿翻。**兮，寘之河之干**叶先韻，經天翻。**兮。河水清且漣**先韻。《爾雅》作「瀾」。**猗。**《爾雅》、《釋文》俱作「漪」。《石經》作「兮」。**不稼不穡，**《石經》作「嗇」。**胡取禾三百廛**先韻。陸德明云：「亦作『𪧝』，又作『厘』。」**兮？不狩不獵，胡瞻爾庭有縣貆**叶先韻，讀如玄，胡涓翻。《釋文》作「狟」。**兮？**八言為句。**彼君子兮，不素餐**叶先韻，逡緣翻。**兮。**比而賦也。「坎」，《易》云：「險也。」《說文》云：「陷也。」「坎坎伐檀」者，言經歷險陷之地以伐檀也。「伐」，斫也。「檀」，解見《將仲子兮》篇，其材可為車，《四牡》云「檀車幝幝」是也。「寘」，《說文》云：「置也。」班固云：「魏在晉之南河曲。」《水經》云：「河水東過河北縣南，又東，永樂澗水注之。」酈道元云：「澗水徑河北縣故城西，故魏國也。晉獻公滅魏後乃縣之，在河之北，故曰河北縣。」「干」，毛《傳》云：「厓也。」按：「干」之為「厓」，義無〔註12〕所出，當通作「間」，《說文》云：「隙也。」謂河旁之隙也。若《易》之「鴻漸於干」、《詩》之「秩秩斯干」，政當通作「澗」耳。河水性濁。《易緯》謂「王者太平，嘉瑞將出，則河水先清」。故《左傳》云：「俟河之清，人壽幾何？」而此篇三言河清者，董氏謂「在岸之干、之側、之漘者清」是也。孔穎達云：「風行吹水，成文章者曰漣。」按：《說文》無「漣」字，當依《爾雅》通作「瀾」，云：「大波為瀾。」郭璞云：「瀾言渙瀾也。」劉熙云：「瀾，連也。波體轉流相及連也。」「猗」，助辭，通作「兮」，蓋音近也。《書》「斷斷猗」，《大學》作「兮」可證。此詩怨女所作，以檀比其夫，以河自比。伐檀而寘之河干，河干非檀久居之地也。蓋檀可以為車，行且離水而之陸，比君子效力於君，豈能長與室家相聚哉？亦如檀之在河干，暫相親傍已耳。而己則貞潔自持，雖河水之清，有不啻焉。此所以為傷怨曠之作也。「不稼不穡」四句，刺當時居高位者，皆無功竊祿之小人也。《周禮注》云：「種穀曰稼，如嫁女以有所生也。」一云：「稼」，家事也。《說文》云：「穀可收曰穡。」《左傳疏》云：「穡，愛也。」言愛惜而收斂之。賈思勰云：「稼農之本，穡農之末，稼欲熟，收欲速，此良農之務也。」「胡」之言「何」，【音之近也，譏訝之辭。「禾」，《說文》云：「嘉穀也。二月始生】〔註13〕，八月而熟，得時之中和，故謂之禾。」毛《傳》云：「一夫之居曰廛。」《周禮》：「遂人授民田，夫一廛，田百畝。」此曰「三百廛」，則三百夫之家也。所以

〔註12〕「無」，四庫本誤作「師」。
〔註13〕按：【】內文字，四庫本無。刻本「言何」、「生八」各為一行，當是串行漏抄。

言「三百」者，《易‧訟》卦「其邑人三百戶」，先儒以為下大夫制，《語》稱「伯氏駢邑三百」是也。此云取禾，蓋以食邑所入言耳。下億，困仿此。廛之內有困，困之所藏，每困各得禾秉一億，故《詩》曰「我庾惟億」，是其禾數也。「狩」者，冬獵之名。《說文》云：「犬田也。」故字從犬。杜預云：「狩，圍守也。冬物畢成，獲則取之，無擇也。」故又從守。「獵」，《說文》云：「放獵逐禽也。」春蒐，夏苗，秋獮，冬狩，通曰田獵。又狩亦獵之總名，以冬獵大於三時故也。「爾」，爾小人也。「庭」，宮中也。「縣」，繫也。俱見《說文》。《爾雅》云：「貀子貆。」《說文》云：「貉之類。」「彼君子兮」，自歎惜其夫之勞也。「素」，毛《傳》云：「空也。」「餐」，《說文》云：「吞也。」曰「素餐」者，嚴云：「謂空食其祿而無補也。」此婦傷己之君子行役盡瘁，而居高位食厚祿者則燕燕居息，無所建明也。乃責之曰：汝輩何功，顧不稼穡而得禾，不狩獵而得獸，試思彼君子兮，其勞於君事而不敢空糜君糈有如彼者，夫獨非人臣也與哉？此亦《北山》傷獨賢之意。但彼出於勞人，此則出於思婦耳。故《孔叢子》載孔子曰：「於《伐檀》見賢者之先事後食也。」又，公孫丑曰：「《詩》曰：『不素餐兮。』君子之不耕而食，何也？」孟子曰：「君子居是國也，其君用之則安富尊榮，其子弟從之則孝悌忠信。『不素餐兮』，孰大於是？」夫以如此為「不素餐」，則又非此婦人意識之所能及矣。○坎坎伐輻叶職韻，筆力翻。兮，寘之《漢書》作「諸」。河之側職韻。兮。河水清且直職韻。猗。不稼不穡，胡取禾三百億職韻。兮？不狩不獵，胡瞻爾庭有縣特職韻。兮？彼君子兮，不素食職韻。兮。比而賦也。「伐輻」，蒙上章「伐檀」而言。伐檀為車之輻也。《老子》云：「三十輻共一轂。」《說文》云：「輻，輪轑也。」謂車輪中木之直指者，故與下文「河水且直」相照。「側」，《說文》云：「旁也。」《爾雅》云：「河流百里一小曲，千里一曲一直。」「億」，數名。毛依《九章算術》以萬萬為億，鄭以十萬為億。按：億有小大二數。《尹文子》云：「《楚語》：『百姓、千品、萬官、億醜』，皆以數相十，此謂小億也。數萬至萬曰億，是為大億也。」韋昭云：「十萬曰億，古數也。秦時攻製，始以萬萬為億。」然則當從鄭說為正。鄭云：「三百億，禾秉之數。」孔云：「若為釜斛之數，則太多不類，故為禾秉之數。」「秉」，把也。謂刈禾之把數。《爾雅》云：「豕生，三豵，二師，一特。」《注》云：「豬生子常多，故別其少者之名。」愚按：此蒙上狩獵言，如田豕是也。「食」，食祿也。○坎坎《石經》作「欿

欲」。**伐輪**真韻。**兮，寘之河之漘**真韻。《釋文》作「脣」。**兮。河水清且淪**真韻。**猗。不稼不穡，胡取禾三百囷**真韻。**兮？不狩不獵，胡瞻爾庭有縣鶉**真韻。豐氏本作「雜」。**兮？彼君子兮，不素飧**叶真韻，頌倫翻。**兮。**比而賦也。輻、輪，皆車中之物。言「伐輻」，又言「伐輪」，總見檀之可為車。其所伐者，惟此一檀而已。《說文》云：「有輻曰輪，無輻曰輇。」《考工記》云：「輪人為輪，斬三材必以其時。三材既具，巧者和之。轂也者，以為利轉也。輻也者，以為直指也。牙也者，以為固抱也。」「漘」，解見《葛藟》篇。干為水所停處，側在水邊，漘又稍遠於側，亦立言之序。薛君云：「順流而風曰淪。」《爾雅》、《說文》皆謂「小波為淪」。毛《傳》云：「小風，水成文，轉如輪也。」亦與「伐輪」相照。「囷」，《說文》云：「廩之圜者。圜謂之囷，方謂之京。」「鶉」，一名鶛，解見《鶉之奔奔》篇。《莊周》云：「吾未嘗好田，而鶉生於实。」愚按：縣貆、縣特、縣鶉，皆舉其小者言之。貆為貉子，特為豕子。特比貆為易得，而鶉比特為尤小，然且皆縣之於庭，以見未嘗擇其大而捨其細，則貪之至也。「飧」，《說文》云：「餔也。」字從夕從食。餔時食也。人旦則食飯，夕則食飧。飧為飯別名。《字林》云：「水澆飯也。」

《伐檀》三章，章九句。《序》云：「刺貪也。在位貪鄙，無功而受祿，君子不得進仕爾。」張揖云：「刺賢者不遇明王也。」《申培說》云：「君子能官而不用，魏人慕之而作是詩。」此但從章末二句生義，猶為近之。若朱子謂「此詩專美君子之不素餐」[註14]，如「後世徐稚之流，非其力不食」[註15]者。因以伐檀為實有是事，固斯甚矣。政使斯人稼穡以得禾，狩獵以得獸，窮年攻苦，止為口腹謀，而無關於斯世斯民之慮，何其細也！其亦公孫丑之見也哉？《子貢傳》闕文。又按：《大戴禮·投壺》篇云：「凡雅二十六篇，其八篇可歌：《鹿鳴》、《狸首》、《鵲巢》、《采蘩》、《采蘋》、《伐檀》、《白駒》、《騶虞》也。」《琴操》曰：「古琴有詩歌五曲：《鹿鳴》、《伐檀》、《騶虞》、《鵲巢》、《白駒》。」曹魏時，得漢雅樂郎杜夔，能歌《文王》、《鹿鳴》、《騶虞》、《伐檀》四篇，皆古聲辭。夫列國之詩賦以見志者固多，被之絃歌者或少，《伐檀》獨與南、雅並列，豈其有取於君子不素餐之言，足為士人砥節故耶？然是固風詩，而詩亦風體。《投壺》篇乃以此詩及《狸首》、《鵲巢》、《采

〔註14〕《詩序辨說》。
〔註15〕《詩集傳·伐檀》。

蘩》、《采蘋》並列之雅，或未足信。今不能定此詩之起於何世，姑繫於獻公滅魏之年云。魏以蕞爾國，而使貪鄙之徒得志若此，不亡何待？

園有桃

《園有桃》，晉人憂獻公寵二驪姬之子，將黜太子申生也。魏滅於晉，凡魏詩多是晉詩，如邶、鄘之入於衛也。愚於《園有桃》、《陟岵》、《十畝之間》、《汾沮洳》、《碩鼠》皆定以為晉詩。《左傳・閔元年》：「晉侯作三軍，公將上軍，太子申生將下軍，以滅耿、滅霍、滅魏，還，為太子城曲沃。士蒍曰：『大子不得立矣。分之都城，而位以卿，先為之極，又焉得立？』」按：魏之亡，申生實有力焉。然克敵而反，讒言彌興，至分封於外，故士蒍預策其不得立。是詩之所為心憂者，此也。先是獻公娶於賈，無子。烝於齊姜，生秦穆夫人及太子申生。又娶二女於戎，大戎狐姬生重耳，小戎子生夷吾。晉伐驪戎，驪戎男女以驪姬歸，生奚齊，其娣〔註16〕生卓子。驪姬嬖，欲立其子，賂外嬖梁五與東關嬖五，使言於公曰：「曲沃，君之宗也。蒲與二屈，君之疆也。不可以無主。宗邑無主，則民不威。疆場〔註17〕無主，則啟戎心。戎之生心，民慢其政，國之患也。若使太子主曲沃，而重耳、夷吾主蒲與屈，則可以威民而懼戎，且旌君伐，使俱曰：狄之廣莫，於晉為都。晉之啟土，不亦宜乎！」晉侯說之。夏，使太子居曲沃，重耳居蒲城，夷吾居屈。群公子皆鄙，惟二姬之子在絳。二五卒與驪姬譖群公子而立奚齊，晉人謂之二五耦。史蘇朝告大夫曰：「二三大夫其戒之乎？亂本生矣。吾聞君子好好而惡惡，樂樂而安安，是以能有常。伐木不自其本，必復生。塞水不自其源，必復。流滅禍不自其基，必復亂。今君滅其父而畜其子，禍之基也。畜其子又從其欲，子思報父之恥而信其欲，雖好色，必噁心，不可謂好。好其色，必授之情。彼得其情，以厚其欲，從其噁心，必敗國，且深亂，亂必自女戎。三代皆然。」驪姬果作難，殺太子而逐二公子。君子曰：「知難本矣。」此詩所言「園有桃，維〔註18〕實之殽。園維棘，其實之食」，蓋刺奚齊及卓子也。其後獻公卒，里克殺奚齊。荀息立公子卓，里克又殺之。胡安國云：「人君擅一國之名寵，為其

〔註16〕「娣」，底本誤作「婦」，據四庫本、《左傳・莊公二十八年》、《國語・晉語一》改。

〔註17〕「場」，四庫本同，《左傳・莊公二十八年》、《國語・晉語一》俱作「場」。

〔註18〕「維」，四庫本、《園有桃》詩作「其」。下「園維棘」之「維」同。

所子，則當子矣，國人何為不子也？民至愚而神，是非好惡靡不明且公也。其為子而弗子者，莫能使人弗之子也；非所子而子之者，莫能使人之亦子也。」

園有桃，豪韻。**其實之殽。**叶豪韻，胡刀翻。陸德明本作「肴」。**心之憂矣，我歌且謠。**蕭韻。**不我知**朱《傳》、蘇轍、嚴粲、豐氏本「我知」俱作「知我」。後同。**者，謂我士也驕。**蕭韻。**彼人是哉，**叶支韻，將其翻。**子曰何其？**支韻。豐本作「居」。後同。**心之憂矣，其誰知之？**支韻。**其誰知之？**同上。**蓋亦勿思。**支韻。○比也。「園」，《說文》云：「所以樹果也。」「桃」，果之賤者。以比奚齊。《家語》：「孔子曰：『果屬有六，而桃為下，祭祀不用，不登郊廟。』」樹果曰實。「殽」，通作「肴」，《說文》云：「啖也。」詩之比意與下章同。園之中僅有桃、棘二者，皆賤品也，而以其實充殽充食，比國中群公子皆已出居於外，獨存奚齊、卓子，其母皆賤而反得寵，將來必有廢立奪嫡之事。詩人言「心之憂矣」，正憂此也，非徒為太子憂，亦為敗國憂也。此作詩者，意必史蘇、士蔿之屬。《爾雅》云：「徒歌曰謠。」《說文》作「䚉」，云：「肉言也。」楊慎云：「歌者，人聲也，出自胸臆，不緣人教也。晉孟嘉謂『絲不如竹，竹不如肉』，唐人謂『徒歌曰肉聲』，即《說文》肉言之意。」《初學記》引《章句》云：「有章曲曰歌，無章曲曰謠。」陳暘云：「歌生於嗟歎之不足，而謠又生於歌之不足，豈謠者，歌聲之遠聞與？」歌謠正以寫所憂，非假此釋憂也。按：《左傳》：「士蔿築蒲與屈，退而賦曰：『狐裘蒙茸，一國三公，吾誰適從？』」其即此歌謠之類與？「我士」，詩人自謂也。以歌謠為驕，謂其指斥時事，長言無忌。「彼人是哉」二句，亦「不我知者」之語。「彼人」，指獻公也。「是哉」，言以彼之所行為是也。詩人之歌謠必有所指，不相知者遂從而剖之耳。「子曰」，指歌謠言。「何」者，訝之之辭。言何謂如此也。「其」，助語辭。按：《晉語》：「公將黜太子申生而立奚齊，里克、丕鄭、荀息相見。里克曰：『大史蘇之言將及矣，其若之何？』荀息曰：『吾聞事君者竭力以役事，不聞違命。君立臣從，何貳之有？』」然則謂「彼人是哉」者，殆即荀息其人與？再言「心之憂矣」，比前又進一步，因人之議我而益重其憂也。「其誰知之」，慨人之莫察其心也，於是重嗟歎之，言雖無人我知，然彼人亦惟相安於不思焉可耳。果思之，則恐彼亦將同我之憂而有所不能自己矣。豈獨我有此憂乎？「勿」者，禁止之辭。惕之以「勿思」，正欲動人深長之思，非真禁其思也。○**園有棘**，職韻。**其實之食。**職韻。**心之憂矣，聊以行國。**職韻。**不我知者，謂我士也罔極。**職韻。**彼人是**

哉，見前。子曰何其？見前。心之憂矣，其誰知之？見前。其誰知之？
見前。蓋亦勿思。見前。○比也。《詩詁》云：「棘如棗而多刺，木堅，色赤，
叢生，人多取以為藩。歲久無刺，亦能高大如棗木。色白者為白棘，實酸者為
樲棘。」陸佃云：「大者棗，小者棘。蓋若酸棗，所謂棘也。於文重束為棗，
並束為棘。一曰：棘實曰棗。蓋棗性重喬，棘則低矣，故其製字如此」；「豫章
以木稱郡，酸棗以棘名邦。」〔註19〕《孟子》云：「養其樲棘，則為賤場師。」
蓋果實之賤者也。「聊」，且略之辭。「行國」，散步國中也。如楚屈原「行吟澤
畔」之謂。蘇轍云：「『聊以行國』，行告人以不可也。」「罔極」，言無窮極也。
出遊狂歌，似縱恣不羈也。

　　《園有桃》二章，章十二句。《序》云：「刺時也。大夫憂其君，國
小而迫，而儉以嗇，不能用其民而無德教，日以侵削，故作是詩也。」此仍是
為篇次所誤。說者因而附會之，謂其安於儉嗇固陋，而不知經制之大，振起
之謀，如園桃以為殽、園棘以為食是也。又謂推其氣量所至，將必以桃當肉，
以棘當穀。毛《傳》、朱子則以首二句為興體。劉敞亦云：「桃不能自用其實，
故其實為人之殽，猶君不能自用，其民反為人有也。」而胡胤嘉則云：「國有
民，園有桃，我自有也。民雖寡，其力猶可用。桃雖賤，其實猶可殽。取譬婉
矣。《序》言『不用其民而無德教，國日侵削』，蓋無德教則棄其民於荒惰宴溺
之鄉，而其民日頑，其國日弊，雖欲不亡，不可得者。諸以園桃寓意，見國非
無民，民非不可用，而君自棄之，故反覆道其憂懼之思焉。」皆屬牽強。《申
培說》直以為「君子憂國而歎之，故作此詩」，然不能指其所憂何事。惟姚舜
牧謂「朝用非人以亂國，是君子有深憂焉」，較為近之，而亦不知其作於何世。
《子貢傳》闕文。

河廣

《河廣》，宋襄公母歸於衛，思襄公而不止，故作是詩也。出《序》，
但原本只作「思而不止」，今增「襄公」二字。○《子貢傳》云：「宋桓姬歸於
衛，思襄公，賦《河廣》。」按：襄公父桓公，其母為桓夫人，衛戴公、文公
之妹也。孔穎達云：「襄公母本為夫所出，而歸於衛。以子無出母之道，故知
當桓公時也。《大戴禮》及《家語》皆云：『婦有七出：不順父母出，為逆；無

〔註19〕分見《埤雅》卷十三《釋木·棗》、《棘》。

子出，為絕人世；淫佚出，為其亂族；疾妒出，為其亂家；有惡疾出，為其不可供粢盛；多口出，為其離親；盜竊出，為其反義。』《禩記》有諸侯出夫人禮，《春秋》『杞伯姬來歸』及此宋桓夫人皆是也。王后犯出，則廢之而已，皆不出。以天子天下為家，其後無所出故也。」劉向《說苑》云：「宋襄公為太子，請於桓公曰：『請使目夷立。』公曰：『何故？』對曰：『臣之舅，在衛愛臣，若終立，則不可以往。』」呂祖謙云：「味此詩而推其母子之心，蓋不相遠，所載似可信也。不曰欲見母而曰欲見舅者，恐傷其父之意也。母之慈，子之孝，皆止於義，而不敢過焉。不幸處母子之變者，可以觀矣。」朱子云：「為襄公者，將若之何？生則致其孝，沒則盡其禮而已。」愚按：此詩作於衛未遷國之先，蓋宋襄為世子時也。夫婦以義合者也，有過而出，事之必不獲已者也。桓夫人被出之故不可知，而出妻與廟絕不可復反，故《河廣》之詩，聖人取之。

誰謂河廣？一葦杭陽韻。**之。誰謂宋遠？跂**《楚辭章句》作「企」。**予望**叶陽韻，武方翻。**之。**賦也。衛舊都朝歌，在河北。宋都睢陽，在河南。「葦」，蘆屬，《說文》云：「大葭也。」《詩疏》云：「葦初生名葭，稍大為蘆，長成乃名為葦。」「杭」，毛《傳》云：「渡也。」本作「斻」，字從方亢聲，《說文》云：「方舟也。」「一葦杭之」，猶言一舟可以當方舟也。「跂」，本作「企」，《說文》云：「舉踵也。」「予」，我。「望」，悰也。嚴粲云：「夫人義不可以往宋，而設為或人以沮己，己為辭以解之。誰謂河水廣而令我勿渡乎？但以一束蘆葦浮之水上，則可以杭渡而過，不為廣也。誰謂宋國遠而令我勿往乎？我跂其足，則可以望之，不為遠也。欲往之切，故謂遠為近。若真欲往宋者，思子之情隱然於言外矣。」章潢云：「義以制情，亦在言外。」○**誰謂河廣？曾不容刀。**豪韻。亦叶蕭韻，丁聊翻。或作「刁」。《韻會小補》云：「本一字而二音，後人作『刁』以別之而已。」《字書》及豐氏本俱作「舠」。**誰謂宋遠？曾不崇朝。**蕭韻。亦叶豪韻，直高翻。豐本作「鼂」。○賦也。小船名刀，以其形如刀也。劉熙云：「二百斛以上曰艇，三百斛曰刀。江南所謂短而廣、安不傾危者也。」「不容刀」者，喻其狹也。「崇」之為「終」，音之似也。行不終朝而至，喻其近也。鄧元錫云：「美哉乎，《河廣》之思也！嚴禮義於河矣，乃大歸於宋，何哉？於莊夫人同遇同德矣。」章云：「前錄《載馳》，見許穆公夫人於衛為克孝之女。此錄《河廣》，見宋桓夫人於宋為畏義之婦。」愚按：桓姬既為桓所出，及衛有難，戴公廬於漕，實賴桓之力，事理殆不可曉，豈亦以襄公之故與？

《河廣》二章，章四句。鄭《箋》云：「宋桓夫人生襄公而出。襄公即位，夫人思宋而義不可往，故作詩以自止。」《申培說》、朱《傳》皆從之。嚴粲云：「衛都河北，宋都河南，自衛適宋，必涉河。自魯閔二年狄入衛之後，戴公始渡河而南。此詩言『誰謂河廣』，則是作於衛未遷之前時，宋桓猶在，襄公方為世子，衛戴、文俱未立也。舊說誤矣。」又，桓寬《鹽鐵論》云：「堯、舜之道，非遠人也，人不思之耳。《詩》曰：『求之不得，寤寐思服。』有求如《關雎》，好德如《河廣》，何不濟、不得之有？故『高山仰止，景行行止』，雖不能及，離道不遠也。顏淵曰：『舜獨何人也？回何人也？故土積而成山阜，水積而成江海，行積而成君子。』孔子曰：『吾於《河廣》，知德之至也。』」按：此亦斷章取義，與《論語》「唐棣」之解同意。

干旄

《干旄》，衛求援也。懿公時，狄入衛，衛人濟河南奔，於是求援於齊、宋、許三國，立戴公焉。《左·閔二年》：「冬十一月，狄人伐衛。衛懿公好鶴，鶴有乘軒者。將戰，國人受甲者皆曰：『使鶴。鶴實有祿位，余焉能戰？』公與石祁子玦，與甯莊子矢，使守，曰：『以此贊國，擇利而為之。』與夫人繡衣，曰：『聽於二子。』渠孔禦戎，子伯為右，黃夷前驅，孔嬰齊殿，及狄人戰於熒澤。衛師敗績，遂滅衛。衛侯不去其旗，是以甚敗。狄人囚史華龍滑與禮孔，以逐衛人。二人曰：『我大史也，實掌其祭，不先，國不可得也。』乃先之。至則告守者曰：『不可待也。』夜與國人出。狄入衛，遂從之，又敗諸河。初，惠公之即位也少，齊人使昭伯烝於宣姜，不可。強之，生齊子、戴公、文公、宋桓夫人、許穆夫人。文公為衛之多患也，先適齊。及敗，宋桓公逆諸河，宵濟。衛之遺民男女七百有三十人，益之以共、滕之民，為五千人，立戴公，以廬於曹。許穆夫人賦《載馳》。齊侯使公子無虧帥車三百乘、甲士三千人以戍曹。」《史記·衛世家》云：「懿公之立也，百姓、大臣皆不服。自懿公父惠公朔之讒殺太子伋代立，至於懿公，常欲敗之。初，翟殺懿公也，衛人思復立宣公前死太子伋之後，伋子又死，而代伋死者子壽又無子。太子伋同母弟二人，其一曰黔牟。黔牟嘗代惠公為君，八年復去。其二曰昭伯。昭伯、黔牟皆已前死，故立昭伯子申為戴公。戴公卒，復立其弟燬為文公。」今按：衛既為狄所滅，幸戴公立，於是國已亡而復存，然實賴諸女兄弟之力。世皆知宋桓、許穆娶戴公之妹，而不知齊桓亦娶戴公之姊，則所謂齊子是也。

何以知之？《左傳》稱「桓公好內嬖，如夫人者六人：長衛姬，生無虧」。今成曹之役，桓公實使無虧，以其為衛之甥故耳。然則長衛姬非即齊子而何？在齊稱其所自出曰衛姬，而在衛則據其所嫁之國稱之曰齊子。其變姬稱子者，意如魯文姜、吳孟子之例，蓋國人醜其所出不正，故不欲以國氏氏之耳。假使齊與衛無親，則戴公之弟文公必不先適齊，而戴公兄弟非有齊、宋可為外援，亦必不能相繼而立，且齊、宋豈肯傾心擁護之若是？此詩蓋衛夫人渡河之後，望救於齊、宋、許三國之辭。觀篇中「在浚」之語可見。浚、漕、楚丘三邑相近，在漢，皆濮陽縣地。先渡河而至浚，既而戴公立於是，自浚徙漕。戴公卒，宋桓迎文公於齊立之，復自漕徙楚丘也。

子子干《左傳》、《家語》俱作「竿」。**旄**，豪韻。**在浚之郊**。叶豪韻，居勞翻。**素絲紕**叶真韻，毗至翻。**之，良馬四**真韻。**之。彼姝者子，何以畀**真韻。**之？**賦也。《說文》以子「無右臂」為孑，故借為單獨之義。重言「子子」者，以下文干旄迤邐在道，人非徒一見之而已，非謂干旄多也。「干」，通作「竿」，《說文》云：「竹挺也。」「旄」，李巡謂「以牛尾著竿首」。《廣志》云：「犛牛，旄牛也，髀膝尾間皆有毛。」《山海經》云：「潘侯山有獸，狀如牛，而四節生毛，名曰旄牛。」陳祥道云：「《爾雅》：『旄謂之龍。』荀卿曰：『西海則有文旄。』《地理志》：秦西近卭笮，有旄，西方之產也，其尾可以飾旗，亦可以飾舞。」郭璞云：「以旄牛結為之，如今之憧，以縣注於竿頭，謂之干旄。」孔穎達云：「九旗之干皆有旄。」按：《周禮》：「司常掌九旗之物，名各有屬，以待國事。日月為常，交龍為旂，通帛為旃，雜帛為物，熊虎為旗，鳥隼為旟，龜蛇為旐，全羽為旞，析羽為旌。」據諸家說經，九旗皆有旄。而此詩次章獨以干旟為言，則此旄乃旟之旄耳。所以特舉旟，旄者，以鳥隼之旗，乃前軍所建。軍行，前朱雀而後玄武，《詩》所謂「彼旟旐斯，胡不旆旆」，又云「織文鳥章，白旆央央」是也。時衛新為狄所破，空國出走，將渡河而南，狄人追及之，又敗諸河。則惟軍之先濟者無恙，而其餘已皆覆沒，故所見至浚郊者僅有此子子然前軍所建之旄耳。《左傳》謂「衛之遺民男女宵濟者，止七百有三十人」是也。「浚」，毛《傳》云：「衛邑。」據《水經注》、《通典》皆謂「在濮州濮陽縣東南」，故《凱風》、衛詩亦曰「在浚之下」。或以浚儀之浚溝當之，此非衛地，其非衛詩所指明矣。《爾雅》云：「邑外謂之郊。」「素絲」，絲之未染者。鄭玄云：「素絲者以為縷。」孔云：「以前云『干旄』，此云『素絲紕之』，故知以素絲為線縷也。」「紕」，《說文》云：「氐人繝

也。」於詩義不合。愚意但當通作「比」。比之為言密也、并也，謂聯絡而密並之也。《禮記》「紕以爵韋」、「縞冠素紕」，其義皆同。蓋結聚旄尾懸之竿頭，皆須用縷以聯合之也。「良馬」，善馬也。所乘之馬非善，則不能疾馳而免於難矣。曰「四之」者，言初乘善馬而來，至此浚郊，凡有四輩也。以《左傳》考之，其時先去以為民望，則石祁子、甯莊子、史華龍滑、禮孔四人是也。「姝」，《說文》云：「好也。」「子」，女子也。此首言「彼姝者子」，蓋指齊子也。「畀」，《說文》云：「相付與也。」國都初破，生計蕭然，不知彼姝者子嫁在大國亦有可以付與我者否乎？厥後《左傳》稱「齊桓公使公子無虧帥師戍曹」，又「歸公祭服五稱，牛羊豕雞狗皆三百，與門材。歸夫人魚軒，重錦三十兩」，則所以畀之者不謂無矣。〇**孑孑干旟**〔註20〕，魚韻。**在浚之都。**叶魚韻，陟魚翻。**素絲組**麌韻。**之，良馬五**麌韻。**之。彼姝者**《論衡》作「之」。**子，何以予**叶麌韻，讀如羽，王矩翻。**之？**賦也。「旟」，義見首章。劉熙云：「旟，譽也。畫鳥與鷹隼，象群疾也。急疾趨事，則有稱譽也。」鄭云：「城郭之域曰都。」愚按：以前後章推之，則都在郊之內，在城之外也。「組」，《說文》云：「綬屬。」《詩詁》云：「間次五色為之。」鄭云：「以素絲縷縫組於旌旗，以為之飾。」孔云：「《周禮》九旗皆不言組飾。《釋天》說龍斿云『飾以組』。此亦有組，則九旗皆以組為飾，故郭璞曰『用綦組飾旒之邊』是也。」「良馬五之」，謂繼前四輩而來者又有五輩也。立言之意，但以前至者四人為主，繼此曰「五之」，又曰「六之」，皆承上積絫之辭，不必定有所主。此「彼姝者子」，謂許穆夫人也。「予」，《說文》云：「推予也。」許小國，力不能救衛，夫人傷之而賦《載馳》，聖人悲其志。〇**孑孑干旌**，庚韻。**在浚之城。**庚韻。**素絲祝**屋韻。**之，良馬六**屋韻。**之。彼姝者子，何以告**叶屋韻，居六翻。**之。**賦也。九旗中旟、旌雖居其二，此干旌則直旟之旌耳，非謂旟之外又有旌也。按：《周禮》：「析羽為旌。」《爾雅》謂「注旄首曰旌」。徐鍇以為「分析鳥羽為之，其竿頭則綴以旄牛尾也」。然《周禮》明言「州里建旟，斿車載旌」，則旌與旟似無容相混。而愚以此旌為旟之旌者，蓋旌、旐二物，凡旗皆有之。故孔云：「干旐、干旌，一也。既設旄〔註21〕縿，有旃旟之稱。未設旄縿，空有析羽謂之旌。縿，謂繫於旌旗之體。旒，謂縿末之垂者。斿車則空載析羽，無旒縿也。」此其說確矣。「城」，毛云：「都城也。」

〔註20〕「旟」，底本誤作「旌」，據四庫本改。下文解說、《注疏》、朱《傳》亦作「旟」。
〔註21〕「旄」，四庫本同，孔《疏》作「旒」。

自郊而都，自都而城，明其自外至也。「祝」，當依鄭《箋》通作「屬」，《說文》云：「連也。」謂連屬素絲以繫著於竿也。「紕」主「旌」言，「組」主「旟」言，「祝」主「旄」言。「良馬六之」，義見次章。此「彼姝者子」，謂宋桓夫人也。以被出在衛，故最居後。「告」，通作「誥」。徐鍇云：「以文言告曉之也。」按：桓夫人雖已被出，而子襄公為宋太子，故欲其通音問於彼，使之來救援也。卒之，宋桓公使人逆衛遺民於河，又益以共滕之民，立戴公以廬於曹，則桓公尚猶然以昏姻為念，而彼姝之告不可為無力矣。又按：《左·定九年》：「鄭駟顓殺鄧析，而用其竹刑。君子謂：『子然於是不忠。苟有可以加於國家者，棄其邪可也。《竿旄》『何以告之』，取其忠也。故用其道，不棄其人。』」愚按：宋桓夫人以遭黜大歸，僇辱斯甚，而能善其辭，再延父母國之緒，則君子猶有取焉。《左》所謂「用其道，不棄其人」，引《詩》之意，或有在於此也。

《干旄》三章，章六句。《序》謂「美好善也。衛文公臣子多好善，賢者樂告以善道也」。《子貢傳》、《申培說》皆謂「衛武公好賢善，國人美之」。朱《傳》但以為「衛大夫乘車馬，建旟旄，以見賢者」，而不著其世。今按：是詩之屬文屬武，總無明據，然以「彼姝者子」為男子之稱，則《靜女其姝》、《東方之日兮》二詩皆有「彼姝者子」之句，又何以稱焉？

竹竿

《竹竿》，許穆夫人念衛也。 此詩之語多與《泉水》相出入。彼曰「毖彼泉水，亦流于淇」，此曰「泉源在左，淇水在右」；彼曰「女子有行，遠兄弟父母」，此曰「女子有行，遠父母兄弟」；且末皆曰「駕言出遊，以寫我憂」，其出於一人之手明矣。愚所以定為許穆姬詩者，以《載馳》之詩，《左傳》謂許穆夫人所賦。彼曰「驅馬悠悠，言至于漕」，而《泉水》之詩亦曰「思須與漕，我心悠悠」，其為戴公廬曹而作無可疑者。又，戴公之女兄弟三人，長齊子，嫁於大國，其力足以援衛；次宋桓夫人，則已被出在衛；皆與三詩語意不合，故斷當屬之穆姬。而三詩作之先後，則宜以《竹竿》為首，意其詩初聞衛破而尚未及知廬曹之事；次賦《載馳》，則已知戴公廬曹，而自傷國小不能救；其後復賦《泉水》，則以自傷不能救之，故而更欲望救於他國。蓋其用情之真切如此，夫子所以備錄之也。

籊籊竹竿，以釣于淇。支韻。豈不爾思？支韻。遠莫致之。支韻。○
賦也。「籊籊」，毛《傳》以為「長而殺也」。按：《說文》無「籊」字，當通作
「擢」，《說文》云：「引也。」謂引竹竿以釣也。引而又引，故重言之。「竿」，
《說文》云：「竹挺也。」「淇」，解見《淇澳》、《泉水》篇。「爾」，指衛國也。
「致」，《說文》云：「送詣也。」詩言竹竿雖長而不可以釣於衛之淇，我今豈
不思衛乎，特以道遠而莫能詣耳。○泉源在左，淇水在右。叶有韻，雲九
翻。亦叶紙韻，羽軌翻。女子有行，遠兄弟父母。有韻。亦叶紙韻，母鄙
翻。按：古《注疏》及蘇子繇、呂伯恭、嚴坦叔諸本俱作「兄弟父母」。今朱
子本作「父母兄弟」，豐氏本同，俱誤。○賦也。「泉源」、「淇水」，衛之故墟，
故穆姬思之。「泉源」，即百泉也。按：淇水出相州林慮縣，東流，泉水自西北
東注之。嚴粲云：「左、右，蓋主山而言。相衛之山東面，故以北為左，南為
右。」「有行」，謂嫁也。此詩四章皆言淇水，語意當以淇水為主。泉源猶能與
淇水相入，女子已嫁則與兄弟父母相遠，是泉水之不如也。加「兄弟」於「父
母」之上者，時穆姬父母已亡，惟兄弟在，故先其存者，後其亡者耳。言外見
衛國有難而己不能以身往赴之意。○淇水在右，泉源在左。哿韻。巧笑
之瑳，叶哿韻，此我翻。佩玉之儺。叶哿韻，乃可翻。○賦也。「巧」，工
也，猶好也。「瑳」，《說文》云：「玉色鮮白也。」笑而見齒，其色似之。「儺」，
《說文》云：「行有節也。」徐鍇云：「佩玉所以節步。」陳祥道云：「《詩》：
『佩玉之儺』、『佩玉瓊琚』。衛之南子，環佩璆然。阿谷之女，佩璜而澣。皆
婦人佩也。其等衰不可以考，或亦眡其夫而為之度與？漢制，太后、皇后綬
與乘輿同，公主綬與諸侯王同。」愚按：此追述己之未嫁時，身在衛國，睹淇
水泉源之在左右，怡然可樂，其笑語跬步之容有如此者。而今地淪於狄，則
此景不可復得矣。○淇水滺滺，尤韻。陸德明及豐本俱作「浟」。檜楫陸本
作「檝」。松舟。尤韻。駕言出遊，尤韻。以寫我憂。尤韻。○賦也。「滺
滺」，毛《傳》以為「流貌」。按：《說文》無「滺」字，當通作「攸」，《說文》
云：「行水也。」「檜」，木名，柏葉松身，即《禹貢》之所謂「栝」也。故檜
又有栝音。羅願云：「檜性耐寒，其材大，可為舟。」「楫」，所以行舟者。《說
文》云：「舟棹也。」劉熙云：「楫，捷也。撥水舟行捷疾也。」《方言》云：
「或謂之橈。」「松」，木名。趙頤光云：「松，壽木也，故字從公。」檜之與
松，其生相類。至刴刾而為濟川之用，則又相須，此亦兄弟之況也。羅云：
「此詩與《泉水》皆衛女所以寓其思。《泉水》則思出同歸異之肥泉，《竹竿》

則思出同歸同之松檜也。」末二句解亦與《泉水》同。言淇水之上行水者甚
多，然必得舟楫而後有濟，今舟楫安在乎？無聊之極，則姑「駕言出遊」，以
自除去其憂而已，即首章「遠莫致之」之意。

　　《竹竿》四章，章四句。《序》以為「衛女思歸也。適異國而不見答，
思而能以禮者也」。朱子謂「未見不答之意」，是矣。《子貢傳》、《申培說》皆
謂「宋桓夫人之媵，和其小君《泉水》之作」，亦未有以見其然。

載馳

《載馳》，許穆夫人作也。閔其宗國顛覆，自傷不能救也。衛懿公
為狄人所滅，國人分散，露於漕邑。許穆夫人閔衛之亡，傷許之
小，力不能救，思歸唁其兄，又義不得，故作是詩也。出《序》。
《申培說》同。○《左傳》云：「許穆夫人賦《載馳》。」《子貢傳》云：「狄
入衛，衛戴公次於漕許，穆姬閔之。」其說皆與《序》合。愚謂《序》所云
「思歸唁其兄，又義不得」者，意特見於《泉水》篇中。若此詩，則為「閔
衛之亡，傷許之小，力不能救」而作，通篇皆追恨之語。蓋以《列女傳》證
之。《傳》云：「許穆夫人者，衛懿公之女，許穆公之夫人也。初，許求之，
齊亦求之，懿公將與許。女因其傅母而言曰：『古者，諸侯之有女子也，所
以苞苴玩弄，繫援於大國也。言今者，許小而遠，齊大而近。若今之世，強
者為雄，而使邊境有寇戎之事，維是四方之故，赴告大國。妾在，不猶愈乎？
今舍近而就遠，離大而附小，一旦有車馳之難，孰可與慮社稷？』衛侯不聽，
而嫁之於許。其後翟人攻衛，大破之，而許不能救，衛侯遂奔走，涉河而南，
至楚丘。齊桓往而存之，遂城楚丘，以居衛侯。於是悔不用其言。當敗之時，
許夫人馳驅而弔唁衛侯，因疾之而作詩，云：『載馳載驅，歸唁衛侯。驅馬
悠悠，言至於曹。大夫跋涉，我心則憂。既不我嘉，不既旋反。視爾不臧，
我思不遠。』君子善其慈惠而遠識也。」今按：衛宣公先娶夷姜，生太子伋、
公子黔牟、公子頑。已又娶齊女，是為宣姜，生壽及朔。其後伋、壽俱為盜
所殺，以朔為太子，是為惠公。惠公卒，子赤立，是為懿公。初，惠公之即
位也，齊人使頑烝於宣姜，生齊子、戴公、文公、宋桓夫人、許穆夫人。及
懿公在位九年，為翟所殺，衛人思立伋、壽之後，而皆無子。先是惠公四年，
黔牟作亂，代惠公為君。八年，諸侯放之於周。及頑皆已前死，至是乃立頑
子申，為戴公。戴公卒，復立其弟燬，是為文公。以輩行論之，許穆夫人雖

宣姜所出，而實懿公之從妹。以為懿公女者，非也。懿公死於翟難，許穆夫
人所欲歸唁者，乃是戴公。《傳》謂「衛侯奔走，涉河而南」，似仍是懿公，
亦非也。惟許穆夫人所與傅母言者，其說印之《韓詩外傳》及《詩小序》皆
合，當從之。女之許婚，當繫懿公，所謂因其傅母而言之於懿公者，自是寔
錄。劉向為作頌曰：「衛女未嫁，謀許於齊。女諷母曰，齊大可依。衛君不
聽，後果遁逃。許不能救，女作《載馳》。」鄧元錫云：「閔亡念亂，篤親懷
宗。思控大國，以拯其危。是《春秋》之志也。」

載馳載驅，叶尤韻，袪尤翻。鄭康成讀「又」。《列女傳》仍作「馳」。《釋文》
作「駈」。豐氏本作「毆」。**歸唁衛侯**。尤韻。**驅**豐本作「毆」。**馬悠悠**，
尤韻。**言至于漕**。叶尤韻，徂侯翻。《列女傳》作「曹」。**大夫跋**《儀禮疏》
作「軷」。**涉，我心則憂**。尤韻。○賦也。「載」，發語辭。《詩疏》云：「走
馬謂之馳，策馬謂之驅。」「馳」、「驅」，俱是乘車事。「唁」，《說文》云：「弔
生也。」又，《穀梁傳》云：「弔失國曰唁。」「衛侯」，謂戴公，夫人兄也。
「悠」，《說文》云：「憂也。」其憂非一，故重言之。「漕」，解見《泉水》篇。
詩作於廬漕時，故曰「至漕」。味「言」之一字，則是心口相語，乃虛作此想
而託為之辭，非真有此事也。嚴粲云：「戴方露處漕邑，豈女子歸唁之時乎？」
「大夫跋涉」者，鄭《箋》云：「衛大夫來告難也。」愚按：「跋涉」亦是望救，
不專告難。「跋」，《說文》云：「蹎跋也。」〔註22〕「涉」，《說文》云：「徒行
厲水也。」毛《傳》云：「草行曰跋，水行曰涉。」孔穎達云：「《左傳》：『跋
涉山川。』則跋者，山行之名也。」又，《韓詩注》云：「不繇蹊隧而行曰跋
涉。」「我心則憂」者，憂宗國之顛覆，有自傷力不能救之意，特未說出耳。
○**既不我嘉，不能旋反**。阮韻。**視爾**《韓詩外傳》作「我」。**不臧，我
思不遠**。阮韻。**既不我嘉，不能旋濟**。霽韻。**視爾不臧，我思不閟**。
叶霽韻，讀如閉，必計翻。○賦也。「嘉」、「臧」，皆善也。「旋」，還也。以夫
人歸衛言。「反」，覆也。以衛侯復國言。與上章唁失國相應。「爾」者，對大
夫之語，其意則汎指衛國之君臣也。夫人初亦知許小力綿，不足倚仗，願嫁
於齊，而衛君不聽也。其時諸大夫輩亦皆徒諛君指，無有深識長慮者。至是
乃追恨之，曰：當時既不置我於善地，故至今日，亦不能旋歸，而反爾君於故
國，視爾輩之為國謀誠不臧，而我當時之思亦不遠也。蓋懊悔之深也。是說

〔註22〕按：《說文解字・跋》：「蹎跋也。從足犮聲。」

也,《韓詩外傳》有之。高子問於孟子曰:「夫嫁娶者,非己所自親也,衛女何以得編於詩也?」孟子曰:「有衛女之志則可,無衛女之志則怠。若伊尹於太甲,有伊尹之志則可,無伊尹之志則篡。夫道二,常之為經,變之謂權。懷其常道而挾其變權,乃得為賢。夫衛女行中孝,慮中聖,權如之何?《詩》曰:『既不我嘉,不能旋反。視我不臧,我思不遠。』」味《外傳》解《詩》之辭,與《列女傳》所云若合符節矣。「濟」,猶言事遂也。「閟」者,閉門之義,猶止也。言既不置我於善地,故至今日,亦不能旋歸而有所濟,視爾輩之為國謀誠不臧,徒使我終日思之而不能自禁閉也。○陟彼阿丘,言采其蝱。叶陽韻,謨郎翻。《說文繫傳》作「茵」。女子善懷,亦各有行。叶陽韻,寒剛翻。許人尤《釋文》:「一作『訧』。」之,眾穉《釋文》:「一作『稚』。」且狂。陽韻。○賦也。《爾雅》云:「偏高曰阿丘。」《疏》云:「四隅有一高,而不正在左右前後者。」劉熙《釋名》云:「阿,荷也。如人簷荷物,一邊偏高也。」「蝱」,通作「茵」,《爾雅》云:「茵,貝母。」又,《廣雅》云:「貝父,藥實也。」按:空艸、藥實、苦花、苦菜、商艸、勤母皆茵之別名。既云貝父,亦云貝母。貝、背同音,豈亦女子出嫁而背其父母之譬乎?郭璞云:「茵根如小貝,圓而白,華葉如韭。」陸璣云:「葉如栝樓而細小,其子在根下如芋子,正白,四方連累根著,有分解也。」張萱云:「根有瓣,子黃白色,二月生苗,莖葉皆青,葉如蕎麥,隨苗出,七月間作花,碧綠色,如鼓子花。」第陸璣疏「葉如栝樓」,今世所見。郭注「葉如韭」,不復見也。《本艸》云:「治中心氣不快、多愁鬱。」徐鍇云:「治目眩不得返顧。」夫人返顧宗國,愁鬱無聊,故登阿丘而採蝱以自藥,二意兼寓矣。「善懷」,多憂思也。古書「善」字訓「多」。《前漢志》「岸善崩」,《後漢紀》「蠶麥善收」,《晉春秋》「陸雲善笑」,皆訓多也。曾鞏云:「女子之於懷思甚於男子。」「亦各」者,不一之辭。「有行」,即出行於外,如此章之「升阿丘」、後章之「行其野」皆是也。「尤」,異也。「眾」,即詩人也。「穉」者,幼禾之名。凡人物幼小皆曰穉。戴公女兄弟,惟穆姬年最少,故云然。「狂」,猶躁也。言凡為女子者,每多思慮,亦皆有所行,以自排遣。許人曾不諒我之無聊,方以我之行為怪異,乃群然謂我少不更事,而更且詆我為狂躁也。是蓋夫人初有驅馬歸唁之意,已而思力不能救,歸亦無益,則意已中止,於是姑登高采藥以舒散其情懷耳。胡胤嘉云:「衛遭狄禍,國覆君遷,許為婚姻兄弟之國,必有扶救之誠。如宋桓之迎遺民,徙漕邑以致其周恤焉。今觀詩云『眾穉且狂』,即許人赴難恤災之

義不切於心。此詩音旨悽痛，其責許至矣。」○**我行其野，芃芃其麥。**叶職韻，密力翻。**控于大邦，誰因誰極？**職韻。**大夫君子，無我有尤。**韻。亦叶支韻，盈之翻。**百爾所思，**支韻。**不如我所之。**支韻。亦叶尤韻，職流翻。○賦也。「其野」，即許國之野。「芃」，《說文》以為「艸盛貌」。此則言麥盛也。云「芃芃」者，徐鍇云：「言汎汎然若風之起也。」「控」，《說文》云：「引也。」「因」，如「因魏莊子」、「因徐辟」與「無因至前」之「因」。「極」，終也，窮盡之名。按：《春秋傳》及《史記》，魯閔公二年十二月，狄入衛，懿公死焉。於是戴公立。其明年，為魯僖公九年，即戴公元年也。是年，齊桓公遷邢於夷儀。又明年，戴公卒，文公立，齊桓公封衛於楚丘，衛國之亂始定。時魯僖公二年也。此章言狄入衛在去歲之冬，今行曠野而見麥已芃芃然盛，乃入夏之時，已四閱月矣，尚未聞鄰邦救恤，茲欲求援引於大邦，必有所因，然後克濟其事。不知將何所因，而其患何所底極乎？意謂使昔日結昏大國，則今日國難必當相恤，而亦不患其無因矣。「大夫」，即衛大夫。曰「君子」者，稱之也。「百爾」，汎指在位言。「所之」者，心之所之也。言爾大夫君子毋怪異我之出一言以相責，凡百爾眾人之所以為國籌度者，總不如我思之所往。歎其智不若女子也，皆追悔之語。其後齊桓卒救衛而存之，然後信夫人所思為有理，而衛國君臣真可謂無遠識者矣。《左·文十三年》：「冬，鄭伯與公宴於棐鄭。子家賦《載馳》之四章。」襄十九年，「魯穆叔會晉范宣子於柯。穆叔見叔向，賦《載馳》之四章。」皆取義小國有急，欲引大國以自救助也。

《載馳》四章，二章章六句，二章章八句。朱子云：「舊此詩五章，一章六句，二章三章四句，四章六句，五章八句，蘇氏合二章三章以為一章。按：《春秋傳》『叔孫豹賦《載馳》之四章』，而取其『控于大邦，誰因誰極』之意，與蘇說合。今從之。」○朱《傳》：「許穆公夫人閔衛之亡，將唁衛侯於漕邑，未至而許之大夫有奔走跋涉而來者，夫人知其必將以不可歸之義來告，故心以為憂。既而終不果歸，乃作此詩以自言其義。」或又謂禮，諸侯夫人父母終，無歸寧，惟使大夫問於兄弟。夫人慾自歸唁其兄弟，故託言不欲勞其大夫之跋涉。今觀後章稱「爾」、稱「大夫君子」，皆面相質證之辭，而第三章曰「許人尤之」，如果對本國之大夫言，則不應稱許人矣。

泉水

《泉水》，許穆夫人自傷己力不能救衛，思控於他國也。說見《竹竿》篇。徐光啟云：「夫子存《泉水》、《載馳》之詩，而姜氏會齊侯於禚、於防、於谷，則備記諸《春秋》，勸誡昭然矣。」愚按：夫子錄穆姬之詩不一而足，亦取其能惓惓以父母國為念，不獨為其守禮不敢歸寧也。朱子云：「宣姜生衛文公、宋桓夫人、許穆夫人、衛壽子，以此觀之，則人生自有秉彝，不繫氣類。」

毖《韓詩》作「祕」。《說文》作「聗」。彼泉水，亦流于淇。支韻。有懷于衛，靡日不思。支韻。孌彼諸姬，支韻。聊與之謀。叶支韻，謨悲翻。○興也。「毖」，當依《說文》通作「聗」，云：「直視也。」「泉水」，呂祖謙云：「即今衛州共城之百泉也。」《廣輿記》云：「百門泉出蘇門山，在今河南衛輝府輝縣，即朝歌地，古共伯國。」據《水經注》，則末章所謂「肥泉」，《竹竿》之詩所謂「泉源」是也。「淇」，水名。《漢書·地理志》云：「出河內共國北山。」《水經》云：「出河內隆慮縣西大號山。」隆慮，後改為林慮。又，《山海經》云：「沮洳之山，淇水出焉。」即此水也。泉水自西北而東南來注之。「懷」，《說文》云：「念思也。」「靡」之言「無」，蓋音近也。衛國新破，故思之而不寘也。「孌」，《說文》云：「慕也。」「諸姬」，周同姓之國也。《左氏》曰：「漢陽諸姬，楚實盡之。」又曰：「其棄諸姬，亦可知也已。」與此義同。「聊」，鄭玄云：「且略之辭。」《說文》云：「慮難曰謀。」穆姬志欲歸衛以救衛，言彼泉水亦流入於衛國之淇，己獨不得歸衛，是泉水之不如也。我之懷念於衛，雖無日不思，而國小力綿，無如彼何。竊慕彼同姓之國，必有以篤親恤災為念者，聊欲以大義動之，而與之謀興復焉。○出宿《周禮注》作「縮」。于泲，薺韻。《列女傳》作「濟」。飲餞《周禮注》云：「吉文作『踐』。」于禰。薺韻。《韓詩》作「坭」。女子有行，遠父母兄弟。薺韻。亦叶紙韻，蕩以翻。問我諸姑，遂及伯姊。叶薺韻，蔣禮翻。○賦也。此下二章皆言謀及諸姬之事。按：《春秋·僖元年》：「春王正月，齊師、宋師、曹師次於聶北，救邢。夏六月，邢遷於夷儀。齊侯、宋師、曹師城邢。」至次年，始城楚丘而封衛焉。當邢遷夷儀之時，衛尚廬於漕也。齊桓新霸，而宋、曹、邢之交方合，其勢足為諸侯所倚恃。四國之中，曹、邢與衛同為姬姓，而齊、宋則衛之婚姻也。穆姬之所欲與諸姬謀者，意在曹、邢二國，而中間又欲望援於齊者，以齊為霸主，且伯姊在焉。若宋桓夫人已歸於衛而不在宋，則禮不

當往宋，故語不之及。詩之寫懷，與當日情事相合如此。其先適曹，次適齊，次適邢，而後至衛者，意行程次第云爾。「出宿于泲」，言適曹也。「宿」，《說文》云：「止也。」「泲」，水名，《地理志》云：「沇水東流為泲。」徐鍇云：「今多作濟，故與常山濟水相亂。」此則四瀆之濟。按：《禹貢》導沇水東流為濟，入於河，溢為滎，東出於陶丘之北，曹國所治也。今山東兗州府曹州是其地。「餞」，《說文》云：「送去也。」徐云：「以酒食送也。」「禰」，即今曹州之大禰澤也。穆姬自許國出而止宿于泲水之上，蓋將以救衛之事告之曹國。告曹已畢，又將適齊，則曹人當餞送之於禰也。然此及下章皆虛擬之如此，非有是事。「出宿于泲」一句中，該括與之謀意在內。後仿此。「女子有行」二句，義與《泉水》篇同。「女子」，穆姬自謂也。「問」，《說文》云：「訊也。」「諸」，眾也。徐鍇云：「別異之辭。父之姊妹為姑。」孫炎云：「姑之言古，尊老之名也。」「姊」，女兄也。《爾雅疏》云：「姊之言諮，以其先生可諮問也。」《左傳》引此《詩》，以為知禮，「謂其姊親而先姑也」。〔註23〕愚按：此「諸姑伯姊」指齊桓公宮內之諸姬言。桓公之夫人曰王姬，內嬖如夫人者六人，自長、少二衛姬而外，尚有鄭姬、密姬，皆衛同姓，不能定其輩次，故但以尊行稱之曰「諸姑」也。「伯姊」則穆姬之長姊齊子，即長衛姬是也。穆姬欲赴控於齊，言我為嫁出之女，雖與父母兄弟相遠，而故國有難，情不容恝。今齊為大國，力能相救，不知尊而諸姑，親而伯姊，將何以為之策乎？時穆姬雖不果行，而齊桓公已使武孟帥師戍曹。武孟，齊子所出，衛之甥也。後又合諸侯封衛於楚丘，倘亦齊子吹噓之力歟？○**出宿于干**，寒韻。**飲餞于言**。叶寒韻，讀如原，吾官翻。豐氏本作「緡」。**載脂載舝**，豐本作「轄」。**還車言邁**。叶霽韻，力制翻。**遄臻于衛**，霽音。**不瑕有害**。叶霽韻，暇懇翻。○賦也。「干」、「言」，二地名。《隋志》：邢州內丘縣有干山、言山，即柏人縣，在今為直隸順德府唐山縣，古邢國也。「出宿于干」，穆姬又自齊國出而止宿于干之地，欲求救於邢也。「飲餞于言」者，既與邢謀，則求救之事已畢，可以歸衛，故邢人又具酒食於言地餞送之也。「脂」，朱子云：「以脂膏塗其舝使滑澤也。」「舝」，《說文》云：「車軸耑鍵也。」《釋文》云：「車軸頭金也。」「車不駕，則脫軸頭之舝。將行，乃設之。」〔註24〕又云：「讀《詩》者但以『載脂載舝』為以脂膏塗其舝，兩『載』字不分明。『載脂』，謂未設舝

〔註23〕《左傳・文公二年》。

〔註24〕按：此及下「又云」出《詩緝》卷四《泉水》。（第112～113頁。）

於車之時，先以脂膏塗其舝，其用在脂，故曰『載脂』也。『載舝』，謂塗舝既畢，乃設舝於車，其用在舝，故曰『載舝』也。『載脂』一事，『載舝』又一事。故毛氏云『脂舝其車』，以二事言也。」「還」，《說文》云：「復也。」呂祖謙云：「『還車』，猶言回轅，不必云嫁時所乘之車也。」「言」，語辭。「邁」，遠行也。「遄」，往來數也。「臻」，至也。俱見《說文》。「瑕」，玉病也。「不瑕有害」，總上所擬經行曹、齊、邢、衛四國而言。言是舉也，果所行合義而不瑕玷乎？抑有害於義乎？如謂親親關情，惟力是視，是「不瑕」也。如謂婦人既嫁，不踰境，踰境非正，是「有害」也。究之不敢以「不瑕」自寬而以「有害」自克，則穆姬亦可謂「發乎情，止乎禮義」者矣。○**我思肥泉**，先韻。**茲之永歎**。叶先韻，他涓翻。**思須**豐本作「沫」。**與漕**，叶尤韻，祖侯翻。**我心悠悠**。尤韻。**駕言出遊**，先韻。豐本作「游」。**以寫我憂**。尤韻。○興也。《爾雅》云：「歸異出同流為肥。」《釋名》云：「所出同，所歸異，曰肥泉。」《水經注》云：「太和泉源水有二源，一水出朝歌城西北，又東與左水合，謂之馬溝水。水出朝歌城北，東流南屈，至其城東，又東流，與美溝合。水出朝歌西北大嶺下，更出逕駱駝谷，於中透迤九十曲，故俗有美溝之目矣。其水更逕朝歌城北，又東南流，注馬溝水，又東南注淇水，為肥泉也。犍為舍人曰：『水異出，流行合同，曰肥。』今是水異出同歸矣。《博物志》謂之澳水。《詩》『瞻彼淇澳』，言澳隈也。鄭亦不以為津源，而張司空專以為水流入於淇，非所究也。然斯水即《詩》所謂『泉源』之水也。」愚按：《爾雅》及劉熙皆以「出同歸異為肥」，而酈道元引犍為舍人乃以出異歸同為肥，將焉適從？考肥泉入淇之後，淇水遂分為二。其一為舊淇水，《地理志》謂「淇水出共，東至黎陽入河」者是也。其一為清河，《水經》謂「東北過漂榆邑入於海」者是也。然則所謂同出異歸，或以是故，未可知矣。穆姬，衛之自出，而以既嫁之後，父母已歿，誼不得歸衛，故取興於肥泉以自況也。蓋至此而前二章之所云云者已成虛語，而穆姬亦且安於許而不果行矣，故不禁其思之而永歎也。「永歎」，長歎，即太息是也。人嘅歎則息大而長。「須」、「漕」，二地名。按：《大名府志》：「須城在楚丘東南二十八里。」「漕」，通作「曹」，後為白馬縣。皆今滑縣地。時戴公廬此故穆姬思之。又，《路史》「須」作「雛」，云：「黃帝後，姞姓國。」「悠」，《說文》云：「憂也。」具車馬曰駕。或以為發語詞者，非。蘇子瞻有詩云：「日日出東門，尋步東城遊。城門抱關卒，怪我此何求。我亦無所求，駕言寫我憂。」章惇評之云：「前步而後駕，何其上下紛

紛也。」東坡聞之曰：「吾以尻為輪，以神為馬，何曾上下乎？」參寥子謂「其文過似孫子荊曰『所以枕流欲洗其』耳，然終是詩病」。以此知一字之用亦不可苟。「寫」，毛云：「除也。」《說文》云：「置物也。」按：置者，捨置之義，謂捨而除去之也。既前所擬議者皆成虛語，且欲乘車出遊，以除我憂也，亦無所聊賴之意。

《泉水》四章，章六句。《序》謂「衛女嫁於諸侯，父母終，思歸寧而不得，故作是詩」。義亦無害，但篇中有「思須與漕」一語，明是為戴公廬曹而作。今但取《載馳》、《竹竿》二詩合此詩詠之，語氣絕類，其了然出於一人之手，無可疑者。《子貢傳》及《申培說》皆以為「宋桓姬閔衛之作」，要亦依附《載馳》故事為之揣摩耳。乃於《河廣》，則又以為「桓姬歸衛思襄公之作」。考宋襄即位在魯僖九年，此時衛已遷國渡河而東，與宋皆在河南，不應有「一葦航之」之語，故舊說疑是詩作於襄為世子時，衛尚未遷。然則當狄入衛，桓姬業已大歸於衛，又何以有懷于衛，靡日不思為哉？蓋其說之自相矛盾如此。

有狐

《有狐》，齊桓公思恤衛也。毛《傳》繫此詩與《木瓜》相屬，一主施，一主報也。愚故以為齊桓公之詩焉。《左傳》：宋桓公立衛戴公，以廬於曹〔註25〕。齊桓公使公子無虧戍漕，歸公乘馬、祭服五稱、牛羊豕雞狗皆三百，與門材。歸夫人魚軒，重錦三十兩。即此詩所云憂「之子無裳」、「無帶」、「無服」者也。衛都河北，其地在朝歌之東，淇水之北。自懿公為狄所滅，戴公廬曹，已渡河而南矣。是詩猶以淇入詠者，蓋亦以興復舊都之事望之耳。

有狐綏綏，《齊詩》作「久久」。**在彼淇梁**。陽韻。**心之憂矣，之子無裳**。陽韻。○興也。「狐」，獸名，形似黃狗，鼻尖，口銳，尾大，性善疑。方河水合時，狐聽冰下水，無聲乃行。人每則之，皆須狐之已行乃渡。《易·未濟》稱「小狐汔濟，濡其尾」，亦其尾重善濡溺，古語所謂「狐欲渡河，無如尾何」者也。「綏」，通作「緌」。冠結之餘散而下垂者謂之緌。狐尾之垂似之。毛《傳》云：「石絕水曰梁。」蓋造為長岸入水者。章潢云：「狐涉水，濡尾則溺。觀其綏綏於淇梁，則其欲濟未濟可知矣。」「之子」，指戴公也。所以

取狐比者，古人多以狐為人君之象。《南山》之詩以雄狐比齊襄公，而《左傳》卜徒父亦謂「狐蠱，必其君」是也。衛新播遷，資用乏絕。裳者，下體所需，至賤之物。然且無之，則其他可知矣。齊桓身為霸主，興滅繼絕，救災恤患，是其本務，而使新遷之衛流離窮困，莫之省憂，其何以臨長諸侯乎？此所以心憂之子之無裳也。○**有狐綏綏，在彼淇厲。**霽韻。亦叶泰韻，落蓋翻。豐氏本作「砅」。**心之憂矣，之子無帶。**泰韻。亦叶霽韻，丁計翻。○累興也。「厲」，《說文》云：「旱石也。」旱石於水中，踐之以渡。又岸危處亦曰厲。「帶」，毛《傳》云：「所以申束衣者。」首章言「裳」，此言「帶」，繇淺而之深，自下而向上也。「無帶」則不但「無裳」而已。○**有狐綏綏，在彼淇側。**職韻。豐本作「仄」。**心之憂矣，之子無服。**叶職韻，鼻墨翻。○興也。「側」，《說文》云：「旁也。」狐以水深欲濟而不敢濟，始猶在淇梁，繼但在淇厲，則遠乎梁矣；繼且在淇側，則又遠乎厲矣。衛丁喪敗之餘，痛定思痛，驚悸轉深，瞻望舊都，而不敢進步，其象何以異此？上曰衣，下曰裳，通言之曰服。曰「無服」，則又不但「無裳」、「無帶」而已，喻百用皆匱，非徒以衣被一事言也。故齊桓之歸戴公，自祭服重錦而外，乘馬、犧牲、門材、魚軒累累，不一而足焉。厥後又為之城楚丘，又與之繫馬三百，天下稱仁云。

《有狐》三章，章四句。《子貢傳》云：「國亂民貧，君子傷之，賦《有狐》。子曰：『見惻隱之仁焉。』」按：「國亂民貧」，於此詩語意亦近似。其偽入孔子之言，則妄也。《韓詩外傳》云：「昔者不出戶而知天下，不窺牖而見天道，非目能視乎千里之前，非耳能聞乎千里之外，以己之情量之也。己惡飢寒焉，則知天下之欲衣食也。己惡勞苦焉，則知天下之欲安佚也。己惡衰乏焉，則知天下之欲富足也。知此三者，聖王之所以不降席而匡天下。故君子之道，忠恕而已矣。夫處饑渴，苦血氣，困寒暑，動肌膚，此四者，民之大害也。害不除，未可教御也。四體不掩，則鮮仁人。五藏空虛，則無立士。故先王之法，天子親耕，后妃親蠶，先天下憂衣與食也。《詩》曰：『父母何嘗？』『心之憂矣，之子無裳。』」其指與《子貢傳》合，亦自可從。「父母何嘗」乃《鴇羽》篇語，誤入於此。《序》則云：「刺時也。衛之男女失時，喪其妃耦焉。古者國有凶荒，則殺禮而多昏，會男女之無夫家者，所以育人民也。」今按：詩中全無此意。舊說謂裳所以配衣帶，亦所以束衣，猶男女之相依而立。而人無室家，亦猶之無衣服。皆強為之辭者。朱子則指

「狐為妖媚之獸」，徑坐為「寡婦見鰥夫而欲嫁之詩」，既屬無謂，且云「憂其無人縫裳」，更鄙淺可笑。若《申培說》云：「君子於寒夜見貧民與狐涉水而傷之」，則不根甚矣。

清人

《清人》，刺鄭文公也。高克好利而不顧其君，文公惡而欲遠之不能，使高克將兵而禦敵於竟，陳其師旅，翱翔河上，久而不召，眾散而歸，高克奔陳。公子素惡高克進之不以禮，文公退之不以道，危國亡師之本，故作是詩也。出《序》。《申培說》同。○《左·閔二年》：「十二月，鄭人惡高克，使帥師次於河上，久而弗召。師潰而歸，高克奔陳。鄭人為之賦《清人》。」《子貢傳》亦謂「鄭文公使高克禦敵於境，不召，師潰，大夫憂之，賦《清人》」。孔穎達云：「是時有狄侵衛地，衛在河北，鄭在河南，恐其渡河侵鄭，故使高克將兵於河上御之。」按：狄人入衛，懿公被殺，正在此時。高克無將兵之才，鄭文公徒以惡而欲遠之，故輕使帥師於外，是以國計人命為嘗試，故《序》以為「危國亡師之本」。

清人在彭，叶陽韻，逋旁翻。駟介旁旁。陽韻。二矛重英，叶陽韻，於良翻。河上乎翱翔。陽韻。○賦也。「清」，季本云：「地名。按：《水經注》：『朝歌以南，暨清水，土地平衍，悉牧野矣。』今淇縣界，清水合淇水入衛，近牧野處，即其地也。本在河北。」《春秋·隱四年》：「公及宋公遇於清。」杜預以為「衛邑」，云：「濟北東阿縣有清亭。」姜寶亦云：「在衛南而近於鄭。」鄭玄誤謂「清為高克所帥眾之邑」，而《水經注》亦以「中牟之清陽亭」當之，則在河南矣。「彭」，《說文》云：「鼓聲也。」「清人在彭」者，狄侵衛地，清人方在鳴鼓進戰之時也。「駟」，四馬也。「介」之為「甲」，音之近也。四馬被甲，所以駕車者，蓋高克所乘也。「旁」，通作「騯」，《說文》云：「馬盛也。」疊言「旁旁」，非一馬也。「矛」，亦高克車上所建。「二矛」，與《魯頌》「二矛」同，直是酋矛有二。舊說兼夷矛言二，非也。按：《考工記》云：「車有六等之數，車軫四尺，謂之一等。戈柲六尺有六寸，既建而迆，崇於軫四尺，謂之二等。人長八尺，崇於戈四尺，謂之三等。殳長尋有四尺，崇於人四尺，謂之四等。車戟常，崇於殳四尺，謂之五等。酋矛常有四尺，崇於戟四尺，謂之六等。」又云：「攻國之兵欲短，守國之兵欲長。酋矛常有四尺，夷矛三尋。」

八尺為尋，倍尋為常，則是酋矛長二丈，夷矛長二丈四尺，皆長兵也。此禦敵
於境，正守國之兵，宜有夷矛。然非車上所建，蓋軍士手執之以禦敵者。《魯
頌》「二矛」與「重弓」共文。弓無二等，祇是一弓而重之，則知二矛亦一矛
而有二，所以備折壞也。「英」，以羽飾矛也。《魯頌》謂之「朱英」，蓋以朱染
之也。曰「重英」者，以二矛各有英飾也。「河上」者，營軍之處。「翱翔」，
鳥緩飛之貌。解見《載驅》篇。高克非將兵之才，徒盛其軍容，聊於河上焉遊
戲而已。自「駟介」而下，皆指高克言。後放此。○**清人在消**，蕭韻。**駟**
介麃麃。叶蕭韻，蒲嬌翻。**二矛重喬**，蕭韻。《韓詩》、豐氏本俱作「鷮」。
河上乎逍《釋文》作「消」。**遙**。蕭韻。《釋文》作「搖」。○賦也。「消」，
《說文》云：「盡也。」狄已入衛，清人逃散，正在其消亡之時也。「麃」，通
作「儦」，《說文》云：「行貌。」「喬」，《說文》云：「高而曲也。」矛在車上，
為五兵之最高者，其制上句，故以「喬」名。「重喬」，猶云「重英」，以有二
矛故謂之重。又，鄭云：「喬，矛矜近上及室題，所以懸毛羽。」按：矜，矛
柄也。室謂矛之鏊孔。鏊者，骹也，即矛頭受刃處。題，謂頭也。「逍遙」，解
見《白駒》篇。言以河上為遠遊之地也。時衛已新破，而高克全無警懼之心，
但見其逍遙自樂而已。任將如此，豈不殆哉？季云：「狄患先及於衛，則清人
宜當其衝，尚未遽能渡河至鄭也。第遣一旅至河，更番偵伺，待有警急，而後
大發車徒，未為晚也。今乃盡以其師次於河上，使之翱翔逍遙，遊嬉閑暇，豈
恤師之道哉？」○**清人在軸**，叶宥韻，真祐翻。**駟介陶陶**。叶宥韻，徒侯
翻。**左旋**豐氏本作「還」。**右抽**，叶宥韻，敕救翻。《說文》、豐氏本俱作「搯」，
云：「拔兵刃以習擊刺。」**中軍作好**。叶宥韻，許候翻。○賦也。「軸」，通
作「逐」，《說文》云：「追也。」按：鄭《箋》解《碩人》之「軸」作「逐」。
孔云：「『逐』與『軸』，蓋古今字異。」「清人在軸」，言清人正在為狄所追逐
之時也。《左傳》：「狄滅衛，國人出，狄人從之，又敗之河。」是其事也。「陶」，
通作「嗂」，《說文》云：「喜也。」「左」，謂御者，在將軍車左執轡而御馬者
也。「旋」，習迴旋其車也。「右」，謂勇力之士在將軍車右，執兵以擊刺者也。
「抽」，《說文》云：「引也。」朱子云：「拔刃也。」「中軍」，謂將在鼓下，居
車之中，即高克也。鄭云：「兵車之法，將居鼓下，故御者在左。」孔云：「《左·
成二年》：『晉伐齊，郤克將中軍，解張御，鄭丘緩為右。郤克傷於矢，流血及
屨，未絕鼓音，曰：余病矣。張侯曰：自始合，而矢貫余手及肘，余折以御，
左輪朱殷，豈敢言病？』張侯即解張也。郤克傷矢，言『未絕鼓音』，是郤為

將，在鼓下也。張侯傷手，而血染左輪，是『御者在左』也。此謂將之所乘車耳。兵車之法，左人持弓，右人持矛，中人御。御車不在左也。至於平常乘車，則又不然矣。《曲禮》曰：『乘君之乘車，不敢曠左。』《注》謂『君有惡，空其位』。則人君平常皆在車左，御者在中央。故《月令》說耕籍之義云：『天子親載耒耜，措之於參保介之御間。』保介，謂車右也。置耒耜於車右御者之間，御者在中，與兵車異也。『將居鼓下』，雖人君親將，其禮亦然。《夏官·大僕職》云：『凡軍旅田役，贊王鼓。』是天子親鼓也。成二年，『齊侯伐我北鄙，圍龍。齊侯親鼓之。』是為將乃然，故云『將居鼓下』。」「好」，毛《傳》云：「容好也。」鄭云：「高克之為將，使其御者習旋車，車右抽刃，自居中央，為軍之容好而已。」愚按：衛既為狄所敗，又為狄所逐，距高克將兵之地僅隔一河，此時聲息既聞，當枕戈露刃，不遑寧處，而尚陶陶然以晏閒無事處之，徒習為好容以耀軍士。假使敵師奄至，何以御之？其不為齏粉者，幸耳。《春秋》書「鄭棄其師」，正譏文公命將不得其人。觀此詩可見克無將略，故不為軍士所服，至於師潰出奔。而舊說但以師久而不召，為棄其師。《公羊傳》謂「逐而不納，棄師之道」，《穀梁傳》謂「惡其長」而「兼不反其眾，則是棄其師」，皆不明於《詩》與《春秋》之意者也。胡安國云：「人君擅一國之名寵，殺生予奪，惟我所制爾。使克不臣之罪已著，按而誅之可也。情狀未明，黜而遠之可也。愛惜其才，以禮馭之可也。烏有假以兵權，委諸境上，坐觀其失伍離散而莫之恤乎？然則棄師者鄭伯，乃以國稱，何也？二三執政，股肱心膂，休戚之所同也，不能進謀於君，協志同力，黜逐小人，而國事至此，是謂『危而不持，顛而不扶』，則將焉用彼相矣？書曰『鄭棄其師』，君臣同責也。」鄒忠胤云：「夫將者，三軍之司命。古者遣將，親為推轂，曰：『閫以外，將軍制之。』權綦重矣。即素所愛信，猶不容以輕委，而況舉不祥之器，奉之應且憎者！鄭人使高克帥師，以惡之故。既已惡之，而復委以兵柄，豈將假手於狄以剪所忌耶？向使克自知罪在不宥，擁兵自固，或召狄以內寇而為之應，或奔狄以輸情而為之謀，則是反以禦狄者餌狄，何幸之有？即不然，而以三軍之眾羈勒一夫，是投鼠以千金之璧，豈不愚哉？猶幸師潰且歸，而克僅束身以奔陳也。甚矣，文公以己之國僥倖也！」陳際泰云：「齊人殲於遂，自殲也。鄭師潰於河上，自棄也。」

　　《清人》三章，章四句。鄒云：「《清人》作於鄭文公時，傳有明證。《毛詩》編在《有女同車》、《扶蘇》、《蘀兮》諸篇前，皆《序》所指為刺忽

者。按：昭公忽、厲公突皆莊公子，而文公即厲公之子也。《詩》猶之史，必以世代為次，豈宜越次如此？故知《毛詩》之錯簡多矣。」朱《傳》謂「鄭文公惡高克，使將清邑之兵，禦狄於河上，久而不召，師散而歸，鄭人為之賦此詩」。按：杜預《春秋釋地》云：「中牟縣西有清陽亭。」《水經注》云：「清池水出清陽亭西南平地，東北流，逕清陽亭西南平地，東北流，逕清陽亭南，東流，即故清人城也。」其地今屬開封府，乃鄭地。鄭《箋》、朱《傳》皆謂「高克將清邑之兵」者，本此。但《詩序》、《左傳》皆無明文。至經言「在彭」、「在消」、「在軸」，據毛《傳》皆以為河上之地。孔謂「師久不得歸，故遷移三處」。今遍考諸書，於彭、消、軸地名絕不經見。經文又但以河上總之，雖《左傳》亦然，則「遷移三處」之說恐非其寔。且高克成師以出，不應獨將清邑之兵，故當以季彭山之解為正。

木瓜

《木瓜》，美齊桓公也。衛國有狄人之敗，出處於漕，齊桓公救而封之，遺之車馬、器服焉。衛人思之，欲厚報之，而作是詩也。出《序》。○孔穎達云：「衛立戴公，以廬於漕。齊桓公使公子無虧帥車三百乘、甲士三千人以戍漕，歸公乘馬、祭服五稱、牛羊豕雞狗皆三百，與門材。歸夫人魚軒，重錦三十兩。戴公卒，文公立，齊桓公又城楚丘以封之，與之繫馬三百。」按：衣單複具曰稱。「重錦」，錦之熟細者。「繫馬」，繫於廄之馬，蓋善馬也。兩公相繼，皆為齊所遺，則桓公之待衛亦不薄矣。衛人深德之，故設言投報之理，以見其意。孔子曰：「吾於《木瓜》見苞苴之禮行也。」胡安國云：「《木瓜》美桓而夫子錄之，善衛人之情也。曷為善之？報者，天下之利。以德報德，則民有所勸矣。」

投我以木瓜，叶魚韻，讀如居，斤於翻。報之以瓊琚。魚韻。匪報號韻。亦叶宥韻，敷救翻。也，永以為好叶號韻，虛到翻。亦叶宥韻，許候翻。也。比也。「投」者，取物相遺之謂。「木瓜」，舊說以為楙也。見《爾雅》。《本草》云：「花生於春末，深紅色，其實大者如瓜，小者如拳。」陸佃云：「木瓜葉似柰，實如小瓜，味酢，善療筋轉。陶隱居曰：『如轉觔時，但呼其名，及書上作木瓜字輒愈。蓋梅望之而齒渴，楙書之而緩筋，理有相感，不可得而詳也。』」馮時可云：「古語曰：『梨百損一益，楙百益一損。』投人之道，

宜有以益之。」羅願云:「魚復縣地多木瓜,大者如瓿。又其木可以為杖,故取幹之道,以木瓜次之。今人取木瓜大枝,作杖策之,云利筋膝。根葉煮湯淋足脛,可以已蠻。又截其木乾之,作桶以濯足。齊孝昭北伐庫莫奚,至天池,以木瓜灰毒魚。又,別木瓜者云:『木瓜與和圓子、蔓木、土伏子相似,其皮薄,微赤黃,香,甘酸不澀,穰中子尖,一面方者為真木瓜。』」《草木子》云:「木瓜一尺,一百二十二節。」「瓊」,毛《傳》云:「玉之美者。」應劭云:「玉之華也。」許叔重以為赤玉。然據末章云「瓊玖」,玖乃黑玉,則不應與瓊並言也。「琚」,佩玉名。按:佩有璜,有珩,有琚。珩者,佩之上橫者也,下垂三道,貫以蠙珠。璜如半璧,繫於兩旁之下端,又有組,以左右交牽之,使得因衡之抑揚,以自相衝擊。而於二組相交之處,以物居其間,交納而拘捍之,故謂之琚。或以大珠,或雜用瑀石。賈誼《新書》所謂「佩玉捍珠,以納其間」者是也。此言琚用瓊,則佩之美者。蘇轍云:「瓊琚之於木瓜重矣,然猶不敢以為報也,永以與之為歡好而已。此衛人感齊桓救患之恩,故設為瓜瓊不等之喻,言人遺我以微物,猶必有以厚報之,況齊桓之贈遺如此其厚,則報之當何如!『永以為好』,亦是欲其君依附大國,時常聘問之意。」歸子慕云:「謂之投者,平居分義,無往來之道,出於望外者也。衛之與國,姜為異姓,乃存亡之義不出於諸姬而出於姜氏,詩人所以感思桓公之德無已時也。」凌濛初云:「齊桓存亡衛而衛忘亡,故作此感恩之詩。夫子錄之於《衛風》之終,《王風》之前,正以見有齊桓霸業而後中國始知有王耳。與『微管仲,吾其被髮左衽』同意。」《左·昭二年》:「晉韓宣子聘於衛,衛侯享之,北宮文子賦《淇澳》,宣子賦《木瓜》,思報德也。」○**投我以木桃**,叶蕭韻,讀如調,田聊翻。**報之以瓊瑤。**蕭韻。**匪報**見前。**也,永以為好**見前。**也。**比也。舊說以木桃即桃,木李即李。徐氏云:「瓜有瓜瓞,桃有羊桃,李有雀李,此皆枝蔓也,故言木瓜、木桃、木李以別之也。」又,陸佃云:「江左故老視其實如小瓜而有鼻,食之津潤不木者,謂之木瓜。圓而小於木瓜,食之酢澀而木者,謂之木桃。木李大於木桃,似木瓜而無鼻,其品又下於木桃,亦或謂之木梨。梨蓋聲之誤也。鼻即瓜之脫華處,里俗呼之為味,其著華處乃臍也。木瓜性脆,木李性堅。今人以蜂飴漬之者取木瓜,煎之者取木李。」姚旅云:「木桃,櫨子也,似木瓜,小而酢澀,色亦黃。木李,榠櫨也,似木瓜,大而黃。木瓜有重蒂,木李單蒂耳。」按:此則木李、木桃之實,俱與木瓜相似。又,任昉《述異記》云:「杜陵有金李,李大者謂之夏李,尤小者呼為鼠

李。桃之大者為木桃。《詩》云『投我以木桃』是也。」俱未詳孰是。一說：姚寬云：「《詩》之意乃以木為瓜、為桃、為李，俗謂之假果者，蓋不可食、不適用之物也。亦猶畫餅土飯之義。爾投我以不可食、不適用之物，而我報之以瓊玉可貴之物，則投我之物雖薄，而我報之實厚。《初學記》、《六帖》於「果食木瓜門」皆引《衛風·木瓜》之詩，誤矣。」亦通。「瑤」，《說文》云：「玉之美者。」趙頤光云：「瑤從玉，以䍃意兼聲。古人佩玉，取其美質而易損，用以攝心寓戒也，故從䍃。」愚按：此瑤即珩下之蠙珠是也。陳祥道云：「《戴禮》曰：『玭珠以納其間。』《韓詩傳》亦曰：『蠙珠以納其間。』蠙者，蚌也。玭即蠙也。然荀卿賦曰：『璿玉瑤珠，不知佩也。』謂之瑤珠，則以玉為珠，非蚌珠也。謂之蠙珠，蓋其狀若蚌珠然。」○**投我以木李**，紙韻。**報之以瓊玖**。叶紙韻，苟起翻。**匪報**見前。**也，永以為好**見前。**也**。比也。「玖」，《說文》云：「玉之黑色者。」毛《傳》云：「石次玉者。」未詳孰是。趙頤光云：「玖從玉，以久意兼聲。玉久土侵失白光，似石，故從久也。」陸佃云：「報人慾其堅久，故以瓊玖。」孔云：「瓊是玉之美名，非玉名也。琚、瑤、玖，三者互也。」按：琚、瑤皆佩名，玖乃玉名。厥後衛文公忘齊人再造之恩，於齊桓公既死，乘五子之亂而伐其喪，夫子作《春秋》，諸侯未有書名者，惟衛文公滅邢書名。刪《詩》存《木瓜》，惡其不仁也。

  《木瓜》三章，章四句。《序》意甚明。朱子改為「男女相贈答之辭」，無稽甚矣。又，《子貢傳》、《申培說》皆以為「朋友相贈賦此」，其義甚小。賈誼《新書》則云：「禮者，所以恤下也。故縵余曰：『乾肉不腐，則左右親；苞苴時有，筐篚時至，則群臣附；官無蔚藏，醞陳時發，則戴其上。』《詩》曰：『投我以木瓜，報之以瓊琚。匪報也，永以為好也。』上少投之，則下以軀償矣。弗敢謂報，願長以為好。古之畜其下者，其施報如此。」其說皆似，與孔子苞苴之言相合。但如此，則君臣之間有市心焉，未必為聖人所樂道也。

定之方中

  《定之方中》，美衛文公也。衛為狄所滅，東徙渡河，野處漕邑。齊桓公攘戎狄而封之，文公徙居楚丘，始建城市而營宮室，得其時制。百姓說之，國家殷富焉。出《序》。○按：《左·閔二年》：冬，狄

滅衛。宋桓公立宣姜子申，以廬於漕〔註26〕，是為戴公。是年，戴公卒，復立其弟燬，是為文公。齊桓公帥諸侯城楚丘，而遷衛焉。於是戎狄避之，不復侵衛。時僖公二年也。文公大布之衣，大帛之冠，務材訓農，通商惠工，敬教勸學，授方任能。元年，革車三十乘，季年乃三百乘。又，《齊語》云：「翟人攻衛，衛人出廬於曹〔註27〕，桓公城楚丘以封之。其畜散而無育，桓公與之繫馬三百，天下諸侯稱仁焉。」按：「繫馬」，與《孟子》言「繫馬千駟」義同。韋昭謂「良馬在閑而不放散也」。然則此詩言「騋牝三千」，亦齊桓有以貽之與？孔穎達云：「國家殷富，在文公末年。此詩蓋末年所作。」

定之方中，東韻。**作于楚宮**。東韻。**揆之以日**，質韻。**作于楚室**。質韻。**樹之榛栗**，質韻。豐氏本作「桌」。**椅桐梓漆**，質韻。豐本作「柒」。**爰伐琴瑟**。質韻。○賦也。「定」，星名，北方之宿。《爾雅》云：「營室謂之定。」孫炎云：「定，正也。天下作宮室者，皆以營室中為正。」《晉·天文志》云：「營室二星，一曰玄宮，一曰清廟，又為土功事。」《左傳》：「水昏正而栽。」「栽」，築牆長板也。謂今十月定星昏而中，於是植板築而興作。定在北方，水宿也。「方中」者，言此時定星正中也。孔云：「定星昏而正中，謂小雪時。小雪者，十月之中氣。十二月皆有節氣，有中氣。十月立冬節，小雪中，於此時定星昏而正中也。」劉公瑾云：「夏正十月建亥，春秋時十二月也。農事已畢，可以興作。而人君居必南面，故亥月昏時，見定星當南方之午位，因記此星為每歲營作之候，又因號為營室。此蓋成周以後之制。上考唐、虞之時，定星以戌月昏中。歲久而差，至周時定星始以亥月昏中。下逮今日，此星又以子月昏中矣。」又，毛《傳》云：「『方中』，昏正四方也。」鄭玄云：「其體與東壁連，正四方。」孔云：「於列宿，室與相望，其體又壁居南，則在室東，故因名東壁。《爾雅》謂『娵觜之口，營室、東壁也』。孫炎云『娵觜之口，營室、東壁。四方似口，故因名云』是也。」亦通。按：《春秋·僖二年》：「正月，城楚丘。」周正建子，與定中之期正近。其稍不相符者，或是節氣有早晚，或是亥月鳩工而子月乃竣役耳。孔云：「《左傳》曰：『凡土功，水昏正而栽，日至而畢。』則冬至以前皆為土功之時。以曆較之，僖二年閏餘七，七則閏在正月之後，正月之初未冬至，故為得時也。《月令》，仲冬命有司曰：『土事無作。』亦與《左傳》同。而《召誥》營洛邑，於周之三月起土功，不

〔註26〕「漕」，四庫本同，《左傳》作「曹」。
〔註27〕「曹」，《國語·齊語》同，四庫本作「漕」。

依禮之常時者，因欲觀眾殷樂之與否，故不依常時也。」「楚宮」，楚丘之宮。鄭玄云：「謂宗廟也。」楚丘在濟河間，疑在今東郡界。孔云：「衛本河北，至懿公滅，乃東徙渡河，野處漕邑，則在河南矣。」又，此二章升漕墟，望楚丘，楚丘與漕不甚相遠，亦河南明矣。按：《郡縣志》，隋置楚丘縣，屬滑州，後改衛南，本漢濮陽縣地。《通典》亦云：「滑州衛南縣，衛文公遷楚丘，即此城也。」〔註28〕五代屬澶州，今為開州。杜預以為「在濟陰成武縣西南」，豐熙以為「在兗州府曹州曹縣東南五十里」。又，拱州有楚丘，在漢為梁國己氏縣，即今歸德府是也。皆非衛地，不足信。「揆」，《爾雅》云：「度也。」《考工記》：「匠人建國，水地以縣，置槷以縣，眂以景，為規識日出之景與日入之景，晝參諸日中之景，夜考之極星以正朝夕。」按：「水地以縣」者，謂置水地中以求平，而垂繩四隅以合水。「槷」，與「臬」同，柱也。「縣」，垂繩也。「置槷以縣」，植木為柱，以縣繩也。柱有四角四中，垂以八繩，繩皆附柱，則其柱正矣。柱正然後視之，以測日景也。「為規」者，畫地為員規，朝識日景，其端指西；暮識日景，其端指東。兩端長短必與規齊，測其端則東西正。就其中屈之，則南北亦可正也。又於晝漏午時參此日中之景，可以正南方之位，因以正北方之位也。古人營作，上順天時，下正方面，於宮室分言之者，互文以見義也。「楚室」，楚丘之室。鄭玄云：「居室也。君子將營宮室，宗廟為先，廄庫為次，居室為後。」孔云：「明制有先有後，別設其文也。」《緜》與《斯干》皆述先作宗廟，後營居室也。《爾雅·釋宮》以宮室為一，云：「宮謂之室，室謂之宮。」蓋通而言之。其對文則異也。《曲禮注疏》云：「四面穹窿則宮，貯物充實則室。」「樹」，植也。「榛」、「栗」，二木，其實榛小栗大，皆可供籩實。又，羅願云：「有一種榛，大小枝葉皆如栗，其子形如杼子，味亦如栗。所謂『樹之榛栗』者，非榛楛之榛也。」陸佃云：「栗味鹹，北方之果也。有莍蝟自裹。」《圖經》云：「實有房，匯若拳，中子三五，小者如桃李中子，惟一二將熟，則暴開子出。栗房當心一子，謂之栗楔，治血尤效。」「椅」，梓屬。陸佃云：「舊說椅即是梓，梓即是楸，蓋楸之疏理而白色者為梓，梓實桐皮【曰椅。其實兩木大類同而小別也。」《名物解》云：「椅梓實桐皮】〔註29〕，非梓之正，非梓而外若同焉，有倚之意。」陶隱居稱為椅

〔註28〕 王應麟《詩地理考》卷一《楚丘　楚宮　楚室》：「《通典》：『滑州衛南縣，衛文公遷楚丘，即此城。』五代屬澶州，今為開德府。《九域志》有楚丘城。」
〔註29〕 【】內文字，四庫本脫，係串行漏鈔。

桐，又以白桐為椅桐，皆誤。「桐」，《說文》云：「榮也。」《爾雅》云：「榮，桐木。」以其華而不實，冬結似子者，乃是明年之華房，故亦謂之華桐也。陸璣云：「有青桐，有白桐，有赤桐。惟白桐宜為琴瑟。此即白桐也。青桐、岡桐皆不可作琴瑟。」錢氏云：「按：經典單稱桐者，多以作琴瑟，『嶧陽孤桐』是也。」《本草注》云：「梓似桐而葉小，花紫，亦有三種，為百木王，無子者為楸。」《韻會》云：「今人名膩理者梓，豐白者楸。」陸佃云：「今呼牡丹謂之華王，梓為木王。蓋木莫良於梓，故《書》以《梓材》名篇，《禮》以『梓人』名匠也。」羅願云：「室屋之間有此木，則餘材皆不復震。」《十道記》云：「越人多種豫章樹，梓即豫章也。」「漆」，本作「桼」，木名。六月刻取滋汁，可以髤物。《本草注》云：「高二三丈，皮白，葉似椿，花似槐，子若牛李，木心黃。」今經史通作「漆」。「爰」，於也。此四木者，他日長大，伐之可以成琴瑟也。陳暘云：「桐之為木，其質則柔，其心則虛。椅之為木，其實則梓，其表則桐。古之為琴瑟必以桐，其脣必以梓，則椅、桐、梓皆琴瑟良材。而漆之為物，所以固而飾之者也。」陸佃云：「言其宮中所植，皆能預備禮樂之用。語曰：『一年之計，莫如種穀。十年之計，莫如種木。』故文公於初作宮室之時早計如此。」而立國之規模氣象於此亦可觀矣。○**升彼虛**叶陽韻，逋旁翻。《水經注》、《釋文》俱作「墟」。**矣，以望楚矣。望楚與堂，**陽韻。豐本作「唐」。**景山與京。**叶陽韻，居良翻。**降觀于桑，**陽韻。**卜云其吉，終焉**古本、呂祖謙、嚴粲本俱作「然」。**允臧。**陽韻。○賦也。上章已言作宮室矣，此章乃追本相土度地之初言之。「虛」，《說文》云：「大丘也。」毛《傳》云：「漕墟也。」孔云：「知為漕墟者，以文公自漕而徙楚丘，故知升漕墟。蓋地有故墟，高可登之以望，猶《左傳》稱『晉侯登有莘之墟』也。」按：《管子・大匡》篇云：「狄人伐衛，衛君出致於虛，桓公且封之。」所謂「出致於虛」者，言出於虛地，以致其告急之詞命於齊。然則虛之為衛地名，信矣。「楚」，謂楚丘。「按：《類說》：『地理書云地形，自有魯、楚、衛、晉之名』」〔註30〕，非必屬楚地也。傅寅云：「堂當是今博州堂邑，即今東昌府古之東郡。王應麟以為『博、濮二州連境』是也。」「景」，《釋詁》云：「大也。」《水經注》云：「河水分濟北，逕元城縣故城西，又北逕景山東，《衛詩》所謂『景山與京』者也。又北逕楚丘城西。」《寰宇記》云：「景山在澶州衛南

〔註30〕見熊過《春秋明志錄》卷九《襄公三十一年》，卓爾康《春秋辯義》卷二十二引之。

縣東南三里。」《九域志》云：「開德府有景山，即今大名府開州地也，與《商頌》『景山』無涉。」《輿地廣志》云：「今拱州楚丘，非衛之所遷。縣有景山、京岡，乃後人附會名之。」又，朱子解「景」，謂「測景以正方面」。亦通。「京」，高丘也。未詳所在。先是「望楚與堂」，以審擇兩地之可否。及觀「景山與京」，俱近楚丘，風氣包裹，則建國之謀於是決矣。「降」，《說文》云：「下也。」自漕邑之墟而下於楚丘之野，既領略其大勢，復細察其土宜也。「桑」，蠶所食葉木，最宜肥土。宜於桑，必宜於田，故以此驗之。劉公瑾云：「《衛詩》多言桑，蓋衛地跨冀、兗二州，據楚丘，在冀河之東，兗州之境。則文公所觀所說，其桑土之野乎？」夫升虛而望其高，有陵阜，可以屏蔽其國〔註31〕；降觀其下，有桑土，可以宜民。人謀定矣，於是從而卜之。《周禮・大卜》之職所謂「國大遷則貞龜」，如周原之契、洛邑之食皆是也。「云其吉」者，言兆云告吉也。「允」，信。「臧」，善也。卜既云吉，乃建國而居之，今其終信善矣，如卜所言也。即下章民物富盛之意。晁錯云：「古之徙遠方以實廣虛也，相其陰陽之和，嘗其水泉之味，審其土地之宜，觀其草木之饒，然後營邑立城。」此蓋古之遺法。《定之方中》及《公劉》所載是也。胡胤嘉云：「山勢勝，土脈美，神謀從，則終焉之善可知。此亦創始之時，懸斷必然之語。不然，衛後又遷於帝丘矣，此言豈可據哉？」○**靈雨既零**，叶先韻，靈年翻。豐本作「需」。**命彼倌人**。真韻。亦叶先韻，如延翻。**星言夙駕**，說音稅。鄭玄讀如字，云：「辭說也。」非。豐氏本作「稅」。**于桑田**。先韻。亦叶真韻，他因翻。**匪直也人**，韻見上。**秉心塞淵**，先韻。亦叶真韻，一均翻。豐本作「冎」。**騋牝三千**。先韻。亦叶真韻，雌人翻。《說文》引此句作「騋牝驪牡」。○賦也。上段言城野宮室，至此言其政事，蓋人君辨方正位，體國經野，然後可以施政事也。毛萇云：「神之精明稱靈。」《瑞應圖》云：「降而應物，謂之靈雨。」一說：郝敬云：「靈，靈星，蒼龍之宿，主田蠶，三月見於東方。靈雨，靈星見而雨也。」亦通。「零」，《說文》云：「餘雨也。」蓋雨將闌之時。舊解作落，非是。「倌人」，《說文》云：「小臣也。」毛云：「主駕者。」孔云：「以命之使駕，故知主駕者。諸侯之禮亡，未聞倌人為何官也。」「星」，毛《傳》云：「雨止星見。」「言」，語辭也。又，《韓詩》云：「星言，星精也。」未詳。「夙」，早也。星見而駕，所謂戴星而出也。「說」，《說文》云：「釋也。」《爾雅》、毛《傳》俱云：「舍也。」因雨零而命駕桑田之野，以

〔註31〕「國」，四庫本脫。

勞勸耕蠶之人，此為國家根本之慮，萬民衣食之謀，不比粉飾太平、苟且目前者。「匪直」，猶云不但也。「人」，即指農桑之人言。「秉」，持也。「塞」，充實也。「淵」，深也。董斯張云：「衛燬亦是中才，不得援『剛而塞』〔註32〕、『齊聖廣淵』〔註33〕例看。『塞』如『不變塞』〔註34〕之『塞』，有鬱而不舒、斂而不放之意。『淵』如『深淵』之『淵』，有兢然若臨、惕然若隕之意。蓋詩人謂熒澤餘燼，不絕如線，公能守其儉素，戰戰焉若危亡之踵其後，衣大布，冠大帛，其秉心證佐歟？先是戴媯處州吁之難，莊姜送之，亦曰『仲氏任只，其心塞淵』，可以類言矣。」《說文》云：「馬七尺為騋。」《周禮·庾人》職云：「馬八尺以上為龍，七尺以上為騋，六尺以上為馬。」只此三種。今單稱「騋」者，舉中言之。陳祥道云：「《覲禮》、《月令》，天子所乘皆言龍。《衛詩》，諸侯所畜則言騋。是天子乘龍，諸侯乘騋也。」陸佃云：「凡馬，宗廟用龍，戎事用駜，田事用騋。騋，田馬也。《考工記》曰：『國馬之輈，深四尺有四寸。田馬之輈，深四尺。』鄭《注》云：『國馬高八尺，衡高八尺有七寸，除馬之高，則餘七寸，為衡頸之間也。田馬高七尺，衡高七尺有七寸，除馬之高，則餘七寸，為衡頸之間也。』」國馬即種馬，所謂龍也。又按：《周禮》，天子馬六種：曰種馬，曰戎馬，曰齊馬，曰道馬，曰田馬，曰駑馬。其制五良一駑。邦國馬四種，其制三良一駑。鄭玄以為無種戎，陸佃以為無齊道，雖無確據，然亦可見專言田馬為舉中之辭也。云「騋牝」者，兼言騋馬與牝馬也。按：《周禮》凡馬，特居四之一。所謂特者，牡馬也。「三千」，舉其數也。《記》云：「問國君之富，數馬以對。」〔註35〕故及之。或以騋牝為馬之善者，故《爾雅》曰：「騋牝，驪牡。」以罕稱也。夫既以罕見稱，則三千之詠幾於誇而溢矣。愚所不取。又按：《周禮》：天子之馬十有二閑。凡頒良馬而養乘之，四馬為乘，一師，四圉掌之。三乘為皁，計一十二匹，一趣馬掌之。三皁為繫，計三十六匹，一馭夫掌之。六繫為廄，計二百一十六匹，一僕夫掌之。鄭玄謂自乘至廄，應乾之策。以乾為馬，其數九。揲蓍用四，四九三十六，謂一爻之數。純乾六爻，故二百一十六也。六廄成較，較有左右，則為十二廄，即十二閑也。天子之馬六種，五良一駑，每廄良馬一種，二百一十六匹，以左右較之

〔註32〕《尚書·臯陶謨》。
〔註33〕《左傳·文公十八年》。
〔註34〕《中庸》。
〔註35〕《禮記·曲禮下》。

數乘之，當得四百三十二匹，五種合二千一百六十四。駑馬一種，三良馬之數，則為千二百九十六匹。合之凡三千四百五十六匹。此天子馬之全數也。諸侯邦國六閑，四良一駑，駑數亦三於良，分為三閑，與良馬三種各一閑，每閑皆二百一十六匹，以六乘之，止於千二百九十六匹。考《左傳》言「衛文公元年，革車三十乘，季年乃三百乘」，以四馬為乘計之，三百乘計一千二百匹，與六閑之制殊合。又，《左·成十八年》：「晉悼公使程鄭為乘馬御，六騧屬焉。」則亦六閑之制也。此詩云「三千」者，蘇轍以為「可用者三百乘，而其牝牡乃三千」。嚴粲以為「革車不用牝馬，今並牝馬數之，故為三千」。林氏則云：「成周以民牧者，如丘甸歲取馬四匹之類。」〔註36〕然而在天子之都，諸侯之國，士大夫之家，未嘗不自蓄焉。如《周禮》以「天子十有二閑」，先儒論數，不過三千餘匹。衛文公承夷狄所滅之後新造之國，末年亦至「騋牝三千」，若以制度論之，衛以諸侯之國，又當殘亂之餘，其他固未及論，安得遽如成周全盛乘馬之數？蓋所謂「天子十有二閑」，是養之於官者；衛文公之「騋牝三千」，舉官民通數而言之。此成周官民通牧之制也。羅願則云：「《左傳》稱元年革車三十乘，季年乃三百乘，蓋馬，特居四之一。『騋牝三千』，則當有牡一千，革車不用牝，純用牡馬。牡馬一千，為車二百五十乘，取成數曰三百乘爾。」數說並存之。詩人言文公勤於治國，不特注意於農桑之人而已。其操心塞實而淵深，雖下至騋牝之微，莫非其經營之所及，故能致蕃育之盛如此。嗚呼！佚淫儉思，於興廢豈不大哉！謝枋得云：「秉心也實，故事事樸實，不尚高虛之談。秉心也淵，故事事深長，不為淺近之計。富國強兵，豈談高虛、務淺近者之所能辨？」程大昌云：「凡為人上而存心審當，則遇事無不曲至。畜牧至末事，亦遂賴此心以之孳息，故馬亦蕃庶也。是蓋莊周『履豨』之論也。『豨』，豕也。豕之一身，難肥者莫過於蹢也。踐踏豕足而見其豐肥，則知其通身無有不肥也矣。此繇未觀本之論也。若直曰此心可以感動乎馬，則是虛談無實也。晉郭展為太僕，留心於養生，而廄馬充多，征吳得以濟事。潘尼為《太僕箴》，敘列其事，皆推養生而致之於馬。即其說有本矣。《莊子》曰：『百里奚爵祿不入於心，故飯牛而牛肥。』孔子嘗為乘田，而牛羊茁莊。皆一理也。」

《定之方中》三章，章七句。《子貢傳》以為「魯僖公城楚丘以備戎，史克頌之」。《申培說》同。豐熙解云：「楚丘，魯地，在今曹縣東南五十里。地近徐戎，戎數侵魯，故僖公築城以備之。因為宮室於其城中。其後襄公薨

〔註36〕（宋）林駉《古今源流至論》續集卷二《馬政》。

於楚丘,即其處也。次章堂作唐,亦魯地。今兗州府魚臺縣有武唐亭,在楚丘西南戎之北界,故《春秋》隱、桓二公皆盟戎於此。景山在曹縣東四十里,商湯嘗合諸侯於此。京亦山名,在己氏縣。」按:豐氏所稱引地理,俱非確據,故不足信。至以《春秋》書「襄公薨於楚宮」,謂即此楚宮,則刺謬之甚者。按:《左・襄三十一年》:「公作楚宮。穆叔曰:『《秦誓》云:民之所欲,天必從之。君欲楚也夫?故作其宮。若不復適楚,必死是宮也。』六月辛巳,公薨於楚宮。」夫襄之去僖遠矣,宮固襄所自作,非舊宮也。惟《春秋・僖二年》書「春王正月,城楚丘」,而不言城衛,或者疑焉,以為楚丘固魯也,魯自城之耳。又有此詩傳為之證佐,而「騋牝三千」亦似與《駉》篇之詠相合,則遂斷以為非衛文之詩。愚初亦惑於其論。然三傳皆以城楚丘為齊桓公封衛矣,《呂覽》亦云「桓公更立邢於夷儀,更立衛於楚丘」,彼去古未遠,而說之相符乃爾,且與此詩合,亦何可疑之有?又,《左・僖十二年傳》云:「春,諸侯城衛楚丘之郛,懼狄難也。」此條雖無經,而杜《注》以為「為明年春,狄侵衛《傳》」,則楚丘之為衛楚丘,印據更復明甚。

采苓

《采苓》,晉人諫獻公信讒之詩。出《申培說》。○《序》云:「刺晉獻公也。獻公好聽讒焉。」《子貢傳》同。朱子云:「獻公好聽讒,觀驪姬譖殺太子及逐群公子之事可見矣。」鄒忠胤云:「史蘇之占曰:『挾以銜骨,且懼有口。苟可以慉,其入也必甘。』蓋晉獻之好讒,已嘗售於士蒍之譖富子,而女戎猶其最著者。公固曰:『何口之有?口在寡人,寡人弗受,誰敢興之?』無奈其受逞而不知也。」《唐史》有云:「豔孽之興,常在中主。第裯既交,則情與愛遷;顏辭媚熟,則事為私奪。狡謀鉗其悟先,哀誓挺於寵初。〔註37〕」夫如是,雖欲弗受,安得而弗受?

采苓采苓,叶真韻,離珍翻。首陽之巔。叶真韻,典因翻。豐氏本作「顛」。人之為定本作「偽」。下同。言,苟亦無信。叶真韻,息鄰翻。舍旃舍旃,先韻。苟亦無然。先韻。人之為言,胡得焉?先韻。○比也。「苓」,通作「蘦」,《爾雅》云:「大苦也。」即甘草。解見《簡兮》篇。《說文》於「苓」則解曰「卷耳」,於「苦」則解曰「大苦,苓也」。今按:卷耳自名苓耳。《爾

雅》可據。而以「大苦」為「苓」，則苓之即為藼確矣。又，《月令》有「苦菜秀」之文，亦不得以大苦名苦也。孔穎達云：「首陽之山在河東蒲阪縣南。」今在山西蒲州東南三十里，亦名雷首山，又名首山，《左傳》「趙宣子田乎首山」是也。山南曰陽。劉公瑾云：「泛名其山，則曰首山。主山南而言，則又曰首陽。」「巔」，山頂也。苓生於隰，故《簡兮》之詩曰「隰有苓。」今見采苓者，問其何從得之，而曰得於「首陽之巔」，則其所自來者不足信矣。正與下文「人之為言，胡得焉」相照。「苟」，且。「舍」，置。「旃」，之也。又，鄭玄云：「旃之言焉也。」「無然」之「然」，蒙上文語也。「胡得」者，問其何處得來也。凡人言語，其為讒與否，未可知，且勿輕信。然則將一槩舍置而付之不問乎？亦且不可如此。惟當有以察之，則無如究其言之何所自來耳。輔廣云：「讒譖之人，不畏人之不聽，而畏人之能審。今雖不聽，彼將浸潤而入之，則異日或不能不聽矣。惟能審察而真有以見其情偽之所以然，則不惟不敢進，而亦無自而進矣。此止讒之法也。」嚴粲云：「考其言何從而得之，推其所自來，則虛實盡見。讒言之得行，緣不問其所緣來而遽信之耳。漢昭帝悟燕王上書之詐，蓋察其書所緣來也。」張子厚云：「舍旃則無然，為言則求所得，所譽必有所，試厚之至也。」蘇轍云：「事蓋有似而非者，獻公好聽讒言，不究其實而輒從之，申生之死不究，其實之故也。」○采苦采苦，蒦韻。首陽之下。叶蒦韻，後五翻。人之為言，苟亦無與。叶蒦韻，讀如羽，王矩翻。舍旃舍旃，見前。苟亦無然。見前。人之為言，胡得焉？見前。○比也。「苦」，即苦菜也。孔云：「此荼也。」解見《谷風》篇。陸璣云：「《詩》所謂『堇荼如飴』，《內則》所云『濡豚，包苦』，用苦菜是也。」苦生於田，亦非山中之物，今日得之首陽之下者，謾辭也。「與」，《說文》云：「黨與也。」言不必遽信而與之為黨也。○采葑采葑，叶束韻，敷馮翻。首陽之東。韻。人之為言，苟亦無從。叶束韻，粗叢翻。舍旃舍旃，見前。苟亦無然。見前。人之為言，胡得焉？見前。○比也。「葑」，解見《谷風》篇。葑生於圃，亦非山中所有。此詩三章語意了無分別，惟取譬苓、苦、葑三者異耳。詩人託物起義，指即在此。陸佃云：「苓，甘者。苦，苦者。言讒人無所不至，其害人也必因其似而譖焉。采苓則因人之所甘而譖之之況也，采苦則因人之所苦而譖之之況也。葑有時而甘，亦有時而苦，采葑則又因人之所甘所苦而並譖之之況也。」又，或云：「藼甘而苦苦，讒者之入人，必先甘而後苦。而葑則甘苦相半，所謂『采葑采菲，毋以下體』，半以為惡，半以為

美，則讒人之所以嘗試其君者，無所不用矣。」皆通。「從」，《說文》云：「相聽也。」

　　《采苓》三章，章八句。郝敬云：「朱子改為『聽讒之詩』，謂『未見其果作於獻公時』，非也。事之可據，孰有如晉獻公聽讒者乎？如是猶謂不信，則詩必有年月日時作者姓名乃可。」

陟岵

《陟岵》，晉狐偃從公子重耳出亡也。狐偃，字子犯，狐突之子，狐毛之弟。公子重耳之舅也，亦稱舅犯。重耳，晉獻公子，為狐突之女狐姬所生。後為晉文公。按：《左傳》、《國語》記驪姬既譖殺太子申生，又譖重耳與知共君之事，重耳奔蒲。公使寺人披伐蒲，刺重耳，重耳出亡。及柏谷，卜適齊、楚。狐偃曰：「無卜也。夫齊、楚，道遠而望大，不可以困往。道遠難通，望大難走，困往多悔。困且多悔，不可以走望。若以偃之慮，其翟乎？夫翟，近晉而不通，愚陋而多怨，走之易達。不通，可以竄惡。多怨，可以共憂。今若休偃於翟，以觀晉國，且以監諸侯之為，其無不成。」乃遂之翟。從者狐偃、趙衰、顛頡、魏武子、司空季子。在翟十二年，狐偃曰：「日吾來此也，非以翟為榮，可以成事也。吾曰奔而易達，困而有資，休以擇利，可以戾也。今戾久矣，戾久將底，底箸滯淫，誰能興之？盍速行乎？」遂適齊，過衛。自衛過曹，過宋，過鄭，遂如楚。於是懷公自秦逃歸，秦伯召公子於楚。懷公命無從亡人期，期而不至，無赦。狐突之子毛及偃從重耳在秦，弗召。冬，懷公執狐突曰：「子來則免。」對曰：「子之能仕，父教之忠，古之制也。策名委質，貳乃辟也。今臣之子，名在重耳，有年數矣。若又召之，教之貳也。父教子貳，何以事君？刑之不濫，君之明也，臣之願也。淫刑以逞，誰則無罪？臣聞命矣。」乃殺之。及秦伯納公子，將濟河，子犯授公子載璧曰：「臣從君還軫，巡於天下，惡其多矣。臣猶知之，而況君乎！不忍其死，請繇此亡。」公子曰：「所不與舅氏同心者，有如河水。」沈璧以質。此狐偃從晉文公出亡以至歸國之始末也。當文公奔翟時，從亡之士僅有五人，狐偃與，而狐毛不與。及文公入秦，毛與偃俱在。乃不應懷公之召，而其父狐突因之以死，豈當文公十二年居翟之後，周遊列國之時，毛以舅氏之親，始繼偃而至耶？此詩辭旨侘傺，當是初奔翟時所作。以狐突仍仕晉國，而狐毛尚未從行，故既瞻望父母而又復有瞻望兄之語耳。魏詩即晉詩也，其為狐偃所賦，復何疑？

陟彼岵霽韻。兮，瞻望父霽韻。兮。父曰：嗟予子！紙韻。行役夙夜無《石經》作「毋」。已。紙韻。上《石經》、豐氏本俱作「尚」。後同。慎旃哉，猶來無止！紙韻。○賦也。《爾雅》云：「山多草木曰岵。」劉熙《釋名》云：「岵，怙也。山有草木，人所恃取，以為事用也。」趙頤光云：「山久則草木生之，故從古。」今按：「父兮生我」，又「無父何怙」，此孝子所以升岵而切望父之思也。「父」，狐偃之父狐突也。稱「父曰」者，臨別丁寧之言也。「嗟」，歎聲。歎而告之。蘇轍云：「孝子登高以望其父而不見，則思其將行之戒以自慰。」「行役夙夜無已」，言既負羈紲，從公子以出，則當夙興夜寐，盡心所事，無有休懈，所謂義也。故毛《傳》云：「父尚義。」狐突謂「子之能仕，父教之忠」，正此意也。「上」，即行役也。嚴粲云：「上，猶赴也。謂赴役也。如赴官曰上官，赴工曰上工。《七月》『上入執宮功』，以緣田野入都邑為上。此以緣家居赴道途為上。今俗諺猶云上路也。」「旃」，毛《傳》云：「之也。」孔穎達云：「此『旃』與《采苓》『舍旃』之『旃』皆為足句，故訓為『之』。所謂『慎旃』，即蒙上文『夙夜無已』之意。從亡在外，操心危，慮患深，誠不可以不慎也。」「猶」，朱子云：「尚也。」庶幾擁衛公子歸國，無止於外而不返也。○陟彼屺紙韻。兮，瞻望母叶紙韻，母鄙翻。兮。母曰：嗟予季！寘韻。行役夙夜無寐。寘韻。上慎旃哉，猶《爾雅注》作「猷」。來無棄！寘韻。《爾雅注》作「弃」。○賦也。《釋名》云：「山無草木曰屺。」「屺」，圮也。按：《秦風》：「有紀有堂。」毛《傳》云：「紀，基也。」孔云：「《集注》本作『屺』，定本作『紀』。以下文『有堂』，故以為基，謂山基也。」據比，則屺乃山基，其勢傾圮，因取圮為名。升屺而瞻望母者，父天母地，父尊母卑，又子姓遞傳，基本於母，故以屺為母之比也。稱「予季」者，以行者輩屬季，故觀下章有「兄」可見矣。「無寐」，嚴云：「猶今人言醒睡也。」行役在途，存亡戒心，故早夜不敢安寢。毛《傳》謂「母尚恩」是也。「慎旃」，亦蒙上文「夙夜無寐」之意。「無棄」者，言無為公子所遺棄也。○陟彼岡陽韻。兮，瞻望兄叶陽韻，虛王翻。兮。兄曰：嗟予弟！叶紙韻，蕩以翻。行役夙夜必偕。叶紙韻，苟起翻。上慎旃哉，猶來無死！紙韻。○賦也。《釋名》云：「山脊曰岡。岡，亢也，在上之言也。」故以為兄之比。「兄」，偃之兄毛也。「偕」，毛《傳》云：「俱也。」囑其必與同行者俱也。「慎旃」，亦蒙上文「夙夜必偕」之意。「猶來無死」，欲其能避禍害無死地也。

《陟岵》三章，章六句。朱《傳》、《申培說》皆以為「魏人行役而思其親，故作此詩」。《序》則云：「孝子行役，思念父母也。國迫而數侵削，役乎大國，父母兄弟離散，而作是詩也。」鄒忠胤云：「《采薇》以公義言，故曰『我行不來』。《陟岵》以私情言，故曰『猶來無止』。蓋邊戈戍鼓，則悽惋悲壯；而望雲瞻木，則氣結啼枯。固詩人之致乎？其未及歎於室之婦『嗟闊』、『嗟洵』如《擊鼓》者，此則為未娶之季言也。唐人《弔古戰場文》曰：『蒼蒼烝民，誰無父母？提攜捧負，畏其不壽。誰無兄弟？如足如手。誰無夫婦？如賓如友。生也何恩？殺之何咎？其存其歿，家莫聞知。人或有言，將信將疑。悁悁心目，寢寐見之。』嗟乎！為人上者覽此，其於得已之役亦可以少寢夫？」徐士彰云：「孝子思親，不言己之念親，而反言親之念己，則所以存諸心者益切。不言己之自慎，而言親之欲其慎，則所以保其身者益至。詳味之，藹然有天親慘怛之情焉。」劉元城謂「其末句自儆自怨，可以見忠孝之心」，亦善發詩人之意者也。曾鞏云：「先王之世，上之所以接下，惟恐失其養父母之心。其勞使臣之辭則然，而推至於戍役之人，亦勞之以『王事靡盬，憂我父母』。則先王之政，即人之心，莫大於此也。及其後世，或任使不均，或苦於征役，而不得養其父母，則有《北山》之感，《鴇羽》之嗟；或行役不已，而父母兄弟離散，則有《陟岵》之思。詩人皆推其意，見於《國風》，所謂『發乎情，止乎禮義』者也。」按：數說亦近似，並錄之。《子貢傳》闕文。

葛生

《葛生》，刺晉獻公也。好攻戰，則國人多喪矣。出《序》。○愚按：此死者之婦悼亡之詩。采詩者錄之，以志刺。獻公，名佹諸，武公子。孔穎達云：「獻公以莊十八年立，僖九年卒。案：《左傳》莊二十八年，晉伐驪戎。閔元年，晉侯作二軍，以滅耿，滅霍，滅魏。二年，使太子申生伐東山皋落氏。僖二年，晉師滅下陽。五年八月，晉侯圍上陽。冬，滅虢，又執虞公。八年冬，晉里克敗狄於採桑。見於傳者已如此，是其好攻戰也。」又按：《外傳》載獻公田，見翟柤之氛，歸寢不寐，遂伐翟柤。曹氏云：「二十三年之間，凡十一戰，宜其喪亡者多也。兵猶火也，弗戢必自焚。獻公嗜殺而不已，反禍其子，與秦皇、漢武略同，可不戒哉？」

葛生蒙豐氏本作「冢」。後同。楚，語韻。亦叶御韻，創據翻。蘝蔓于野。
叶語韻，余呂翻。亦叶御韻，常恕翻。予美亾此，誰與獨處？御韻。亦叶
語韻，敞呂翻。○篇賦也。「葛」，草名。解見《葛覃》。「蒙」，通作「冢」，《說
文》云：「覆也。」「楚」，木名。解見《漢廣》篇。「蘝」，草名。《說文》云：
「白蘝也。」《本草》云：「一名兔荄，作藤生，根似天門冬。」陸璣云：「蘝
似栝樓，葉盛而細，其子正黑，如燕莫，不可食也。幽州人謂之烏服。其莖葉
煮以哺牛，除熱。」「蔓」，本草名，葛屬。此則借為抽引枝條之義。孔云：「此
二句互文。葛言生，則蘝亦生。蘝言蔓，則葛亦蔓。葛言蒙，則蘝亦蒙。言葛
生於此，延蔓而蒙於楚木，蘝亦生於此，延蔓而蒙於野中也。」以次章「蘝蔓
于域」推之，域為塋域，乃此婦之夫所葬之地。地在野中，故先云「於野」。
此二句寫出冢上荒涼之景，宛然在目。舊說以為興體，云：「蔓草發此蒙彼，
以興婦人生於父母，當外成於夫家。」陸佃以為比體，云：「葛生高而蒙楚，
蘝生卑而蔓於野，各繫所遇，猶之婦人外成於夫，榮瘁隨焉，所以一心乎君
子。語曰：嫁雞與之飛，嫁狗與之走。此之謂也。」取義皆通。愚以第三章
「角枕」、「錦衾」之下亦有「予美亾此」之文，三章一例，似當作賦體為正。
「予美」，鄭玄云：「我所美之人，謂其君子也。」「亾」，鄭云：「無也。」字
從入從乚。乚者，隱也。曰「此」者，主閨中而言。或以「死」訓「亾」，謂
承上文言。葛生蘝蔓之地，君子身死於此，語意似順。然於第三章之文義難
通。今不從。「誰與獨處」，婦人自謂也。所美之人既無矣，寂寞閨中，我其誰
與乎？但焭然獨處而已。後章倣此。各以二字為文，遞轉而下，與《易》「匪
寇婚媾」句法正同。○葛生蒙棘，職韻。蘝蔓于域。職韻。予美亾此，
誰與獨息。職韻。○賦也。「棘」，解見《凱風》篇。「域」，毛《傳》云：「塋
域也。」變「野」言「域」，知是賦其所見。《詩翼》云：「讀『葛生蒙棘，蘝
蔓于域』，宛然荒冢累累，祭掃悲哀之景。」「息」，止也。○角枕粲翰韻。
兮，錦衾爛翰韻。兮。予美亾此，誰與獨旦。翰韻。○賦也。「枕」，臥
所以薦首者。以角為飾，猶梁元帝《謝賚枕啟》所云「重安玳瑁」者也。司馬
相如《美人賦》云：「寢具既設，服玩珍奇。金爐薰香，黼帳高垂。茵褥重陳，
角枕橫施。」「粲」，通作「燦」，《說文》云：「燦爛明淨貌。」「衾」，解見《小
星》篇。以錦為之。「爛」，光色也。范祖禹云：「角枕之粲，錦衾之爛，則其
嫁未久也。」蘇轍云：「物存而夫亾，是以感物而思之也。」按：《世說》云：
「袁羊嘗詣劉恢，恢在內眠未起。袁因作詩調之曰：『角枕粲文茵，錦衾爛長

莛。』劉尚晉明帝女，主見詩，大不平曰：『袁羊，古之遺狂。』」劉孝標亦引
《小序》，以見袁以死嘲劉，故主不平耳。則其為悼亾之詩舊矣。郝敬以「角
枕、錦衾」為「斂襲之具」，而引「《周禮》大府之職『大喪供角枕』，《儀禮》
『斂用衾』」為證。然上章已有「蘞蔓于域」之文，不應先言葬，後言斂也。
「獨旦」，嚴云：「獨宿至旦也。猶王仲宣詩言獨夜也。思者苦夜長而難旦，
『長夜漫漫何時旦』與『秋天不肯明』之意也。」一說：枕衾粲爛，將旦方見
其然，故云「誰與獨旦」。亦通。○**夏之日，冬之夜。**叶遇韻，元具翻。
百歲之後，歸于其居。叶遇韻，讀如屨，俱遇翻。豐本作「丘」。○賦也。
夏日、冬夜，非夏但思於日，冬但思於夜也。但日因夏而永，則日之思比夜之
數為多；夜因冬而永，則夜之思比日之數為多。以見無時而不思也。「居」，鄭
玄云：「墳墓也。」百歲之後，同歸於九泉之居。矢無他志，義之至，情之盡
也。與前三「獨」字相應。○**冬之夜，夏之日。**質韻。**百歲之後，歸于
其室。**質韻。○賦也。繇夏日而冬夜，復繇冬夜而夏日，無歲不思，沒身焉
而已。「室」，冢壙也。滕公墓銘云「佳城鬱鬱，三千年見白日，於嗟滕公居此
室」是也。

　　《葛生》五章，章四句。《申培說》云：「晉獻公之時，國人久於征
役，室家念之而作是詩。」朱子亦以為「婦人念夫久從征役而作」。然驗篇中
「蘞蔓于域」及「百歲之後，歸于其居」等語，其為悼亡之詩無可疑者。《子
貢傳》闕文。

詩經世本古義卷之二十四〔註1〕

閩儒何楷玄子氏學

周襄王之世詩十五篇

何氏小引

《有杕》，刺晉惠公也。不納群公子，又欲殺其兄重耳，將亡其國焉。

《權輿》，晉惠公與秦穆公戰，為秦所獲，舍諸靈臺，怨秦為德不卒也。

《十畝之間》，齊姜勸晉公子重耳去齊也。

《蜉蝣》，刺曹共公也。君怠國危，玩細娛而忘遠慮，好奢而任小人，將無所依焉。

《侯人》，刺曹〔註2〕共公也。不用僖負羈，而乘軒者三百人。

《渭陽》，秦太子罃之舅晉公子重耳自秦返國為諸侯，罃思母穆姬之恩而送其舅氏也。

《羔裘豹袪》，晉文公釋憾於寺人披也。

《有杕之杜》，晉文公好賢，國人美之。

《鳲鳩》，曹人美晉文公也。

〔註1〕按：四庫本卷二十四分為上下。《有杕》至《有杕之杜》為卷二十四之上，《鳲鳩》至《黃鳥》為卷二十四之下。

〔註2〕「曹」，原誤作「晉」，據正文改。

《羔裘如濡》，鄭人美其大夫之詞。疑美叔詹也。

《閟宮》，頌魯僖公始郊也。詩中所頌之事三焉。郊而配后稷，一也。以天子禮樂祀周公二也。美禰廟，三也。而郊實自僖公始，其諸縣季孫行父之請命於周歟？頌雖誇，然有微辭。史克作之。

《有駜》，魯僖公大飲烝也。禮，十月農功畢，諸侯與群臣飲酒於太學，以正齒位，謂之大飲。僖公行此禮，其臣美之。

《駉》，思魯伯禽之富也。伯禽儉以足用，寬以愛民，務農重穀，牧於坰野。僖公思遵其法，故命史克為之頌。

《晨風》，秦穆公悔過也。

《黃鳥》〔註3〕，哀三良也。秦穆公卒，以子車氏之三子為殉，皆秦之良也。國人哀之，刺穆公以人從死而作是詩也。

有杕

《有杕》，本名《杕杜》，嫌同《小雅》，以此為別。**刺晉惠公也。不納群公子，又欲殺其兄重耳，將亡其國焉。**惠公，名夷吾，獻公子。遭驪姬之譖，出亡於外。獻公卒，秦穆公納之，為諸侯。初，獻公立奚齊，盡逐群公子，始為令，國無公族焉。獻公卒，夷吾得因秦立。始即位，穆姬使納群公子，曰：「公族者，君之根本。」惠公不用，又遣寺人披往渭濱殺重耳，不克。此詩前言「不如我〔註4〕同父」則刺其殺重耳之事；後言「不如我同姓」，則刺其不納群公子之事也。是以知為刺惠公也。

有杕顏之推云：「江南本並木傍施大，徐仙民音徒計反，《說文》在木部，《集韻》音次第之第，而河北本皆為夷狄之狄，讀亦如字，此大誤也。」**之杜，**霽韻。然下章不用此韻叶，正與《鄭風》「將翱將翔」、「彼美孟姜」一例。**其葉湑湑。**叶霽韻，讀如數，爽主翻。**獨行踽踽。**霽韻。**豈無他**豐氏本作「它」。後同。**人？不如我同父。**霽韻。**嗟行之人，胡不比**叶寊韻，必至翻。**焉？人無兄弟，胡不佽**寊韻。崔靈恩《集注》作「次」。**焉？**興也。「杕」，《說文》云：「樹貌。」毛《傳》云：「特貌。」蓋樹之特生者。《爾雅》云：「杜，赤棠。白者棠。」樊光云：「赤者為杜，白者為棠。」陸璣《疏》云：

〔註3〕「《黃鳥》」，卷中正文作「《交交黃鳥》」。
〔註4〕「我」，底本誤作「君」，據四庫本改。

「赤棠與白棠同耳,但子有赤白美惡。子白色為白棠,甘棠也,少酢,滑美。赤棠子澀而酢無味。俗語云『澀如杜』是也。」一云:牡曰棠,牝曰杜。「湑」者,零露之貌。王安石云:「湑湑,潤澤也。」《詩詁》云:「猶沃沃也。」嚴粲云:「木無枝葉,則日燥其根上之土,而其木易枯。有枝然特生之杜,其葉湑湑然潤澤,雖無旁木之蔭,而葉猶足以庇其本根。」「踽」,《說文》云:「疏行貌。」徐鍇云:「疏謂稀疏也。《孟子》云:『行何為踽踽涼涼。』乃獨行而無所親昵之意。」陸化熙云:「以獨行之杜則甚茂,興獨行之人則無所與,此反興也。」「豈無他人」以下,乃正言以開悟之。「同父」,謂兄弟也。「比」,並也。《說文》云:「密也。」二人為從,反從為比,相與周密也。「佽」,《說文》云:「便利也。」豈無他人乎?不如我同父之人,言他人不足恃也。如茍以他人為可恃,嗟彼行道之人,何不見與我相比密乎?凡世上之人亦有無兄弟者,何不見其所行之便利焉?兩「胡不是」,喚醒之詞。○**有杕之杜,其葉菁菁。**庚韻。《釋文》、豐本俱作「青青」。**獨行睘睘。**庚韻。《文選注》作「煢煢」。陸德明本作「嬛嬛」。**豈無他人?不如我同姓。**叶庚韻,師庚翻。豐本作「生」。**嗟行之人,胡不比焉?人無兄弟,胡不佽焉?**興也。「菁」,本韭華之名,蓋以其色取之。「睘」,《說文》云:「目驚視也。」曹氏云:「獨行多懼,故睘睘也。」《白虎通》云:「姓,生也,人所稟以生者也。」按:姓與氏有辨。姓者,所以系統百世使不別。氏者,所以別子孫所出。故言姓即在上,言氏即在下。王安石云:「同姓雖非同父,猶愈於他人耳。」晏子問於子華子曰:「齊之公室懼卑,奈何?」子華子曰:「夫人之有欲也,天必隨之。齊將卑是求,夫何懼而不獲?昔者,軒轅二十五宗,故黃祚衍於天下,於今未忘也。宗周之王也,姬姓之封者凡七十。夫指之不能率其臂,猶臂之不能運其體也。今齊自襄、桓以來,斬斬焉。朝無公族,野無公田。帶甲橫兵,挾轂而能戰,非公士也。結綬纚纚,位列而籍居,非公臣也。公族之子若其孫皆散而之於四方,惟童隸是伍。公所以與俱者,自有肺腸者也。於《詩》有之。『豈無他人?不如我同姓。』何以是踽踽而以臨於人上也?齊將卑是求,夫何懼而不獲?」

　　《有杕》二章,章九句。《序》云:「刺時也。君不能親其宗族,骨肉離散,獨居而無兄弟,將為沃所併。」今按:晉與沃五世相攻,宗族離叛,公室孤立,然沃實負晉,非晉負沃也。如刺,即當刺沃耳。又,晉獻公患桓、莊之族偪,盡殺群公子。此詩疑亦足當之,但皆於「不如我同父」一語不合。故

前二說愚皆無取焉。朱子謂「此乃無兄弟者自傷其孤特而求助於人之詞」。鄒忠齊云：「夫詩明言『豈無他人，不如我同父』、『同姓』，『求助於人』者立言固若是乎？」《申培說》以為「君子勸人孝友之詩」，其意益緩，而篇中亦不見有勸孝之語。《子貢傳》闕文。

權輿

《權輿》，晉惠公與秦穆公戰，為秦所獲，舍諸靈臺，怨秦為德不卒也。按：《列女傳》及《左傳》、《國語》載秦穆公之夫人，晉獻公之女，太子申生之同母娣，與惠公異母，賢而有義。獻公殺太子申生，遂群公子，惠公夷吾奔梁。及獻公卒，得因秦立。始即位，穆姬使納群公子，曰：「公族者，君之根本。」惠公不用，又背秦賂。秦饑，請粟，不與，秦遂興兵，與晉戰，獲晉君以歸。秦穆公曰：「掃除先人之廟，寡人將以晉君見。」穆姬聞之，乃與太子罃、公子弘與女簡璧衰絰履薪以迎，且告穆公曰：「晉君朝以入，婢子夕以死，惟君其圖之。」公懼，乃舍諸靈臺。及晉與秦成，改館晉侯，饋七牢焉。是詩之作，當在未改館之先，舍諸靈臺時也。

於我乎夏屋渠渠，魚韻。《文選注》作「蘧蘧」。**今也每食無餘**。魚韻。**于嗟乎**，虞韻。**不承權輿！**叶虞韻，讀如雩，雲俱翻。《爾雅注》「不承權輿」上有「胡」字，或訛以「乎」為「胡」也。○賦也。「於我乎」，惠公自言於我晉國之所居也。「夏屋」，王肅以為大屋。楊雄《方言》云：「自關而西，秦、晉之間，凡物之壯大者而愛偉之謂之夏。」《法言》云：「震風凌雨，然後知夏屋之帡幪也。」崔駰《七依》說宮室之美，亦云「夏屋渠渠」。《楚詞·大招》篇云：「夏屋廣大，沙堂秀只。南方小壇，觀絕霤只。曲屋步櫩，宜擾畜只。」皆以室言也。又按：《檀弓》云：「有若覆夏屋者矣。」《注》謂「夏屋，今之門廡，其形旁廣而卑正」。又曰：「殷人以來，始屋四阿。夏家之屋，惟兩阿而已。無四阿，如漢之門廡。」亦是一說。鄭玄箋《詩》，因次章有「四簋」之言，慮與下文「每食」句不屬，遂易其解曰：「屋，具也。夏屋，謂設食大具也。」今考《爾雅》訓「具」者，乃「握」字，非「屋」字。以「大具」解「夏屋」，於說鑿矣。楊慎則引「《字書》云：『夏屋，大俎也。』《禮》：『周人房俎。』《魯頌》：『籩豆大房。』《注》：『大房，玉飾俎也。其制：足間有橫，下有跗，似乎堂後有房然。』故曰『房俎』也。以夏屋為居，以房俎為房室，

可乎？又，《禮》：『童子幘無屋。』亦謂童子戴屋而行，可乎？」〔註5〕此其
說誠辨，然禮未聞號俎為屋者，必以「大房」二字附會「夏屋」，愚終不敢信
也。「渠」，通作「巨」，《說文》云：「規巨也。」言夏屋之制有規巨也。一曰
大也。「今」，謂今被獲也。「餘」，《說文》云：「饒也。」其字從食，正謂食之
饒也。昔在晉國，有夏屋以居，今為秦所獲，而舍於靈臺，每食無復餘饒，僅
免於飢餓而已。蓋秦不以諸侯之食禮待之。「承」，毛《傳》云：「繼也。」孔
穎達云：「承其後，是繼嗣，故以承為繼。」「權輿」，《爾雅》云：「始也。」
「權」，稱錘也。「輿」，輈軸之上，加板以載物者。邢昺云：「權輿，天地之
始。天圓地方，故名。」又，陳氏云：「造衡自權始，造車自輿始，蓋借字也。」
按：《大戴禮》云：「孟春，冰泮，百草權輿。」《淮南子》云：「東風而酒沈溢，
造化權輿。」以為東方之氣風也。《逸周書·周月解》云：「日月俱起於牽牛之
初，歷舍於十有二辰，終則復始，是謂日月權輿。」「權輿」二字，古人蓋恒
用之。「不承權輿」，言不能如其立己為君之始，以仇終之也。按：秦穆公初欲
立公子重耳，曰：「重耳仁。」繄曰：「君若求置晉君而載之，置仁，不亦可
乎？君若求置晉君以成名於天下，則不如置不仁，以滑其中，且可以進退。
臣聞之，仁有置，武有置。仁置德，武置服。」是故先置公子夷吾，是為惠
公。及惠公入，穆公謂公孫枝曰：「夷吾其定乎？」對曰：「臣聞之，惟則定
國。《詩》曰：『不譏不知，順帝之則。』文王之謂也。又曰：『不僭不賊，鮮
不為則。』無好無惡，不忌不克之謂也。今其言多忌剋，難哉！」公曰：「忌
則多怨，又焉能克？是吾利也。」穆公之立，晉侯惟欲置服而不置德，其初意
已不善，且偵知其多忌以為利，故卒有始無終如此。夫子錄此詩，所以示後
世凡欲存亡繼絕者，不可如秦穆以利心行之也。○**於我乎每食四簋**，叶有
韻，已有翻。**今也每食不飽。**叶有韻，補茍翻。**于嗟乎**，見前。**不承權
輿！**見前。○賦也。此言「於我乎」，言昔在於我晉國之所食也。「簋」，盛黍
稷器。《考工記》云：「旊人為簋，實一觳，崇只厚半寸。」《注》謂「旊，摶
埴之工，作瓦器者」。孔云：「豆實三而成觳，四升為豆，然則簋是瓦器，容斗
二升也。又，《易》：『二簋可用享。』《注》謂『離為日，日體圓。巽為木，木
器圓。簋象』。則簋亦以木為之也。」簋制，說各不一。《《周禮·舍人》注》
以為圓器，《孝經注》、《說文》皆以為方器。陸元朗云：「內方外圓曰簋，外方
內圓曰簠。」《孝經鉤命決》云：「簠簋上圓下方。」未詳孰是。言「四簋」者，

〔註5〕《升菴集》卷四十二《夏屋》、《丹鉛餘錄》卷三。

朱子云：「禮食之盛也。」毛云：「四簋：黍、稷、稻、粱。」孔云：「案：《公食大夫禮》云：『宰夫設黍稷六簋。』又云：『宰夫授公粱，公設之。宰夫膳稻於粱西。』《〈秋官・掌客〉注》云：『簠，稻粱器也。簋，黍稷器也。』然則稻粱當在簠。而云『四簋：黍、稷、稻、粱』者，以《公食大夫禮》有稻有粱，知此四簋之內兼有稻粱。公食大夫之禮，是王國之君與聘客禮食，備設器物，故稻粱在簠。此言『每食』，則是平常燕食，器物不具，故稻粱在簋。」「飽」，《說文》云：「厭也。」李氏云：「不飽，非特無餘矣。」

　　《權輿》二章，章五句。《序》云：「刺康公也。忘先君之舊臣與賢者，有始而無終也。」《申培說》亦云：「與《晨風》篇同義。」今按：康公忘先君之舊臣，於傳絕無所據。朱子但以為「秦人刺其君待賢禮意浸〔註6〕衰，不能繼其始」，蓋亦依《序》而稍變其說，要之無所附麗。《子貢傳》闕文。

十畝之間

《十畝之間》，齊姜勸晉公子重耳去齊也。按：《晉語》：「文公在翟十二年，狐偃曰：『吾不適齊、楚，避其遠也。蓄力一紀，可以遠矣。齊侯長矣，而欲親晉。管仲沒矣，多讒在側。謀而無正，衷而思始。夫必追擇前言，求善以終，厭邇逐遠，遠人入服，不為郵矣。會其季年可也，茲可以親。』皆以為然。乃行。遂適齊，齊侯妻之，甚善焉，有馬二十乘，將死於齊而已矣。曰：『民生安樂，誰知其他？』桓公卒，孝公即位，諸侯畔齊。子犯知齊之不可以動，而知文公之安齊而有終焉之志也，欲行而患之，與從者謀於桑下。蠶妾在焉，莫知其在也。妾過〔註7〕姜氏，姜氏殺之，而言於公子曰：『從者將以子行。其聞之者，吾已除之矣。子必從之，不可以貳。貳無成命。《詩》云：『上帝臨女，無貳爾心。』先王其知之矣，貳將可乎？子去晉難而極於此，自子之行，晉無寧歲，民無成君，天未喪晉，無異公子。有晉國者，非子而誰？子其勉之！上帝臨子矣，貳必有咎。』公子曰：『吾不動矣，必死於此。』姜曰：『不然。《周詩》曰：『莘莘征夫，每懷靡及。夙夜征行，不遑啟處。』猶懼無及，況其順身縱慾懷安，將何及矣？人不求及，其能及乎？日月不處，人誰懷安？西方之書有之曰：『懷與安，寔疚大事。』齊國之政敗矣，晉之無道久矣，

〔註6〕「寖」，底本作「寢」，據四庫本、朱熹《詩集傳》卷六《權輿》（第122頁）改。
〔註7〕「過」，四庫本、《國語・晉語四》作「告」。

－1370－

從者之謀忠矣，時日及矣，公子幾矣。君國可以濟百姓，而釋之者非人也。敗不可處，時不可久，忠不可棄，懷不可從，子必速行。吾聞晉之始封也，歲在大火，閼伯之星，寔紀商人。商之饗國，三十一王。瞽史之記曰：『唐叔之世，將如商數。』今未半也，亂不長世。公子惟子，子必有晉，若何懷安？」公子弗聽。姜與子犯謀，醉而載之以行。」今按：此詩聲口，宛似但無限商略，只寄之「行與子還」、「行與子逝」二語，詞不迫而情有餘，姜之所以善於諷也。

十畝之間刪韻。兮，**桑者閑閑**刪韻。《釋文》作「間間」。《穆天子傳注》、豐氏本俱作「閒閒」。兮，**行與子還**刪韻。兮。賦也。《司馬法》：「六尺為步，步百為畝。」《禮記疏》云：「徑一步、長百步為畝。折而方之，則東西南北各十步。至秦孝公始制三百四十步為畝。」故程子云：「古者百步止當今之四十一步，今之百畝當古之二百五十畝也。」此云「十畝之間」者，張子厚云：「園廛在園地，其制百畝之間，十家區分而眾居者，詩人所謂『十畝之間』之田也。十畝，場圃所任園地也，不獨築場納稼，亦可毓草木也。」「桑者」，即齊姜所言「蠶妾」也。「閒」，通作「嫺」，《說文》云：「雅也。」「閑閑」，蓋習熟自得之貌。「行」，朱子云：「猶將也。」「子」，謂重耳也。「還」，《說文》云：「復也。」姜氏言十畝之間有蠶妾焉，子犯不知其在也，與從者謀於桑下，行且與子復返晉國矣。時不可失，從者之意不可孤，公子其圖之。○**十畝之外**叶霽韻，以計翻。兮，**桑者泄泄**霽韻。兮，**行與子逝**霽韻。兮。賦也。「十畝之外」，則他人採桑之處，非前蠶妾所在矣。「泄」，通作「呭」，《說文》云：「多言也。」漏泄之義。字當從此。從者謀於桑下，而蠶妾聞之，則恐其為他人之採桑者述之而至於漏言也。所謂「子有四方之志，其聞之者，殺之矣」。「逝」，往也。今從者行且與子離齊國而偕往他處，固無一人知，公子可以行矣。

《十畝之間》二章，章三句。《序》以為「刺時也。言其國削，小民無所居焉。」《路史》云：「今陝治平陸，有古魏城，在河之東北。」《水經注》云：「古魏國城，南西二面並去大河可二十餘里，北去首山十餘里，處河山之間，土地迫隘，故《魏風》著《十畝》之詩也。」張子厚云：「作詩者以國地侵削，外無井受之田，徒有近郭園廛而已，故耕者無所用其力，則桑者閒閒而多也。十畝之外，他人亦然，則削小無所容尤為著矣。」蓋皆附會《序》說云爾。蘇轍駁之云：「夫國削則民削矣，未有地亡而民存者也。且雖小國，豈有一夫十畝而尚可以為民者哉？」朱子云：「《序》文殊無理，而但以為政亂

國危，賢者不樂仕於其朝，思與其友歸於農圃，故其詞如此。」《申培說》襲之。然據詩云「桑者」，直蠶婦之業耳，與農圃何涉乎？

蜉蝣

《蜉蝣》，刺曹共公也。君忘國危，玩細娛而忘遠慮，好奢而任小人，將無所依焉。《申培說》以為「君忘國危，曹大夫閔之而作」。朱子云：「此詩蓋以時人有玩細娛而忘遠慮者，故以蜉蝣為比而刺之。」《序》則云：「刺奢也。昭公國小而迫，無法以自守，好奢而任小人，將無所依焉。」陸德明云：「按鄭《譜》云：『昭公好奢而任小人，曹之變風始作。』又云：『《蜉蝣》至《下泉》四篇，共公時作。』今諸本此《》序多無『昭公』字。崔《集注》本有，未詳其正也。」愚按：此詩詠「衣裳楚楚」，正《候人》詩所謂「三百赤芾」者，其為刺共公詩無疑。《序》云「刺奢」，乃指朝多倖位，冗食者眾耳。非如舊說，但以好整飾衣服為奢也。

蜉蝣之羽，叶語韻，讀如與，演女翻。**衣裳楚楚**。語韻。《說文》、豐氏本俱作「黼黼」。**心之憂矣，於我歸處**。叶語韻，敞呂翻。○興而比也。「蜉蝣」，《爾雅》云：「渠略也。」揚雄《方言》作「䗼〔註8〕蝥」。郭璞云：「似蛣蜣，身狹而長，有角，黃黑色，聚生糞土中，豬好啗之。」陸璣云：「似甲蟲，有角，大如指，長三四寸，甲下有翅，能飛。夏月陰雨時，地中出。今人燒灸啗之，美如蟬也。」樊光云：「是糞中蠋蟲，隨雨黼而出，朝生而夕死。」陸佃云：「似天牛而小，翕然生覆水上，尋死，隨流，叢生鬱棲中，朝生暮死，有浮游之義，故曰蜉蝣也。《夏小正》云：『蜉蝣有殷。』殷者，眾也。」羅願云：「《淮南子》曰：『蠶食而不飲，二十二日而化蟬；飲而不食，三十日而蛻蜉蝣；不食不飲，三日而死。』又曰：『鶴壽千歲，以極其遊。蜉蝣朝生而暮死，盡其樂。』蓋以旦暮為期遠，不過三日爾。」「蜉蝣」，小蟲。國小之比。曰「羽」、曰「翼」，群臣之比。「衣裳楚楚」，指群臣言。「楚」，當依《說文》通作「黼」，云：「合五采鮮貌。」所以取興於蜉蝣之羽者，亦以群臣徒竊衣裳以莘其躬，不知死亡之無日，正如蜉蝣然耳。《候人》詩言「彼其之子，不稱其服」，亦此意。「心之憂矣」，憂曹君也。嚴粲云：「見當時在位無一可倚仗者，蓋慘然以亡國為憂矣。」「歸」，猶言來之我家也。「處」，止也。徐鍇云：

「《詩》『爰居爰處居』者，居者〔註9〕定居，處者暫處而已。」輔廣云：「所
以欲其於我歸處者，蓋思有以警誨之耳。」○**蜉蝣之翼**，職韻。**采采衣服**。
叶職韻，鼻墨翻。**心之憂矣，於我歸息**。職韻。○興而比也。「翼」，《說
文》云：「翅也。」「采」，通作「彩」，《說文》云：「文章也。」「采采」，猶「鼉
鼉」也。「衣服」，即衣裳，上曰衣，下曰裳。通言之皆曰衣，亦曰服。「息」，
亦止也。「於我歸息」者，交淺不可言深。繇「處」而「息」，則非一朝一夕
矣。然後可以諷，直兼用也。徐光啟云：「朝夕相與，從容開諭，卵翼孚化，
令捨其舊而新是圖，即所謂『習與正人居，不能不正』之意。」○**蜉蝣掘**《說
文》、豐本俱作「掘」。**閱**，屑韻。**麻衣如雪**。屑韻。**心之憂矣，於我歸
說**。屑韻。豐本俱作「稅」。○興也。「掘閱」，毛、鄭之解俱難通。或見《管
子》有「掘閱得玉」之言，遂以「掘閱」為「挑撥之貌」。又或謂「閱」義與
「穴」通，〔註10〕要於文理未順。當依《說文》作「堀閱」為正。「堀」，《說
文》云：「突也。」突出之義，即所云「堀起」是也。趙頤光云：「凡土旁誤手
者，如埽、坏之類，並同此謬。」「閱」，猶閱人閱世之閱。言其從土中突出而
為人所見也。上言「楚楚」、「采采」，則刺其臣。此言「麻衣如雪」，則刺其
君。鄭玄云：「『麻衣』，深衣，諸侯之朝服。朝夕則深衣也。」孔穎達云：「『麻
衣』者，白布衣。『如雪』，言甚鮮潔。衣純用布而色白者，深衣為然，故知麻
衣是深衣也。《玉藻》說諸侯之禮云：『夕深衣。』又，《襍記》云：『朝服十
五升。』《間傳》云：『大祥，素縞麻衣。』《注》云：『麻衣十五升】〔註11〕，
布深衣也。』」是則深衣與朝服升數皆同，但彼是大祥之服，則純用布，無彩
飾；此諸侯禮服，當用十五升布深衣而純以彩也。所以言「麻衣」者，蜉蝣朝
生暮死，君服麻衣，則薄寒之時，而蜉蝣之生亦不久矣，甚危之至也。「說」，
許慎云：「釋也。」從言從兌。兌者，悅也。徐鍇云：「說之亦使悅懌也。」凌
濛初云：「謂從容開諭之，正是上文所以欲其歸處，歸息之意。」又，《表記》：
「子曰：『君子不以口譽人，則民作忠。故君子問人之寒則衣之，問人之饑則
食之，稱人之善則爵之。《國風》曰：心之憂矣，於我歸說。』」雖斷章取義，
然設身處地之意亦自恍然。

〔註9〕「居者」，四庫本脫。
〔註10〕鄒忠胤《詩傳闡》卷十一《曹詩·蜉蝣篇》（第613頁）：「《管子》云：『掘閱
　　　　得玉』，『閱』義與『穴』通。」
〔註11〕【】內文字，四庫本無。

《蜉蝣》三章，章四句。范曄云：「葛屨履霜，敝綌崇儉。楚楚衣服，戒在窮賒。」「賒」，通作「奢」。然詩旨非刺奢也，說已見前。鄒忠胤疑為刺「曹羈作。羈者，莊公射姑之世子。《春秋》魯莊二十三年冬，射姑卒。明年冬，戎侵曹，曹羈出奔陳。胡氏以為『微弱不能君，故為戎所逐』。蓋在位日淺，無如羈者。想詩人逆知其稅駕無所，故為之憂心如是，而諷以『於我歸處』，如楚申亥舍靈王於家之為耶？於時羈方在喪，故曰『麻衣如雪』。而先之以『楚楚』、『采采』，意羈亦如齊昭公居喪而不哀，在戚而有嘉容，當不免於童心乎？麻衣非即深衣，觀《玉藻》『童子無緦服，聽事不麻』可見。」是其說亦近似有理，並存之。《子貢傳》闕文。

候人

《候人》，刺曹共公也。不用僖負羈而乘軒者三百人。《序》云：「刺近小人也。共公遠君子而好近小人焉。」按：《左・僖二十八年》：「春，晉文公伐曹。三月，入曹，數之，以其不用僖負羈而乘軒者三百人也，且曰獻狀。」與此詩「三百赤芾」之語相合。遂執曹伯襄以畀宋人，即共公也。又，《晉語》：「公子重耳還曹，曹共公不禮焉。僖負羈言於曹伯曰：『臣聞之，愛親明賢，政之幹也。禮賓矜窮，禮之宗也。禮以紀政，國之常也。失常不立，君所知也。國君無親，國以為親。先君叔振出自文王，晉祖唐叔出自武王，文、武之功，實逮諸姬。故二王之嗣，世不廢親。今君棄之，是不愛親也。晉公子生十七年而亡，卿材三人從之，可謂賢矣。而君蔑之，是不明賢也。晉公子之亡，不可不憐也。此之賓客，不可不禮也。失此二者，是不禮賓，不憐窮也。守天之聚，將施於宜。宜而不施，聚必有闕。玉帛酒食，猶糞土也。愛糞土以毀三常，無乃不可乎？』公弗聽。及重耳如楚，子玉請止孤偃。楚成王曰：『不可。《曹詩》曰：『彼己之子，不遂其媾。』郵之也。夫郵而傚之，郵又甚焉。效郵，非義也。』」據此，則此詩兼為刺共公不用僖負羈之言、無禮於晉公子而作。

彼候人兮，何戈與祋。泰韻，都外翻。亦叶質韻，都律翻。《禮記注》、崔靈恩《集注》、豐氏本俱作「綴」。彼其之子，三百赤芾。叶泰韻，博蓋翻。亦叶質韻，非律翻。豐本作「市」。○賦也。毛《傳》云：「『候人』，道路送迎賓客者。」按：《周禮・候人》：「上士六人，下士十有二人，史六人，徒百有二十人，各掌其方之道路與其禁令。若有方治，則帥而致於朝。及歸，送之於

境。」《注》謂「四方以職來受治者，候其來去」。然彼乃天子之官，故徒屬廣設，若侯國必不然也。孔穎達云：「按：《秋官》：『環人掌送迎邦國之賓客，以路節達諸四方。』又，『掌訝掌待賓客。有賓客至，逆於境，為前驅而入。及歸，送亦如之。』若候人主迎賓客，而環人、掌訝又掌送迎賓客者。環人掌執節導引，使門關無禁。掌訝以禮送迎，詔贊進止。侯人則何戈兵，防衛奸寇。雖復同是送迎，而職掌不同，故異官也。」「何」，《說文》云：「儋也。」毛《傳》以為「揭也」。「戈」，解見《秦風‧無衣》篇。「祋」，《說文》、毛《傳》皆云：「殳也。」孔云：「戈、殳俱是短兵相類。且祋字從殳，故知祋為殳也。」「殳」，解見《衛風‧伯兮》篇。又，《說文》云：「或說城郭里市，高懸羊皮，有不當入而欲入者，暫下以驚馬牛曰祋，故從示殳。」會意。然他書絕不經見，未詳是否。「彼」，毛云：「彼曹朝也。」「其」，語助也。「之子」，是子也。指下文佩赤芾者。「芾」，本作「市」。毛《傳》、《說文》皆云：「韠也。」以韋為之。即蔽膝也。訛作「芾」，篆文作「韍」。嚴粲云：「蔽膝之韍以韋，黼黻之黻從黹。」孔云：「《左傳》：『袞冕黻珽。』則芾是配冕之服。《易‧困卦》：『困於赤芾，利用享祀。』則知芾，祭祀所用也。《士冠禮》：『陳服，皮弁素韠，玄端爵韠。』則韠之所用不施於祭服矣。《玉藻》說韠之制云：『下廣二尺，上廣一尺，長三尺，其頸五寸，肩革帶博二寸。』書傳更不見芾之別制。明芾之形制亦同於韠，但尊祭服，異其名耳。言『芾，韠』者，以其形制大同，故舉類以曉人。其禮別言之，則祭服謂之芾，他服謂之韠。二者不同也。」《玉藻》云：「一命縕芾黝珩，再命赤芾黝珩，三命赤芾蔥珩。」《注》云：「縕，青黃之間色。珩，佩玉也。黑謂之黝，青謂之蔥。」毛云：「大夫以上，赤芾乘軒。」孔云：「《周禮》，公侯伯之卿三命，下大夫再命，上士一命。然則曹為伯爵，大夫再命，是大夫以上皆服赤芾，於法又得乘軒，故連言之。」詩人言候人雖一職之微，然既繫籍於公，猶當勤率所屬，以各供其事。今曹蕞爾國〔註12〕，彼其之子，非有功勞可以稱者，而君令其佩此赤芾至三百人之多，何為也哉？晉文公入曹，令三百人獻狀，亦謂其無勞竊位，故責之自陳功狀，意正如此。所以舉「侯人」者，即下章刺「維鵜在梁」之意。舊說謂曹國以賢者為候人，〔註13〕非是。孔云：「諸侯之〔註14〕制，大夫五人。今有

〔註12〕「國」，四庫本脫。
〔註13〕毛《傳》：「言賢者之官，不過候人。」
〔註14〕四庫本衍一「之」字。

『三百赤芾』，愛小人過度也。」太史公云：「今尋曹共公之不用僖負羈，乃乘軒者三百人，知唯德之不建。」司馬貞《注》謂「美女乘軒者」，彼未參證於《詩》中「赤芾」之語故耳。○**維鵜在梁，不濡其翼**。職韻。**彼其**《禮記》作「記」，《左傳》、《後漢書》俱作「己」。**之子，不稱**去聲。**其服**。叶職韻，鼻墨翻。○名興而比也。「鵜」，鳥。《爾雅》云：「鴮鸅也。」亦名洿澤。郭璞云：「今之鵜鶘也，好群飛，入水食魚，故名洿澤。俗呼之為淘河。」陸璣云：「鵜，水鳥。形如鴞而極大，喙長尺餘，直而廣，口中正赤，頷下鬍大，如數升囊。好群飛。若小澤中有魚，便群共抒水，滿其鬍而棄之，令水竭盡，魚在陸地，乃共食之，故曰淘河。」陸佃云：「鵜，人足，其鳴自呼。」羅願云：「洿，抒水也。又，扈斗，亦抒水器也。鴮、洿、扈三字同音，其義一也。《淮南子》曰：『鵜鶘飲水數斗而不足。』《莊子》曰：『魚不畏網而畏鵜鶘。』《禽經》曰：『淘河在岸則魚沒，沸河在岸則魚出。』或曰身是水沫，惟臆有肉如拳。昔人竊肉入河為之，故名逃河。魏黃初中，嘗有鵜集靈芝池，文帝識之，曰：『此詩人所謂污澤也。《曹詩》刺共公遠君子，近小人。今豈有賢智之士處於下位，否則斯鳥胡為而至哉？』詩既以為貪而無功之物，故後人祖而用之。」「梁」，毛云：「水中之梁。」解見《邶‧谷風》篇。「濡」，漬也。「稱」，宜也，猶言相等也。「其服」，即「赤芾」是也。鵜之於魚勤矣，須出沒污澤而後得魚。今乃在魚梁之上，竊人之魚以食，未嘗濡濕其翼，猶之子無功而居高位以竊祿，所謂「不稱其服」也。又，《表記》：「子曰：『君子恥服其服而無其容，恥有其容而無其辭，恥有其辭而無其德，恥有其德而無其行，是故君子衰絰則有哀色，端冕則有敬色，甲胄則有不可辱之色。《詩》云：維鵜在梁，不濡其翼。彼記之子，不稱其服。』」《左‧僖二十四年》：「鄭子華之弟子臧出奔宋，好聚鷸冠，鄭伯聞而惡之，使盜誘之。八月，盜殺之於陳、宋之間。君子曰：『服之不衷，身之災也。《詩》曰：彼己之子，不稱其服。子臧之服不稱也夫！』」○**維鵜在梁，不濡其咮**。叶宥韻，陟救翻。**彼其**《國語》作「己」。**之子，不遂其媾**。宥韻。○興而比也。「咮」，《說文》云：「鳥口也。」陸佃云：「鵜性沉水食魚，則濡其咮翼宜矣。今從立於梁上，非特不濡其翼，又且不濡其咮，小人無嘉言獻替，而尸居於位，亦猶是也。」「遂」，《禮記疏》云：「謂申也。」「媾」，毛云：「厚也。」《說文》云：「重婚也。」孔云：「重婚媾者，以情必深厚，故媾為厚也。」愚按：「不遂其媾」，以楚成王語觀之，則所謂「媾」當指僖負羈也。僚寀共事，以負羈之賢當親之

如昏媾然，而無如邪正不投，凡負羈所言彼必沮之，故使其志意不得申遂也。當時公子重耳過曹，共公不禮焉。負羈言於共公曰：「夫晉公子，君之匹也。君不亦禮焉？」共公不聽，而三百赤芾輩無有同負羈之言者，是之謂「不遂其媾」也。○薈《說文》作「繪」，云：「女黑色也。」**兮蔚兮，南山朝**豐本作「靐」。**隮**。齊韻。**婉兮變**《說文》、豐本俱作「嬌」。**兮，季女斯饑**。叶齊韻，讀如雞，堅奚翻。○興而比也。「薈」，《說文》云：「草多貌。」「蔚」，蓊蔚，草木盛貌。「南山」，毛云：「曹南山也。」《邵縣志》云：「曹南山在曹州濟陰縣東二十里。」按：《春秋》「盟於曹南」，即此山也。《括地志》云：「有曹南，因名為曹。」「朝隮」，解見《蜉蝣》篇。鄒忠胤云：「按：《周禮》：『眡祲掌十煇之法。九曰隮。』隮者，虹也。虹映日而成。朝焉日在東，則虹在西，而雨輒隨之。《蜉蝣》之詩所謂『朝隮于西，崇朝其雨』是已。薈蔚黍緣山岊，而虹見於西，又當邀雨澤之沾被，見君寵方隆而未艾。此詩中之畫也。」「婉」，《說文》云：「順也。」「變」，通作「嬌」，亦順也。「婉變」，季女之容也。君子之持身也如處子然，故以少女目之。「斯饑」，以喻貧賤。季女幽居，不妄從人，故不免於飢餓。此與《易》「女子貞不字」之象同。言小人雖肆志而趨利於上，君子則守道而困窮於下也。晉文公所謂「不用僖負羈」，其即此詩所言季女與？

《候人》四章，章四句。此章與《左傳》合。嚴粲所云：「《詩》即史也。」而郝敬疑之，以為詩「言『三百』，極道其濫耳。說《詩》不以辭害志。若《雲漢》，則周之民無孑遺；若《候人》，則曹之大夫有三百。《詩》烏可以辭徵也！《左傳》襲此詩以〔註15〕屬文，非重耳真有此言」，斯亦過於不盡信書者矣。《申培說》第云：「曹君多任非人，國人諷之。」而不著真世。《子貢傳》闕文。又，葉氏云：「漢人文章未有引《詩序》者。魏黃初四年，詔引『曹詩刺遠君子，近小人』，蓋《詩序》至此始行。」

渭陽

《渭陽》，秦太子罃之舅晉公子重耳自秦返國為諸侯，罃思母穆姬之恩而送其舅氏也。罃，秦穆公子，後為秦康公。按：劉向《列女傳》云：「穆姬者，秦穆公之夫人，晉獻公之女，賢而有義。穆姬死，穆姬之弟重耳入

秦，秦送之晉，是為晉文公。太子罃思母之恩而送其舅氏也，作詩曰：『我送舅氏』云云。君子曰：『慈母生孝子。』」朱子、蘇氏說俱同。

我送舅氏，曰至渭陽。韻。**何以贈之？路車乘黃**。陽韻。○賦也。「舅氏」，指重耳也。《爾雅》、《說文》皆云：「母之昆弟曰舅。」孫炎云：「舅之言舊，尊長之稱。」孔穎達云：「謂舅為氏者，以舅之與甥氏姓必異，故書傳通謂為舅氏。」「渭」，水名。山南為陽，北為陰。水北為陽，南為陰。《地理志》云：「右扶風渭城縣，故咸陽也。其地在渭水之北。」鄭玄云：「秦是時都雍。至渭陽者，蓋東行送舅氏於咸陽之地。」孔云：「雍在渭南，晉在秦東，行必渡渭。」「贈」，《說文》云：「玩好相送也。」董氏云：「《巾車》：金路以封同姓，象路以封異姓，革路以封四衛，木路以封蕃國，皆諸侯也。故人君之車曰路車。」朱子云：「乘黃，匹馬皆黃也。」重耳君晉，實藉秦穆之力。太子罃贈以諸侯之儀，所以鄭重此行而假以定晉也，豈徒曰資其行而已哉？○**我送舅氏，悠悠我思**。支韻。亦叶灰韻，新才翻。又叶真韻，相吏翻。**何以贈之？瓊瑰玉佩**。叶支韻，蒲眉翻。亦叶灰韻，蒲枚翻。又叶真韻，平秘翻。豐氏本作「佩玉瓊瑰」。○賦也。「悠悠我思」，朱子云：「《序》以為時康公之母穆姬已卒，故康公送其舅，而念母之不見也。」嚴粲云：「送舅而有所思，則思母也。此詩念母而不言母，但言見舅，而勤拳不已，自有念母之意。讀之者但覺其味悠然深長也。」按：《太祖皇陵碑》云：「外甥見舅如見娘。」即此意。五代齊楊愔幼時，其舅源子恭問讀《詩》至《渭陽》未？愔便號泣，子恭亦對之欷歔。豈亦以思母之故與？「瓊」，《說文》云：「赤玉也。」「瑰」，孔云：「美石之名。佩玉之制，惟天子用純，諸侯以下則玉石雜用。」「玉佩」，謂珩璜琚瑀之屬。以瓊瑰之玉佩為贈，所以象其德也。陸化熙云：「車馬之贈，蒙送之歸國言，故取列侯儀衛。若贈之以佩，不必泥是俟服，乃一腔離情所寄耳。」鄧元錫云：「康公篤母，語質而情長，秦良風哉！亦以置晉君，錄之文，爰以霸也。」汪克寬云：「康公始為太子，送舅而念母之不見，故作《渭陽》之詩，是固良心也。後乃納庶孽而奪嫡甥之位，自是兵爭不息，豈非怨欲害乎良心而然乎？」

《渭陽》二章，章四句。《序》云：「康公念母也。康公之母，晉獻公之女。文公遭麗姬之難，未反而秦姬卒。穆公納文公，康公時為太子，贈送文公於渭之陽，念母之不見也。我見舅氏，如母存焉。及其即位，思而作是詩也。」孔氏以即位為康公即位。今按：《左傳》，重耳卒後七年，康始即位，相

去甚遠，無緣此時復述其事而著之。《詩》豈亦有慨於令狐之役，謂秦昔日曾以厚施而晉今日竟以薄報乎？然愚詳味《序》意，或祇謂重耳返國即位後而康公思之耳如此，則與《列女傳》所記猶相彷彿。孔說誤也。《子貢傳》、《申培說》皆以為「穆公送重耳之詩」，然於「我送舅氏」一語竟不可解。按：古人呼母之兄弟為舅，妻之父為外舅，未聞呼妻之弟為舅者。若諸侯於異姓大夫或亦稱舅，然非所施於重耳也。

羔裘豹袪

《羔裘豹袪》，晉文公釋憾於寺人披也。篇名原只《羔裘》二字，但《檜》、《鄭》亦有《羔裘》，特用起語以別之。○披，一名勃鞮，字楚，故又稱奄楚。按：《左傳》、《國語》載驪姬譖殺太子申生，遂譖二公子曰：「皆知之。」重耳奔蒲，夷吾奔屈。獻公使寺人披伐蒲，蒲城人慾戰，重耳不可，曰：「保君父之命而享其生祿，於是乎得人。有人而較，罪莫大焉。」乃徇曰：「較者，吾讎也。」踰垣而走，披斬其袪。遂出奔翟。及文公入，披請見，公使讓之，且辭焉，曰：「驪姬之讒，爾射予於屏內。蒲城之役，君命一宿，女即至，斬余衣袪。其後余從狄君，以田渭濱，女為惠公來求殺余。命女三宿，女中宿至。余於伯楚屢困，何舊怨也？夫袪猶在，女其行乎！」對曰：「臣謂君之入也，其知之矣，若猶未也，又將及難。君命無二，古之制也。除君之惡，惟力是視。蒲人、狄人，余何有焉？今君即位，其無蒲、狄乎？齊桓公置射鉤，而使管仲相。君若易之，何辱命焉？且不見我，君其無悔乎？」於是呂甥、冀芮畏偪，悔納公，謀作亂，將以己丑焚公宮。公〔註16〕出救火，而遂殺之。伯楚知之，故求見公。公懼，遽見之，曰：「豈不知女言？然是吾噁心也，吾請去之。」伯楚以呂、郤之謀告公，公潛會秦伯於王城，告之亂故。及己丑，公宮〔註17〕火，二子求公不獲，遂如河上，秦伯誘而殺之。是詩當即於免難後作也。

羔裘豐氏本作「求」。後同。豹袪，叶遇韻，區遇翻。自我人居居。叶遇韻，讀如句，俱遇翻。豈無他豐本作「它」。後同。人？維子之故。遇韻。○賦也。「袪」，孔穎達云：「袂口也。袂是袖之大名，袪是袖頭之小稱，其通

〔註16〕「公」，四庫本誤作「宮」。
〔註17〕「宮」，底本誤作「官」，據四庫本改。

－1379－

皆為袂。以《深衣》云『袂之長短，反屈之及肘』，是通袪皆為袂也。」《玉藻》云：「錦衣狐裘，諸侯之服也。君子羔裘豹飾，緇衣以裼之。」《注》云：「君子，謂大夫士。飾，謂袖也。」重耳時尚為公子，未敢服諸侯之服，故當服此。又按：申生以十二月縊於都城，重耳於是時奔蒲。寺人披斬重耳衣袪，正奔蒲時事。周十二月，於夏正為十月。天氣已寒，故服羔裘也。「自我人居居」，指斬袪事也。「自」，從也。「我人」者，我同行出奔之人也。「自我人」者，從我等同行之人於蒲城，欲求得而殺之也。「居」，通作「倨」。《前漢書·郎都傳》云：「丞相條候至貴居。」亦以「居」為「倨」也。「倨」之為言「傲」也。曰「居居」者，毛《傳》云：「懷惡不相親比之貌。」蓋一往傲狠而無顧惜，故至於文公已踰垣而走而披尚斬其衣袪也。「子」，指披也。「故」，故舊也。承上文言。披之可憾如此，而其後又能以呂、郤之謀來告，使文公得脫於難，故又言豈無他人為我故舊哉，而仍當與子結故舊之誼，不可解也。按：披之言曰：「伊尹放太甲，而卒以為明王。管仲賊桓公，而卒以為侯伯。乾時之役，申孫之矢集於桓鉤，鉤近於袪而無怨言，佐相以終，克成令名。今君之德宇，何不寬裕也！」披之敷辭明剴如此，故文公聞之而有動焉。同時有豎頭須者，亦不從公出亡。及入求見，公辭焉。須曰：「國君而讎匹夫，懼者甚眾矣。」謁者以告，公遽見之。公之曠度洪量，不念舊惡如此，宜乎其為霸王之器也。○羔裘豹褎，宥韻。《釋文》作「裦」。豐本作「裏」。**自我人究究。**宥韻。**豈無他人？維子之好。**叶宥韻，許侯翻。○賦也。「褎」，《說文》云：「衣袂也。」袪既被斬而袂尚存，故此章變言「豹褎」也。「究」，《說文》云：「窮也。」曰「究究」者，窮極其惡，不留餘地也。此指從渭濱之役而言。披所自陳，謂「除君之惡，惟力所及」者也。「好」，以情言，謂歡好也。

　　《羔裘豹袪》二章，章四句。《序》云：「刺時也。晉人刺其在位不恤其民也。」張鼎思云：「晉昭公有曲沃之逼，孤危將亡，而其臣又不為保障之謀，故國人憂之而作是詩。」鄧元錫云：「刺昵也。昵故與好，使私人在位也。」三說相近，要皆無所依據。《子貢傳》、《申培說》皆以為「晉人美其大夫之辭」。今按：《爾雅》云：「居居、究究，惡也。」其非贊詞明矣。愚初亦疑此詩乃晉文公為狐偃而作，即投璧於河之意。但以格於《爾雅》詁字之義，故主今說。朱子第謂「此詩不知所謂，不敢強解」，斯亦〔註18〕合闕疑之訓矣。

有杕之杜

《有杕之杜》，晉文公好賢，國人美之。出《申培說》。《子貢傳》同。○鄒忠胤云：「嘗怪用賢如晉文，能得之罪隸之郤缺，未免失之負紲之介推。從亡之賞，如投骨於地，狺然而爭。其不言祿者，僅一介之推，而祿亦弗及矣。今玩此詩語意，毋乃為龍蛇之怨而志過乎？綿山餓隱，欲授餐而無從，此固文公所心惻也。」朱子亦以為「此人好賢，而恐不足以致之，故作此詩」。其不敢定其世者，闕其所不知也。

有杕之杜，生于道左。哿韻。**彼君子兮，噬**《韓詩》作「逝」，云：「及也。」豐氏本同。**肯適我。**哿韻。**中心好**去聲。**之，**支韻。**曷飲食**音嗣。**之？**「好」、「食」無叶，當取「之」、「之」相應為韻。○興之比也。「有杕之杜」，解見《杕杜》篇。謙言寡弱，不足恃賴也。按：文公以內難得國，其同父兄弟如申生、奚齊、卓子、夷吾相繼淪喪，其為寡特孤露可知。「道左」，鄭玄云：「道東也。」黃佐云：「凡國面南，以南為正，此以知左之為東也。」丘光庭云：「日中之後，樹陰過東。杜生道左，樹既寡特，而陰更過東，無休息之所，故人不來也。」「君子」，指賢人也。「噬」，即《易・噬嗑》之「噬」。《說文》云：「啗也。」猶言就食也。與下文「飲食」字相應。「肯」，反言不肯也。「適」，《說文》云：「之也。」「我」者，我所也。「曷」，《說文》云：「何也？」猶云何從也。言彼君子兮，其果以就食之故而肯來我之所乎？我中心誠愛好之，何但欲飲食之而已。按：文公未得國之時，父事狐偃，師事趙衰，長事賈它。《左傳》鄭叔詹所謂「有三士足以上人而從之」是也。厥後反國，《外傳》紀其紀〔註 19〕善援能，官方定物，愛親戚，明賢良，事耇老，禮賓旅，友故舊，胥、籍、狐、箕等十一族實掌近官，諸姬之良賞其中官，異姓之能掌其遠官，大夫食邑，士食田，以至工商皁隸官宰無不受餼於官。其欲善無厭，物色多方可知已。**○有杕之杜，生于道周。**尤韻。《韓詩》、豐本俱作「右」。**彼君子兮，噬**豐本作「逝」。**肯來遊。**尤韻。豐氏本作「覯」。**中心好之，曷飲食之？**興之比也。「周」，毛《傳》云：「曲也。」孔穎達云：「言道周繞之，故為曲也。」朱公遷云：「道左則闢，道周則迂。」「適」與「遊」亦有辨。適則將久居於其國，遊則時一至焉，猶之遨遊而已。愚按：此蓋自惴其不足以來賢，故其辭之謙退如此。

〔註 19〕「紀」，四庫本同，《晉語四》作「舉」。

《有杕之杜》二章，章六句。《序》云：「刺晉武公也。武公寡特，兼其宗族，而不求賢以自輔焉。」此但從杕杜生解，然細玩詩辭，終是好賢、求賢意居多。

鳲鳩

《鳲鳩》，曹人美晉文公也。按：《左傳》：晉文公為公子時，出亡過曹，曹共公不禮焉。及即位，伐曹，執曹伯以畀宋人。事在魯僖公二十九年。於是周襄王策命晉侯為侯伯，曰：「王謂叔父敬服王命，以綏〔註20〕四國。」遂盟諸侯於踐土。又會於溫。十月，晉侯有疾。曹伯之豎侯獳貨巫史使曰：「以曹為解。齊桓公為會而封異姓，今君為會而滅同姓。曹叔振鐸，文之昭也。先君唐叔，武之穆也。且合諸侯而滅兄弟，非禮也與衛偕命，而不與偕復，非信也。同罪異罰，非刑也。禮以行義，信以守禮，刑以正邪。捨此三者，君將若之何？」公悅，乃復曹伯。此詩之作，蓋在曹伯復國之後。其取興於鳲鳩者，以鳲鳩養子均平，頌文公之待曹國與他國無異也。尊之為鳲鳩而自居於子者，亦猶文王之時，大邦畏力，小邦懷德，皆怗文王如父也。曰「其儀不忒」者，則以晉與曹為兄弟之國，《大學》所謂「兄弟足法」也。其曰「正是四國」，則亦惟晉為盟主始足以當之。襄王策命中所謂「以綏四國」者也。

鳲《前漢書》、《後漢書》、《說苑》、《列女傳》、《釋文》、豐氏本俱作「尸」。鳩在桑，其子七質韻。兮。淑豐本作「叔」。後同。人君子，其儀崔靈恩《集注》作「義」。一質韻。兮。《禮記》、《淮南子》作「也」。下同。其儀一同上。兮，心如《大戴禮》作「若」。結叶質韻，激質翻。兮。《淮南子》作「也」。○興也。「鳲鳩」，鳥名。亦作「尸鳩」。《爾雅》、《埤蒼》皆云：「鴶鵴也。」陸機云：「一名桑鳩。」郭璞云：「江東呼為穫穀。」揚雄云：「自關東西，梁、楚之間謂之結誥，周、魏之間謂之擊穀。自關而西，或謂之布穀。」羅願云：「又呼撥穀，又呼郭公。以此鳥鳴時，布種其穀。似鶪，長尾。牝牡飛鳴，翼相摩拂，取其骨佩之，宜夫婦。又名鸋。」陸佃云：「一名搏黍。」揚雄又以為戴勝。謝氏云：「案：戴勝自生穴中，不巢生。而《方言》云戴勝，非也。」毛《傳》云：「鳲鳩之養其子，朝從上下，暮從下上，平均如一。」嚴粲云：「即郯子所謂『鳲鳩氏，司空也』。鳲鳩平均，故為司空，平水土。」

〔註20〕「綏」，底本誤作「緩」，據四庫本、《左傳·僖公二十八年》改。

陸佃云：「鳲鳩有均一之德，蓋其哺子，朝自上而下，暮自下而上者，均也。其子在梅、在棘、在榛，而己則常在乎桑者，一也。」又云：「祝鳩、鳲鳩，皆壹鳥也，故有尸祝之號。《莊子》曰：『庖人雖不治庖，尸祝不越樽俎而代之矣。』尸鳩性壹而慈，祝鳩性壹而孝，故一名尸，一名祝。《禮》：『龇以慈告，祝以孝告』是也。」「其子」，鳲鳩之子也。羅云：「鳩亦子之多者。今鳩四時有子，鴿每月有子。」愚按：「鳲鳩」以況晉文公，「其子」以況列國。晉文為伯主，而列國依之，謂之列國之母可也。「淑」，通作「俶」，《說文》云：「善也。」「淑人君子」，言此淑人之君子，美晉文公也。「淑人」以德言，「君子」以位言。「儀」，《說文》云：「度也。」毛《傳》云：「義也。」凡舉動之合義而有法度者謂之儀。「其儀一兮」，孔穎達謂「執義均平，用心如一」是也。如文公之待曹國，與他國無異，是之謂「一」。又，《禮記》：「子曰：『言有物而行有格也，是以生則不可奪志，死則不可奪名，故君子多聞，質而守之；多志，質而親之；精知，略而行之。《君陳》曰：出入自爾師虞，庶言同。《詩》云：淑人君子，其儀一也。』」亦會意取義。「結」，帶紐也，以組為之。《玉藻》云：「紳韠結三齊。」「紳」，帶也。「韠」，蔽膝也。紳、蔽、結三者，皆長三尺，故曰「三齊」。帶之交處合，並其紐以約之，則帶始結束而不可解矣，故名為結。「心如結兮」，猶拳拳服膺之意。古人視不下於帶。曹人懷文公之恩，耿耿在心，如束帶之結，言其不可解。劉向云：「歷山之田者善侵畔，而舜耕焉。雷澤之漁者善爭陂，而舜漁焉。東夷之陶器窳，而舜陶焉。故耕、漁與陶非舜之事，而舜為之，以救敗也。民之性皆不勝其欲，去其實而歸之華，是以苦窳之器、爭鬥之患起。爭鬥之患起，則所以偷也。所以然者何也？緜離誠就詐，棄樸而取偽也。追逐其末而無所休止，聖人抑其文而抗其質，則天下反矣。《詩》云：『尸鳩在桑，其子七兮。淑人君子，其儀一兮。』《傳》曰：鳲鳩之所以養七子者，一心也。君子所以理萬物者，一儀也。以一儀理物，天心也。五者不離合而為一，謂之天心。在我能因自深結其意於一，故一心可以事百君，百心不可以事一君。是故誠不遠也。夫誠者，一也。一者，質也。君子雖有外文，必不離內質矣。」按：向此論於誠一感通之理深有合焉。曹人思文公之德，亦猶是也。又，韓嬰云：「夫治氣養心之術，血氣剛強則務之以調和。知慮潛深，則一之以易諒。勇毅強果，則輔之以道術。齊給便捷，則安之以靜退。卑懦貪利，則抗之以高志。容眾好散，則劫之以師友。怠慢摽棄，則慰之以禍災。願婉端愨，則合之以禮樂。凡治氣養心之術，莫徑繇禮，

莫憂得師，莫慎一好。好一則博，博則精，精則神，神則化。是以君子務結心乎一也。」《荀子》曰：「無冥冥之志者，無昭昭之明。無惛惛之事者，無赫赫之功。行衢道者不至，事兩君者不容。目不兩視而明，耳不兩聽而聰。螣蛇無足而飛，梧鼠五技而窮。《詩》曰：『鳲鳩在桑，其子七兮。淑人君子，其儀一兮。其儀一兮，心如結兮。』故君子結於一也。」《淮南子》云：「賈多端則貧，工多技則窮，心不一也。故木之大者害其條，水之大者害其深。有百技而無一道，雖得之，弗能守。故《詩》曰：『淑人君子，其儀一也。其儀一也，心如結也。』君子其結於一乎！」以上皆斷章取義，雖非詩本旨，而名理自佳，故備錄之。○鳲豐本作「尸」。後同。**鳩在桑，其子在梅。**叶支韻，莫悲翻。豐本作「某」。**淑人君子，其帶伊絲。**支韻。**其帶伊絲，**同上。**其弁伊騏。**支韻。《周禮注》大鄭引此作「綦」。豐本亦作「綦」。○興也。「鳲鳩在桑」而「其子七兮」之中有飛在梅者，興曹伯也。子在梅，則不得與其母同在桑矣。時曹伯既被執，不得齒於諸侯之列，故云然。「其帶伊絲」以下，文公所服也。「帶」，大帶也。「伊」，惟也，助句辭。「絲」，素絲也。按：《玉藻》說大帶之制，天子、諸侯、大夫皆素帶，廣皆四寸。「素」，熟絹也。大夫而上，帶皆用素，惟辟緣之色不同。君，朱綠。大夫，玄〔註21〕華。其辟緣之制亦不同。天子、諸侯皆終辟，謂終竟此帶盡緣之，但天子用朱為裏，諸侯則不朱裏耳。重言「其帶伊絲」，複句以致其讚歎，非別有意。「弁」，皮弁也。《禮記注》鄭云：「弁名出於槃。槃，大也。所以自寬大。」郝敬云：「弁制大於冠。古冠止撮髮，弁下覆額。」《周禮·司服》職云：「凡兵事，韋弁服。眡朝，則皮弁服。凡甸，冠弁服。凡凶事，服弁服。凡弔事，弁絰服。」《弁師》職云：「王之皮弁，會五采玉璂，象邸玉笄。王之弁絰，弁而加環絰。諸侯及孤卿大夫之冕，韋弁、皮弁、弁絰各以其等為之。」薛氏圖云：「韋弁，一名爵弁。《詩》曰：『韎韐有奭，以作六師。』《士冠禮》曰：『爵弁服韎韐。』則凡兵事韋弁服，固爵弁也。冠弁服弁，亦皮弁也。蓋上文言眡朝，則皮弁服；下文言凡弔事，弁絰服。弁絰亦皮弁，而加環絰，則冠弁、服弁皆為皮弁明矣。《郊特牲》曰：『皮弁素服而祭。素服，以送終也。』此凡凶事冠皮弁服之證也。《春秋傳》曰：『衛獻公射鴻於囿，二子從之，不釋皮冠，而與之言。』又曰：『皮冠以招虞人。』此凡田事服皮弁服之證也。鄭氏謂冠弁，委貌，其服緇布衣，亦積素以為裳；服弁，喪冠也，其服斬衰、齊衰；弁絰者，如爵

〔註21〕「玄」，四庫本作「元」。

弁，而加環絰。皆非是。《喪服小記》曰：『諸侯弔，必皮弁錫衰。』《弁師》
曰：『王之弁絰，弁而加環絰。』此弁絰服皮弁而加環絰之證也。韋弁，爵弁
也，故《弁師》有韋弁而無爵弁。冠弁、服弁，皆皮弁也，故《弁師》有皮弁
而無冠弁、服弁。」〔註22〕陸佃亦同此說，且云：「韋弁以韎韋為之，故曰韋
弁。一名爵弁，其色則象爵故也。皮弁以鹿皮為之，故曰皮弁。一名騏弁，其
色則象騏故也。」今按：薛氏五弁之說未詳是否，但據孔云，知此是皮弁者，
以韋弁即戎，冠弁從禽，弁絰又是弔凶之事，非諸侯常服也，且不得與絲帶
相配。惟皮弁是諸侯視朝之常服，又朝天子亦服之。作者舉其常服，故知是
皮弁也。郝云：「韋弁，去毛熟皮以為弁。皮弁，以皮為質，而飾以采玉，非
純用皮也。弁制峨起，故宜皮。」「騏」，毛云：「騏文也。」《說文》云：「馬
青驪，文如博棊也。」一云：「蒼艾色。」此謂弁色如騏馬之文也。《周禮注》
引此作「綦」。《書・顧命》「四人綦弁」，馬融本亦作「騏」。然則「騏」、「綦」
古蓋通用。綦，亦帛之蒼艾色者。解見《說文》。又，鄭玄云：「『騏』當作『璂』，
以玉為之。」按：《周禮》：「王之皮弁，會五采玉璂。」「璂」又作「綦」。鄭
眾注云：「會縫中也。綦，結也。皮弁之縫中，每貫結五采玉以為飾，謂之綦。」
引此《詩》云：「其弁伊騏。」是則「騏」與「綦」通，而「綦」又與「璂」
通。「璂」即「綦」，《說文》所謂「弁飾也」。徐云：「謂綴玉於武冠，若棋子
之列布也。」以《周禮》考之，士之服自皮弁而下如大夫之服，是尊卑皆得服
皮弁，所異者璂耳。據《弁師》之文云：「諸侯及孤卿大夫之皮弁，各以其等
為之」，不言士之皮弁。舊說謂天子璂飾十二，玉五采；侯伯璂飾七，子男璂
飾五，玉皆三采；孤璂飾四，三命之卿璂飾三，再命之大夫璂飾二，玉皆二
采；士皮弁之會無結飾。今如以騏為皮弁之色，則無以別於卑者。《書》所謂
「四人騏弁」，即士服也。故鄭《箋》以「騏」當作「璂」，而孫毓亦以《箋》
義為長。更考之《尚書》、《周禮》，古文「騏」、「綦」、「璂」三字通用，則鄭
說為可信矣。詩之興意，以鳲鳩子或他適，而鳲鳩但在桑不移，故以衣服有
常象之。讚美衣服，亦有想望丰采之意。○**鳲鳩在桑，其子在棘**。職韻。
淑人君子，其儀不忒。職韻。**其儀不忒**，同上。**正是四國**。職韻。○
興也。陸佃云：「棘，卑小於梅。」愚按：始「在梅」，降而「在棘」，時曹地
既被分，不能成其為國，故有「在棘」之象。「忒」，《說文》云：「更也。」毛
云：「疑也。」人無常度，故可疑。「其儀不忒」者，明白洞達，表裏如一，不

〔註22〕見（宋）闕名《周禮集說》卷四《春官宗伯・司服》。

令人有所疑惑也。文公滅曹，亦曹自有以取之。既而復封曹，則無利曹之心，而其心事亦可與天下共見矣。是以謂之「不忒」也。又，《禮記》：「子曰：『為上可望而知也，為下可述而志也，則君不疑於其臣，而臣不惑於其君矣。尹吉曰：惟尹躬及湯，咸有壹德。《詩》云：淑人君子，其儀不忒。』」亦會意取義。「正」者，飭正之謂。「四國」，四方之國。「正是四國」，言足為四方諸侯盟主也。楊倞云：「正身任物，則四國皆化。」《呂覽》云：「昔者聖王成其身而天下成，治其身而天下治。故善響者不於響，於聲；善影者不於影，於形；為天下者不於天下，於身。《詩》曰：『淑人君子，其儀不忒。其儀不忒，正是四國。』言正諸身也。」《荀子》曰：「人皆亂，我獨治。人皆危，我獨安。人皆失喪之，我獨案起而制之。故仁人之用國，非特將持其有而已也，又將兼人。《詩》曰：『淑人君子，其儀不忒。其儀不忒，正是四國。』此之謂也。必將修禮以齊朝，正法以齊官，平政以齊民，然後節奏齊於朝，百事齊於官，眾庶齊於下。如是則近者競親，遠方致願。」《大學》引此《詩》而解之曰：「其為父子兄弟足法，而後民法之也。」今按：曹與晉為兄弟之國，文公之所以處曹者，得其道，是其為兄弟足法也。詩取象「鳲鳩在桑，其子七兮。淑人君子，其儀一兮」，則父子足法之道亦在於此矣。○鳲鳩在桑，其子在榛。真韻。亦叶先韻，則前翻。**淑人君子，正是國人**。真韻。亦叶先韻，如延翻。**正是國人**，同上。**胡不萬年？**先韻。亦叶真韻，奴因翻。○興也。「榛」，解見《簡兮》篇。陸佃云：「榛，卑小於棘。」愚按：既自梅降而棘，又自棘降而榛，愈降而愈卑矣。曹伯失國被執，至以畀宋人，則幾與齊民無異，故其象如此。又按：陸佃云：「先實者梅，後實者棘。先實者棘，後實者榛。故詩以此為序。」今按：曹伯被執於春三月，而復國於冬十月，則歷三樹成實之時矣，詩所謂詳舉以興也。「正是國人」，言文公能正我曹國之人，無禮而伐之，既服而赦之，所謂正也。「胡不萬年」，則祝其壽考之辭也。《焦氏易林》云：「鵠鷃鳲鳩，專一無尤。君子是則，長受嘉福。」又，韓嬰云：「玉不琢，不成器。人不學，不成行。家有千金之玉，不知治，猶之貧也。良工宰之，則富及子孫。君子學之，則為國用。故動則安百姓，議則延民命。《詩》曰：『正是國人，胡不萬年？』」此斷章取義，與詩旨無涉。

《鳲鳩》四章，章六句。朱子謂「此詩不知何所指」。《子貢傳》、《申培說》皆以為「曹叔為政有度，國人美之而作是詩」。按：曹叔，名振鐸，文王子也。武王克殷，後始封曹。或又以為美僖負羈，或又以為美公子臧，然於

詩人託興鳲鳩而並及其子之意終無關著，愚不敢謂然。《序》則云：「刺不壹也。在位無君子，用心之不壹也。」鄭玄《詩譜》亦繫之共公時。今按：詩中不見有刺意。

羔裘如濡

《羔裘如濡》，鄭人美其大夫之詞。出朱《傳》。疑美叔詹也。篇名原只「羔裘」二字，但《檜》、《唐》亦有《羔裘》，特全用起句以別之。○按：叔詹，鄭之公族也。厲公季年，齊桓始伯，時詹為執政，用兵伐宋，又不朝齊，齊人以其貳也，將討之。鄭乃使詹往謝齊，因執之。未幾，詹聞其故，逃於魯，遂自魯復歸鄭。文公二十年〔註23〕，齊桓會諸侯，盟於寧母，大子華以洩氏、孔氏、子人氏為訴。管仲曰：「鄭有叔詹、堵叔、師叔三良為政，未可間也。」齊桓乃止。楚子過鄭，入享鄭，夜出，文芊送於軍，取鄭二姬以歸。叔詹曰：「楚王其不沒乎？為禮卒於無別，無別不可謂禮，將何以沒？」三十六年，晉公子重耳過鄭，弗禮焉。叔詹諫曰：「臣聞之，親有天，用前訓，禮兄弟，資窮困，天所福也。棄此四者，以徼天禍，無乃不可乎？」弗聽。叔詹曰：「若不禮焉，則請殺之。」亦弗聽。重耳反國，六年，伐鄭。鄭人以名寶行成，弗許，曰：「予我詹而師退。」詹請往，公弗許。詹固請，曰：「一臣可以赦百姓而重社稷，君何愛於臣也？」鄭人以詹予晉人。晉人將烹之。詹曰：「臣願獲盡辭而死，固所願也。」公聽其辭，詹曰：「天降鄭禍，使淫觀狀，棄禮違親。臣曰：『不可。晉公子賢明，其佐皆卿才。若復其國，而得志於諸侯，禍無赦矣。』今禍及矣。尊明勝患，知也。殺身贖國，忠也。」乃就烹，據鼎耳而疾號，曰：「自今以往，知忠以事君者與詹同。」乃命弗殺，厚為禮而歸之。鄭人以為將軍。叔詹始終忠於其國，故使齊桓聞其名而晉文為之禮。臨難不避，舍命不渝也。累建正論，邦之司直也。鄭有三良，同時為政，則所謂「三英粲兮」者也。是詩在《鄭風》，非叔詹無足當此美者。而《公羊》、《穀梁》皆謬以詹為佞人，何不據詹之行事本末而觀之乎？叔詹，一作被瞻。呂不韋云：「被瞻忠於其君，而君免於晉患也。行義於鄭，而見說於文公也。故義之為利博矣。」

〔註23〕「文公二十年」，四庫本作「文公十二年」。按：此處時間有誤。下所述見《左傳・僖公七年》。

羔裘豐氏本作「求」。後同。如濡，虞韻。亦叶尤韻，而緜翻。洵《韓詩外傳》作「恂」。直且侯。尤韻。亦叶虞韻，洪孤翻。彼其《韓詩外傳》、劉向《新序》俱作「己」。之子，舍上聲。命不渝。虞韻。亦叶尤韻，夷周翻。《韓詩外傳》作「偷」。○賦而比也。「羔」，解見《羔羊》篇。「裘」，《說文》云：「皮衣也。」按：羔裘以緇衣為裼，則所用者乃黑羔之皮耳。陸佃云：「羔性群而不黨，又皆跪乳，象禮。其德宜施於朝，故古者以為朝服。」陳祥道云：「羔取其有禮，黑取其合道。以道合禮，以禮成道，固先王之所尚也。」「如濡」，毛《傳》云：「潤澤也。」孔云：「如似濡濕，謂皮毛光色潤澤也。」「洵」，通作「恂」，《說文》云：「信也。」「直」，《說文》云：「正見也。」《左傳》云：「正曲為直。」《荀子》云：「是謂是，非謂非，曰直。」「且」，《說文》云：「薦也。」「侯」，諸侯也。「洵直且侯」，言信哉其正直之德可以薦之於諸侯，為人君所任用也。下文言「舍命不渝」，正見其直。「彼其之子」，謂此服羔裘之大夫也。「舍」，通作「捨」，《說文》云：「釋也。」「命」，軀命之命。「渝」，《說文》云：「變污也。」「舍命不渝」，雖禍害當前，捨置其軀命以殉之，而生平之所自守者終不少變。如叔詹以盡忠於國之故，而見執於齊桓，又見執於晉文，歷險不挫，可謂「舍命不渝」矣。劉向云：「非至仁，孰能以身試？《詩》曰：『舍命不渝。』此之謂也。」《韓詩外傳》云：「崔杼弒莊公，合士大夫盟，盟者皆脫劍而入，言不疾，指血至者死，所殺者十餘人。次及晏子，奉杯血，仰天而歎曰：『惡乎！崔杼將為無道而殺其君。』於是盟者皆視足。崔杼謂晏子曰：『子與我，吾將與子分國。子不與我，殺子。直兵將推之，曲兵將鉤之，吾願子之圖之也。』晏子曰：『吾聞留以利而倍其君，非仁也；劫以刃而失其志者，非勇也。《詩》曰：『莫莫葛藟，施于條梅。愷悌君子，求福不回。』嬰其可回矣。直兵推之，曲兵鉤之，嬰不之革也。』崔杼曰：『舍晏子。』晏子起而出，授綏而乘。其僕馳，晏子撫其手曰：『麋鹿在山林，其命在庖廚，命有所懸，安在疾驅？』安行成節，然後去之。《詩》曰：『羔裘如濡，洵直且侯。彼其之子，舍命不渝。』晏子之謂也。」愚按：所以取「羔裘如濡」為比者，染人之事，自一染為縓，以至於七入為緇，則無可變矣。緇，黑也。「羔裘如濡」，正黑色也，故以為舍命不渝之況。○羔裘豹飾，職韻。孔武有力。職韻。彼其《左傳》、《韓詩外傳》俱作「己」。之子，邦之司直。職韻。○賦而比也。「豹」，似虎而小，圜文。毛云：「『豹飾』，緣以豹皮也。」孔穎達云：「《唐風》『羔裘豹祛』、『羔裘豹袖』，然則緣以豹皮為祛袖

也。禮，君用純物。臣下之，故袖飾異皮。」按：《玉藻》云：「羔裘豹飾，緇衣以裼之。」「孔」，《爾雅》云：「甚也。」「武」，威也。朱子云：「豹甚武而有力，故服其所飾之裘者如之。」按：鄭以叔詹為將軍，亦謂其人之威望足以居之，非以勇力為有力也。「司」，主也。「邦之司直」，能為邦國主持直道也。危言危行，上足正君，下足善俗，皆在其中，非徒其所自守者不渝而已。《左·襄二十七年》：「子罕諫向戌弭兵求賞。君子曰：『彼己之子，邦之司直。其樂喜之謂乎！』」○羔裘晏叶翰韻，烏旰翻。兮，三英豐本作「瑛」，云：「以玉為裘紐，其數三也。」粲翰韻。亦叶霰韻，倉旬翻。兮。彼其《韓詩外傳》作「己」。之子，邦之彥霰韻。亦叶翰韻，魚旰翻。兮。賦而比也。「晏」，溫意。《淮南子注》云：「三輔人以日出清濟為晏，晏而溫。」「英」，朱子以為「裘飾」。但三英之制未詳。范祖禹謂「五紽、五緎、五總，皆所以英裘，是之謂三矣」。今按：合兩為一曰總，分其界限以施組紃曰緎，組紃之突起曰紽。謂紽為英裘之飾，是矣。謂總與緎皆為英飾，則非也。愚謂英即英傑之英。《爾雅疏》云：「德過千人曰英。」《國策注》云：「才出萬人曰英。」未詳孰是。要之才德出眾之稱耳。「三英」，即管仲所謂「三良」，叔詹、堵叔、師叔是也。「粲」，通作「燦」，《說文》云：「燦爛明淨貌。」三良同時為政，即廟堂之上燦然有光彩也。「彼其之子」，專美叔詹也。並舉「三英」而獨美「之子」者，意作詩之時，惟叔詹在，抑或叔詹之賢優於堵叔、師叔耳。「彥」，《說文》云：「美士有文也。」此又承上章而進之，言雖其節操勁特足以主張直道，然涵養之深，不隨不激，故其見於外者自有文理可觀。亦如羔裘之晏然溫和，與人體相適，因又美之曰「邦之彥也」。又按：《呂氏春秋》載：「鄭君問於被瞻曰：『聞先生之義，不死君，不亡君，信有之乎？』被瞻對曰：『有之。夫言不聽，道不行，則固不事君也。若言聽道行，又何死亡哉？』故被瞻之不死亡也，賢乎其死亡者也。」據此以觀，則詹之賢蓋傳之舊矣。

　　《羔裘》三章，章四句。《序》云：「刺朝也。言古之君子以風其朝焉。」今按：詩中無刺意，必謂稱彼所以譏此，則凡美詩皆可謂之刺詩矣。《序》疑鄭無賢臣足以當此者，故但歸之思古耳。《子貢傳》、《申培說》則云：「鄭子皮卒，子產思之，追頌焉。」按：《左·昭十六年》：「鄭六卿餞晉韓宣子於郊。宣子曰：『二三子請皆賦，起亦以知鄭志。』子產賦《鄭》之《羔裘》，宣子曰：『起不堪也。』」是則此詩古已有之，其非子產所自作明矣。

閟宮

《閟宮》，頌魯僖公始郊也。詩中所頌之事三焉。郊而配后稷，一也。以天子禮樂祀周公二也。美禰廟，三也。而郊實自僖公始，其諸繇季孫行父之請命於周歟？頌雖誇，然有微辭。史克作之。

魯之郊祀與大嘗禘，不知其所自始。《明堂位》云：「成王以周公為有勳勞於天下，命魯公世世祀周公以天子之禮樂。是以魯君孟春乘大路，載弧韣，旂十有二旒，日月之章，祀帝於郊，配以后稷，天子之禮也。季夏六月，以禘禮祀周公於太廟，牲用白牡，尊用犧象山罍，鬱尊用黃目，灌用玉瓚大圭，薦用玉豆雕篹，爵用玉琖仍雕，加以璧散璧角，俎用梡嶡，升歌《清廟》，下管《象》，朱干玉戚，冕而舞《大武》，皮弁素積，裼而舞《大夏》。昧，東夷之樂也。任，南蠻之樂也。納夷蠻之樂於太廟，言廣魯於天下也。」《祭統》云：「昔者周公旦有勳勞於天下，周公既沒，成王、康王追念周公之所以勳勞者，而欲尊魯，故賜之以重祭。外祭，則郊社是也。內祭，則大嘗禘是也。夫大嘗禘，升歌《清廟》，下而管《象》〔註24〕，朱干玉戚以舞《大武》，八佾以舞《大夏》，此天子之樂也。康周公，故以賜魯也。子孫纂之，至於今不廢，所以明周公之德，而又以重其國也。」《禮運》篇：「孔子曰：『魯之郊禘，非禮也。周公其衰矣。杞之郊也，禹也。宋之郊也，契也。是天子之事守也。故天子祭天地，諸侯祭社稷，祝嘏莫敢易其常古，是謂大假。』」李氏云：「《禮記》之書，如《禮運》以為魯不當郊禘，如《明堂》、《祭統》以為魯當郊禘，其異同如此，當從《禮運》之說。」程子云：「說者以周公能為人臣所不能為之功，故得用人臣不得用之禮。夫人臣豈有不能為之功哉？使功業過於周公，亦人臣所當為之天下之事。非人臣為之，而誰為之？成王之賜，伯禽之受，皆非也。」高郵云：「自天子至於庶人，尊卑貴賤，待禮而別，豐者不可殺，殺者不可豐。仲尼不臣門人，非君也。季札不嗣吳爵，非長也。周公不王而以禮樂王者，是以非禮誣周公也。設欲誣周公以非禮，曾謂昊天上帝亦可誣乎？奈何使魯人郊？《詩》曰：『爾之教矣，人胥效矣。』魯侯用王禮，其臣亦用侯之禮，故季氏舞八佾，旅泰山，設公廟，歌《雝》徹。嗟乎！禮之不早辨也如此。古者父為天子，諸侯子為士，祭禮從子，不得從其父。若享非禮之祭，是周公不得為聖也。知其不享，是成、康祇以王者禮樂餤周公於魯矣，安在其

〔註24〕「管象」，四庫本作「象管」。

廣乎？且周公之績，孰與伊尹佐商？伊尹不過號為保衡。至於沃丁、太戊，
亦不加以王禮。或謂周公叔父也，於伊尹而為親，故尊而異之。夫太伯，太王
之元子，三以天下讓於王季，王季得之以傳祚於文、武。及武王克紂，追王太
王、王季、文王，而不追王太伯，豈武王忘太伯之德而不親乎？蓋以等威之
禮、名分之別為萬代之準，不為一人私也。周公有大勳於周，土田附庸以益
之則可，秬鬯圭瓚以賜之則可，若天子禮樂，成、康所恃以為尊也，胡可以假
人？成、康雖欲尊於周公，伯禽其忍受之，以出僭其君，入陷其父乎？若周
公躬制禮樂，墳土未乾，而子孫不克負荷，亂王者之度。孔子稱其衰，不亦宜
乎！」張氏云：「《雒誥》曰：『伻來毖殷，乃命寧予，以秬鬯二卣，曰明禋，
拜手稽首休享，予不敢宿，則禋於文王、武王。』觀此書，周公不敢當成王秬
鬯之禮，則天子之禮樂，公其敢當乎？」〔註25〕馬端臨云：「夫所以祀周公以
天子之禮樂者，如樂用宮懸，舞用八佾。以天子所以祭其祖者用之於周公之
廟，謂之尊周公可也。至於『郊祀后稷，以配天禘』者，『禘其祖之所自出』，
而『以其始祖配之』，則非諸侯之所當僭。且郊禘所祀，未嘗及周公，則何名
為報周公之勳勞而尊之乎？以其祖宗之勳勞而許其子孫僭天子之禮樂以祭
之，已非矣，況所祀者乃天子之太祖，而本非有勳勞之臣乎！不知成王何名
而賜之？伯禽又何名而受之？孔子曰：『杞之郊也，禹也。宋之郊也，契
也。是天子之事守也。』愚嘗因是而攷論之，禮制之陵夷，非一朝一夕之故，其所
繇來者漸矣。蓋周之封杞，宋也。以其為二王之後，俾之修其禮物，作賓於王
家，以奉禹、契之祀。而禹、契，天子之祖也，不可以諸侯之太祖祀之，故許
其用天子之禮。然特許其用天子之禮祀禹、契之廟，未必許其郊天也。夷王
以下，君弱臣強，上陵下僭，杞、宋因其用天子之禮樂於禹、契之廟，而禹、
契則配天之祖也，遂並僭行郊祀上帝之禮焉。此夫子所以有『天子之事守』
之歎也。至於魯，則周公本非配天之祖，而稷、嚳之祀元未嘗廢，無假於魯之
郊禘也。乃因其可以用天子之禮樂於周公之廟而並效杞、宋之尤，則不類甚
矣。《明堂位》首言『命魯世世祀周公以天子之禮樂』，又云『季夏六月，以禘
禮祀周公於太廟，牲用白牡犧象』云云。即此二言觀之，可見當時止許其用
郊禘之禮樂以祀周公，未嘗許其遂行郊禘之祀。後來乃至於禘嚳郊稷，祀天
配祖，一一用天子之制，所謂穿窬不戢，遂至斬關；作俑不止，遂至用人；亦

〔註25〕「觀此書」云云乃張氏之說，見董鼎《書傳輯錄纂注》卷五《雒誥》、《書經
大全》卷八《雒誥》。

始謀之未善有以肇之也。《左傳》：『宋公享晉侯於楚丘，請以桑林，荀罃辭。
荀偃、士匄曰：諸侯魯、宋，於是觀禮。魯有禘樂，賓祭用之。宋以桑林享
君，不亦可乎？』乃知魯、宋不特僭天子之禮樂以祀郊禘，雖燕享賓客亦用
之矣。」羅泌云：「董子之說曰：『成王之使魯郊，蓋報德之禮也。』然則仲舒
亦以為成王之與之矣，是不然。禮之有天子諸侯，自伏羲以來，未之改也。成
王，周之顯王也。蓋亦謹於禮矣。而且亂之，則成王其惑矣。此劉原父所以謂
使魯郊者必周，而必非成王，蓋平王以下，固亦未之悉爾。始魯惠公使宰讓
請郊廟之禮於天子，桓王使史角往。惠公止之，其後在魯，於是有墨翟之學。
魯之用郊，正亦始於此矣。夫魯惠公之止之，則是周不與之矣。不與而魯用
郊，自用之也。昔有荊人請大號者，周人不許，荊人稱之。然則魯之郊禘可知
矣。兩觀大輅，萬舞冕璪，有不自於茲乎？使成王已與魯，則惠公不請矣。」
陳氏云：「諸侯之有郊禘，東遷之僭禮也。故曰秦襄公始稱諸侯，作西畤，祠
白帝，僭端見矣。位在藩臣而臚於郊祀，君子懼焉。平王以前，未之有也。記
禮者以為成王賜之，以康周公。按：衛祝鮀之言曰：『周公相王室，以尹天下，
於周為睦，分魯公以大輅、大旂、夏后氏之璜、封父之繁弱、殷氏六族，以昭
周公之德，予之土田陪敦、祝宗卜史、備物典冊、官司彝器。』則成王命魯，
不過如此。隱公考仲子之宮，問羽數於眾仲，周公閱來聘，饗有昌歜白黑形
鹽，周公以為備物，辭不敢受。衛甯武子來聘，燕之，賦《湛露》及《彤弓》，
武子不答賦，曰：『諸侯朝正於王。』於是賦《湛露》。諸侯敵王所愾而獻其
功，於是乎賜之彤弓。假如記禮之言，得用郊禘，兼四代服器官，祝鮀不應不
及。況魯行天子之禮久矣，隱公何以始問羽數？閱何以辭備物之饗？甯武子
何以致譏於《湛露》、《彤弓》？於以見魯僭未久。上自天子之宰，至于兄弟之
國之卿，苟有識者，皆疑怪遜謝，而魯人並無一語及於成王之賜以自解。」楊
慎云：「成王命君陳，拳拳以遵周公之猷訓為言。猷訓之大，無大於上下之分，
豈其命伯禽而首廢之哉？且襄王之世，衰亦極矣，猶不許晉文公之請隧。而
謂成王不如襄王乎？況伯禽之賢，雖不及周公，然賢於晉文公遠矣，豈肯受
之哉？《禮》又曰：『成王、康王賜魯重祭。』成王既賜，康王又何加焉？此
蓋不能自掩其偽矣。然則魯之僭禮何始也？曰：著在《春秋》與《魯頌》。《春
秋》桓公五年書『大雩』。雩之僭，始於桓也。閔二年書曰『禘於莊公』。禘之
僭，始於閔也。僖三十一年書曰『四卜郊』。郊之僭，始於僖也。《魯頌・閟
宮》三章首言『乃命魯公，俾侯于東。錫之山川，土田附庸』，無異典也。其

下乃言『周公之孫，莊公之子』，以及於『享祀不忒。皇皇后帝，皇祖后稷』，蓋魯自伯禽而下十有八世，自僖公始有郊祀，而詩人頌之，則其不出於成王之賜益明矣。魯之君臣恐天下議己，乃借名於成王、伯禽，以掩天下之口。魯之陋儒謟佞，遂作《明堂位》以文其過。甚矣，其無忌憚也！」胡安國云：「楊子曰：『天子之制，諸侯庸節。』節莫差於僭，僭莫重於祭，祭莫重於地，地莫重於天。諸侯而祀天，其僭極矣。聖人於《春秋》，欲削而不存，則無以志其失為後世戒。悉書之乎，則歲事之常，有不勝書者。是故因禮之變而書於策，或以卜，或以時，或以望，或以牲，或以牛。於變之中，又有變焉者，悉書其事。」又云：「昔者周公郊祀后稷以配天，此成王亮陰之時，位冢宰，攝國政，行天子之事也。魯何以得郊？」鄒忠胤云：「《春秋》書郊者凡九，胡氏所謂『因失禮之中，又有失焉，則書於策』是也。相沿至哀公時，尚未明郊之說。故其問曰：『寡人聞郊而莫同，何也？』夫子對以『冬至之郊，主日配月。啟蟄之月，則又祈穀於上帝。魯無冬至大郊之事，降殺於天子，是以不同』。然則魯雖僭郊，而猶未敢全僭。魯史諱之，亦略之。終春秋之世，不書用郊，若見為嘗〔註26〕事云爾。迨其後，孟獻子曰：『正月日至，可以有事於上帝。』則將並與冬至之郊僭擬之。而《明堂位》亦言『魯君孟春乘大路，載弧韣，十有二旒，日月之章，祀帝於郊，配以后稷』，此於龍旂承祀之義又有加焉。世儒詆為妄作，不知此正魯末造僭郊之實錄，而詭託之成王賜耳。」愚按：平王使史角如魯諭止郊廟之禮，事見《竹書》，在平王四十二年，與《呂氏春秋》言「魯惠公請郊廟之禮於周，天子使史角往報之」者其事相合。然則在平王之世，魯實未嘗郊。觀夫子作《春秋》，始於隱公，歷桓、莊、閔三君未有以郊書者。及僖三十一年，始書「夏四月，四卜郊，不從，乃免牲，猶三望」，而《魯頌》亦頌僖之郊。然則郊之自僖始，此其大據也。夫自惠、隱而下，皆未敢用郊，而僖何以敢創為之？蓋嘗思之而得其故。《〈駉〉序》云：「僖公能遵伯禽之法，魯人尊之，於是季孫行父請命於周，而史克作是頌。」孔氏但見行父於文六年始見《春秋》，而史克於文十八年始見《左傳》，則以為皆文公時人，而不知僖、文相去甚近，行父之父季友卒於僖之十六年，行父為魯世卿，雖幼，當即嗣其位。且僖在位三十三年，而卜郊尚在三十一年，意先是行父必曾請命於周，而周天子許之，故僖於是始郊，而史克為之作頌。

〔註26〕「嘗」，四庫本同，鄒忠胤《詩傳闡》卷三《魯詩·閟宮篇》作「常」（第520頁）

《序》所謂請命作頌者，正指郊而言。而《左傳》偶軼其事，正賴有此《序》以補其闕。亦一快也。又按：孔穎達著《左傳正義》，於隱元年「春王正月」傳下有云：「魯僖公之時，周王歲二月東巡守，至於岱宗柴。季孫行父為之請於周，太史克為之作頌。」孔之此說，必有所本。今考僖公之時，在周則惠王、襄王，而二王俱未嘗東巡。惟僖公二十八年，襄王有狩於河陽之事，而僖公常朝於王所，正在《春秋》書「魯四卜郊」之先。乃始恍然悟曰：行父之請，在此時也。以僖公數從伯討，遂為望國，又謹守臣節，再朝王所，當亦襄王所心嘉者。故攀伯得文請隧之後，因緣惠公前朝之請，且小變其說，曰：「我不敢當長至之郊，以上儗於天子。但期得行祈穀之郊，略表異於諸國而已。」宜襄王之重違其意而遂曲狥〔註27〕之也。然則謂魯郊始於僖公，信矣。若夫馬氏謂「成王賜魯以天子禮樂祀周公，於周公廟得用禘禮」者，此其理尤確。然禘乃王者之大祭，《禮大傳》謂「王者禘其祖之所自出，以其祖配之」，則魯將安禘，豈信禘文王乎？竊疑《祭統》所云「大嘗禘」者，乃謂於魯太廟嘗祭之時而仿周天子禘祭之禮，故名之大嘗，非謂魯有大嘗，又有禘也。觀《祭統》「升歌《清廟》」等語與《明堂位》言「以禘禮祀周公」者，一一相合。其曰「六月」者，據夏正而言，正周之八月。而《閟宮》之頌亦第言嘗而不及禘，則魯祭但用嘗禮，而非實有禘祭可知已。若《春秋》書閔二年「五月，吉禘於莊公」，亦是僭祀莊公以王者大禘之禮。莊公自立廟，未喪畢而吉祭，故《春秋》以為譏。此詩末章所言「新廟」，即此廟也。莊於僖為禰，因言郊而及大嘗矣，又附及禰廟，雖似節節侈言其盛，而皆有深刺之意存焉。曰「是饗是宜」，隱然譏其不宜也。曰「周公皇祖，亦其福女」，隱然譏其未必福也。曰「萬民是若」，隱然譏其不為萬民所若也。不以頌而以規，抑亦可謂良史乎！

閟宮有侐，實實枚枚。灰韻。亦叶支韻，謨悲翻。**赫赫姜嫄，其德不回**。灰韻。亦叶支韻，乎為翻。**上帝是依**，叶支韻，魚羈翻。亦叶灰韻，烏回翻。**無災**陸德明本作「灾」，云：「又作『菑』。」**無害。彌月不遲**，支韻。亦叶灰韻，陳回翻。**是生后稷**。職韻。**降之百福**，叶職韻，筆力翻。蘇轍本自章首至此為第一章。**黍稷重**《說文》作「穜」。陸本作「種」。**穋**，叶職韻，錄直翻。陸本、《說文》俱作「稑」。**稙穉菽**《說文》、豐氏本俱作

〔註27〕「狥」，四庫本作「徇」。

「朿」。麥，叶職韻，訖力翻。**奄有下國**，職韻。**俾**陸本作「卑」。**民稼穡**。
職韻。**有稷有黍**，語韻。**有稻有秬**，語韻。**奄有下土，纘禹之緒**。語
韻。蘇本自「黍稷」起至此為第二章。○賦也。孔穎達云：「作者將美僖公，
追跡遠祖，上陳姜嫄、后稷，至於太王、文、武，爰及成王封建之辭、魯公受
賜之命，言其所以有魯之緒也。」「閟」，《說文》云：「閉門也。」朱子以為
「深閟也」。「宮」，亦廟之稱。「閟宮」，孟仲子曰：「是禖宮也。」「禖」，義見
《生民》篇。按：《春秋元命苞》云：「姜嫄遊閟宮，其地扶桑，履大人跡，生
稷。」然則此閟宮乃帝嚳時之禖宮，禋祀之處也。「侐」，《說文》云：「靜也。」
當未郊禖之時，則無人至其處，故其宮門常閉而清靜也。「實」，「華而不實」
之「實」，謂草木之實也。「枚」，「伐其條枚」之「枚」，《說文》云：「榦也。」
徐鍇云：「自條而出也。」閟宮在郊，其地林木翁鬱，故有實有枚。《緯書》所
謂「其地扶桑」是也。重言之者，見其非一樹也。「赫赫」，鄭玄〔註28〕云：
「顯著也。」「姜嫄」，解見《生民》篇。「其德不回」者，鄭云：「其德貞正，
不回邪也。」「依」，朱子云：「猶眷顧也。」「上帝是依」者，嚴粲云：「天用
是憑依其身，使之有子也。」「無災無害」，義同《生民》篇。「彌月」，即「誕
彌厥月」之義。孔云：「《家語·執轡》篇、《大戴禮·本命》篇皆云：『人十月
而生。』此云『彌月不遲』，故知終人道十月而生子，美其不遲晚也。」「后
稷」，解亦見《生民》篇。「降」，《說文》云：「下也。」曰「百福」者，稷以
種植封，是降之百穀，即「降之百福」也。先言黍稷，後言菽麥者，立言之
序，與《七月》篇同。種穋稙穉，則諸穀皆有，故隱括之其中也。「重」，本作
「種」。「穋」，亦作「稑」。解見《七月》篇。「稙」，《說文》云：「早種也。」
「穉」，《說文》云：「幼禾也。」賈思勰云：「二月三月種者為稙禾，四月五月
種者為穉禾。」「重」，謂穀之遲者。「穋」，謂穀之疾者。「稙」，謂種之早者。
「穉」，謂種之晚者。「奄」，《說文》云：「覆也。」「奄有下國」，朱子云：「言
封之邰也。」「俾」，《說文》云：「使也。」種曰稼，斂曰穡。「俾民稼穡」者，
謂教天下之人皆知稼穡也。古人五穀特重黍稷，然上文先言黍，此先言稷，
彼以所屬五行相生之次為序，此則以種植先後之次為序。「稷」，為首種。《尚
書考靈耀》有云：「日中星鳥，可以種稷。」是一歲之初，所先種者，惟稷也。
「稻」，解見《鴇羽》、《七月》篇。「秬」，解見《生民》篇。「稻」、「秬」，乃
穀之嘉者。承上文言。「俾民稼穡」者，不特有稷有黍而已，又有嘉蔬之稻、

黑黍之秬，皆使人遍種之也。「奄有下土」者，輔廣云：「指教民稼穡之事而言也。使天下之民皆得以稼穡於其土地，則是后稷『奄有其土』也。」《周禮》：「職方氏掌天下之國，辨其九穀之數。揚州、荊州，其穀宜稻。青州，其穀宜稻、麥。雍州、冀州，其穀宜黍、稷。幽州，其穀宜三種。」《注》：「黍，稷，稻也。」「兗州，其穀宜四種。」《注》：「黍，稷，稻，麥也。」「豫州、并州，其穀宜五種。」《注》：「黍，稷，菽，麥，稻也。」所謂「奄有下土」也。「纘」，《說文》云：「繼也。」「禹」，與稷同時為舜臣。「緒」，本絲耑之名。事業之有端可尋者，亦謂之緒。禹平水土，後有稷播百穀，而後民得粒食。若無稷，則禹雖平水土，何益於民？是禹未竟之緒，賴稷而纘也。○后稷之孫，實維大音泰。後同。王。陽韻。居岐之陽，韻。實始剪《說文》作「戩」。商。陽韻。至于文武，纘大王之緒，語韻。致天之屆，于牧之野。叶語韻，上與翻。無貳無虞，上帝臨女。音汝。後同。語韻。敦商之旅，語韻。豐本此句在「克咸厥功」下。克咸厥功。毛、鄭本自「后稷」至此為第二章。蘇本作第三章。王曰《禮記注》作「謂」。叔父，襄韻。建爾元子，俾侯于魯。襄韻。大啟爾宇，襄韻。為周室輔。襄韻。朱《傳》自「后稷」至此為第二章。乃命魯公，東韻。俾侯于東。韻。錫之山川，土田附庸。叶東韻，讀如融，余中翻。蘇本自「王曰」至此為第四章。○賦也。大王距后稷不知幾代，其世次莫能詳也。「剪」，通作「揃」，《說文》作「戩」，其義皆訓「滅也」。朱子云：「大王自豳徙居岐陽，四方之民咸歸往之，於是而王跡始著，蓋有剪商之漸矣。」陸化熙云：「興隆在周，則凌替在商，故云『實始剪商』，言其勢，非言其志也。」胡廷芳云：「愚讀《詩》至大王『實始剪商』，未嘗不慨後之論者皆不能不以辭害意也。何以言之？大王蓋當祖甲之時，去高宗、中宗未遠也。後二百有六年，商始亡。且武王十三年以前，尚臣事商，則剪商之云，太王不但不出之於口，亦決不萌之於心，特以其有賢子聖孫，有傳立之志，於以望其國祚之綿洪，豈有一毫覬覦之心哉？議者乃謂大王有是心，太伯不從，遂逃荊蠻。是大王固已形之言矣。夫以唐高祖尚能駁世民之言，曾謂大王之賢反不逮之乎？」曾鞏云：「大王去邠居岐，蓋諸侯之能興邦者，本不必云肇王跡也。武王既有天下，推其浸盛之由，故曰肇王跡。所謂『實始剪商』者，殆因肇王跡之語言之過耳。至於文、武，纘大王之緒，即《書》所稱『文考文王，克成厥勳，予小子其成厥志』之謂也。」「致」，《說文》云：「送詣也。」「屆」，《說文》云：「極也。」「致天之屆」，以商家之天

命言。天命窮極於商，故武王有牧野之舉，所以致天絕商之意於彼牧野也。徐光啟云：「紂惡苟有絲毫未稔，天命苟有絲毫未絕，則武王無絲毫變節之意。惟到天命窮極，則牧野之師不得不興矣。即此二字，形容武王順天應人之意已盡。」「無貳」二句，武王誓師之辭也。「無」，通作「毋」，戒之也。「貳」者，不一其心之謂。「虞」，通作「慮」，憂疑之意。「臨」，猶云眷顧也。「女」，指凡在行間之群臣及諸侯也。亂臣十人，諸侯八百，皆一意伐商者，然苟有成敗利鈍之虞，則未免貳其心矣。赫赫帝天，臨之在上，必眷顧於汝，師至必克，勿復有他慮也。「敦」，《說文》云：「怒也。」「商之旅」，即《大明》篇所云「殷商之旅，其會如林」者。「克」，能也。「咸」，《說文》云：「皆也，悉也。」以勞定國曰功。言此怒商旅之來迎敵者，既聞誓辭之後，人人鼓銳，而能皆有其功。時周公亦從征，曰「克咸厥功」，所以為受封張本也。「王」，成王也。《爾雅》云：「父之晜弟，後生為叔父。」《白虎通》云：「不名叔父者，親與己父，有敵體之義也。」「建」，鄭云：「立也。」「元」，毛云：「首也。」「元子」，謂伯禽也。《漢書》云：「『王曰叔父，建爾元子。』子父俱延拜而受之。」「俾侯于魯」，命為魯侯也。「啟」，通作「啟」，《說文》云：「開也。」「宇」，毛云：「居也。」爵之為侯，則伯子男出其下矣。大開其居，非七十里、五十里可等倫矣。「為周室輔」，見「與國咸休」之意。《白虎通》云：「諸侯始封，爵土相隨者何？君子重德薄刑，賞宜從重。」鄭曉云：「魏莊渠嘗言：魯始封，乃伯禽，非周公也。蓋據《魯頌》『王曰叔父，建爾元子，俾侯于魯』，故云。此直述魯之有侯自禽父〔註29〕始耳。周公以親以功封魯侯，留王朝，不曾至魯，故伯禽嗣侯於魯。豈有武王大封功臣兄弟之國十四人，康叔、少弟尚已封衛，周公四弟又開國元勳，乃不封，直至成王始封乎？『王曰叔父』，是成王稱周公也。必武王時，伯禽尚少，留侍世子，至世子即位後而遣之之國。伯禽決非始封之君。」按：《史記·魯世家》云：「武王既克殷，封周公於少暤之墟。」是封魯在武王世。《書大傳》云：「周公封以魯，身未嘗居魯也。」《公羊傳》云：「封魯公，以為周公也。周公拜乎前，魯公拜乎後，曰：『生以養周公，死以為周公主。』然則周公之魯乎？曰：不之魯也，封魯公以為周公主。然則周公何為不之魯？欲天下之一乎周也。」《白虎通》云：「周公不之魯何？為周公繼武王之業也。」「乃命魯公」，即「建爾元子」事。上示其意，此則實以命也。「東」，鄭云：「東藩魯國也。」既告周公以封伯禽之意，乃策命

〔註29〕「禽父」，四庫本作「伯禽」。按：引文見鄭曉《古言類編》上，亦作「伯禽」。

伯禽，使為君於東。「錫」，通作「賜」，《說文》云：「予也。」「山川」，謂境內之山川也。方一里為一井。地方百里者，積田萬井，自是而上，可以類推。所謂「錫之土田」者也。《孟子》云：「不能五十里，不達於天子，附於諸侯曰附庸。」陳祥道云：「民功曰庸。謂之附庸，以其有所附，然後有功於民也。」嚴云：「賜之以小國之附庸，使四鄰小國附屬之。」李氏云：「顓臾，魯之附庸也。春秋之時，有郳國，亦魯之附庸也。」愚按：須句亦附庸。徐云：「山水使主其祭，土田使有其賦，附庸使廣其封邑。」《左‧定四年》：「萇弘〔註30〕曰：『昔武王克商，成王定之，選建明德，以藩屏周，故周公相王室，以君天下，於周為睦。分魯公以大路大旂、夏后氏之璜、封父之繁弱、殷氏六族：條民、徐氏、蕭氏、索氏、長勺氏、尾勺氏，使帥其宗氏，輯其分族，將其醜類，以法則周公，用即命於周。是使之職事於魯，以昭周公之明德。分之土田陪敦、祝宗卜史、備物典策、官司彝器。因商奄之民，命以伯禽，封於少皞之墟。』」○**周公之孫，莊公之子**。紙韻。**龍旂承祀**，紙韻。**六轡耳耳**。紙韻。**春秋匪解**，音懈。**享祀不忒**。職韻。**皇皇**豐本作「天」。**后帝，皇祖**豐本作「王」。**后稷**。職韻。**享以騂犧**，支韻。亦叶歌韻，桑何翻。**是饗**《路史》作「享」。**是宜**。支韻。亦叶歌韻，牛何翻。**降福既多**，歌韻。亦叶支韻，章移翻。蘇本自「周公」至此為第五章。**周公皇祖**，叶語韻，讀如咀，在呂翻。**亦其福女**。語韻。朱《傳》自「乃命」至此為第三章。○賦也。莊公，名同，桓公子，在位三十二年。朱子云：「莊公子，其一閔公，其一僖公。知此是僖公者，閔公在位不久，未有可頌，此必是僖公也。」按：《序》以此詩為頌僖公。而魯郊以僖三十一年始見《春秋》，則其為指僖公明矣。僖公，名申，閔公庶兄也，為周公十世孫。「龍旂」四句，乃下文郊嘗二事之總冒。「龍旂承祀」，魯公備儀衛，以往祭所也。孔云：「承者，奉持之義。」鄭云：「承祀謂親祭事也。」「祀」，《說文》云：「祭無已也。」有春郊，又有秋嘗，是無已也。曹氏云：「《司常》言『日月為常』，王建之；『交龍為旂』，諸侯建之。僖公雖僭郊天之禮，而猶以『龍旂承祀』，不建太常，猶不敢全僭天子禮也。而《明堂位》乃曰『魯公乘大路，載弧韣旂，十有二旒，日月之常，祀帝於郊』，則又過矣。」按：徐幹《中論》亦云：「魯以龍旂九旒祀帝於郊。」鄭云：「四馬，故六轡也。」「耳耳」，朱子云：「柔從也。」春以郊言，於夏正為正月，於周正為三月。秋以嘗言，於夏正為六月，於周正為八月。郊

〔註30〕「弘」，四庫本作「宏」。

則配以后稷，嘗則祀周公廟以天子之禮樂。此二者，皆魯祭之盛禮，故特舉之也。按：《左傳》：「孟獻子曰：『啟蟄而郊，郊而後耕。』」《明堂位》言「魯君孟春乘大路，祀帝於郊」。而《家語》載孔子謂「魯無冬至大郊之事，降殺於天子，是以不同」。然則魯郊固在夏之孟春矣。「匪」，通作「非」。「解」，通作「懈」，《說文》云：「怠也。」謂勤行其事而不敢怠也。夫魯以僭禮為榮，固宜其勤行之也。「享」，《說文》云：「獻也。」「忒」，《說文》云：「更也。」「其儀其物」，各有一定之禮，不更變也。「皇」，《說文》云：「大也。」李氏云：「皇皇，大之至也。」孔云：「后，君也。以天者尊神，故謂之為君也。」《左·文二年》引此「《詩》曰：『皇皇后帝，皇祖后稷。』君子曰禮，謂其后稷親而先帝也」。李氏云：「先天而后稷，固足以為禮。然不知諸侯而用郊禘，果可以為禮乎？」萬尚烈云：「僖與齊桓同時，皆有功周室，恃功而僭禮。王室其衰，方賴諸侯以僅存，無敢問其非禮。此夫子所以歎之也。」黃震云：「自伯禽至莊公，十七世，未聞有郊天者。僖公三十一年，始卜郊，而卜不從。繼此若宣若成若定，欲郊則牛輒傷。禮之不可僭，神之不歆其祀如此。」諸儒論辨俱詳在本篇《小引》下。「騂」，赤色犧。毛云：「純也。」謂赤色之純者。董仲舒云：「周色土赤，魯以天子命郊，故以騂。」孔云：「《地官·牧人》云：『陽祀用騂牲毛之。』是天子祭天南郊，用赤牛純色。今魯亦享騂犧，是與天子同也。」「饗」，猶「向」也。《祭義》云：「饗者，鄉也。」「宜」，《說文》云：「安也。」羅泌云：「非天子而郊天，抑何典耶？曰『是享是宜』，則魯顧以享帝為宜，而不知其非矣。」趙士會云：「魯以諸侯僭天子之祭，似覺不宜。曰『宜』者，詩人之微詞也。」「皇祖」，鄭云：「謂伯禽也。」孔云：「以『周公皇祖』之下即云『白牡騂犅』，騂犅是魯公之牲，故知謂伯禽也。此『皇祖』之文在『周公』之下，故以為二人。上文『皇祖』在『后稷』之上，且上與『皇皇后帝』連文，則是配天之人，故知上文『皇祖』即后稷也。言非徒天與后稷降之多福，周公與伯禽亦將福汝僖公矣。」愚按：言此以起下章秋嘗之事。季本云：「郊后帝而配以后稷，用騂犧之享，恐天惡其禮之忒而不以為宜也，則必無福，故言天亦降福，以見未厭魯德之意。天既以魯郊為宜而饗之，則周公皇祖又安得而不畀之福哉？此則詩人之微詞也。」〇**秋而載嘗**，陽韻。**夏而楅衡**。叶陽韻，戶郎翻。《說文》作「設共楅衡」。**白牡騂剛**，陽韻。《公羊〔註31〕傳》作「棡」。**犧尊將將**。叶陽韻，資良翻。**毛炰**

〔註31〕「羊」，四庫本作「陽」。

胾羹，叶陽韻，虛當翻。豐本作「鬺」。籩豆大房，陽韻。萬舞洋洋。
陽韻。豐本此句上有「鍾鼓喤喤」一句。蓋因朱子有疑脫一句之語而偽益之。
孝孫有慶，叶陽韻，虛陽翻。俾爾熾而昌，陽韻。俾爾壽而臧。陽韻。
保彼東方，陽韻。魯邦是常。陽韻。光廟諱。不虧不崩，蒸韻。不震
不騰。蒸韻。三壽作朋，蒸韻。如岡如陵。蒸韻。毛、鄭本自「王曰」
起至此為第三章。朱《傳》自「秋而」起至此為第四章。蘇本自「周公皇祖」
起至此為第六章，今按：「崩」、「騰」、「岡」、「陵」與下文「乘」、「縢」俱
是一韻，於此斷章，非也。公車千乘，蒸韻。朱英綠縢，蒸韻。二矛重
弓。叶蒸韻，姑弘〔註32〕翻。公徒三萬，貝冑朱綬，叶蒸韻，息棱翻。
烝徒增增。蒸韻。戎狄是膺，蒸韻。《史記》作「應」。荊舒《史記》作
「荼〔註33〕」。是懲。蒸韻。《史記》作「徵」。則莫我敢承，蒸韻。俾爾
昌而熾，寘韻。俾爾壽而富。叶寘韻，香義翻。黃髮台背，壽胥與試。
寘韻。俾爾昌而大，泰韻。俾爾耆而艾。泰韻。萬有千歲，叶泰韻，
與艾翻。眉壽無有害。泰韻。毛、鄭本自「公車」至此為第四章。朱《傳》
作第五章。蘇本作第七章。○賦也。「載」，毛以為「則也」。鄭云：「始也。
秋嘗而言始者，秋物新成，尚之也。」二義皆通。時祭之名，自殷以上，春
曰礿，夏曰禘，秋曰嘗，冬曰烝。至周公去夏禘之名，以春礿當之，更名春
為祠，以禘為大祭。據《禮記》言魯有郊，亦有禘，今讀此詩，惟曰「秋而
載嘗」而已，可知《明堂位》所云「季夏六月，以禘禮祀周公」者，謂於嘗
祭之時，行天子禘祭之禮，故亦以禘為名。而先儒或言魯禘文王，為周公之
所自出者，誤矣。趙汸云：「《明堂位》言以禘禮祀周公於太廟而已，初不言
成王之賜，有禘其所自出之禮也。」詳見本篇《小引》下。夏正季夏六月，
於周為仲秋八月。然考《春秋》，凡書禘者二。閔二年，「夏五月乙酉，吉禘
於莊公」，此謂僭用禘祭以為即吉之禮，非祀周公之禘也。僖八年，「秋七月，
禘於太廟，用致夫人」，則正僖公之禘。夫何以不用八月而用七月？蓋徵諸
《禓記》云：「孟獻子曰：『正月日至，可以有事於上帝。七月日至，可以有
事於祖。』七月之禘，獻子為之也。獻子之意，以天子用冬至郊天，則夏至
可以祀祖。蓋欲尊祖與天相對。然禘期雖改，而終不敢改啟蟄之郊於冬至行
之者，僭竊已甚，其心亦有所不安故也。」又按：獻子雖與季文子同時，而

〔註32〕「弘」，四庫本作「宏」。
〔註33〕「荼」，四庫本作「茶」。

在僖公朝，計其年尚幼，則僖之改八月為七月，未必因獻子之說。特其後獻子曾有此論，魯人繇此，遂一仍僖公之舊，終不改正，故《記》以為「七月而禘，獻子為之」耳。「楅」，陸元朗云：「逼也。」《說文》云：「以本有所畐束也。」「衡」，《說文》云：「牛觸橫大木。」徐鍇云：「謂牛好牴觸，以木闌制之也。」鄭云：「秋將嘗祭，於夏則養牲，楅衡其牛角，為其觸抵人也。」按：《周禮·封人》職云：「凡祭祀，飾其牛牲，設其楅衡。」鄭司農但云：「楅衡，所以楅持牛也。」鄭玄〔註34〕則謂「楅設於角。衡設於鼻，如椵狀」。據此則楅、衡是二物。然以字義求之，衡從角，於鼻無涉。則所云「楅衡」者，但謂「以衡楅牛，使不得觸耳」，前義為允。陳祥道云：「楅衡，以木為之，橫設於角。楅之幅其角，猶射之楅幅其矢也。康成於《詩》合楅、衡為一，於《禮》離楅、衡為二，是自惑也。」愚按：所楅之牛，即下文「白牡騂剛」是也。《周禮》：「充人掌繫祭祀之牲，祀五帝，則繫於牢，芻之三月。享先王亦如之。」《公羊傳》云：「魯祭周公，何以為牲？周公用白牡，魯公用騂犅，群公不毛。」《春秋繁露》云：「張湯問董仲舒：『魯祀周公用白牡，非禮？』對曰：『禮也。祭周公用白牡，色白，貴純也。武王崩，成王立，而在襁褓之中，周公繼文、武之業，成二聖之功，德漸天地，澤被四海，故成王賢而貴之。《詩》曰：『無德不報。』故成王使祭周公以白牡，上不得與天子同色，下有異於諸侯。』」《漢書》：「武帝制曰：『康叔親屬有十，而獨尊者，褒有德也。周公祭天命郊，故魯有白牡騂剛之牲。群公不毛，賢不肖差也。』」楊慎云：「周公既用天子禮樂，胡為而白其牲乎？白者，殷之色也。宋之郊用之，宜也。魯人用之，不宜也。既不宜矣，用之何義？噫！我知之矣。魯之君臣見宋之郊，必私相謂曰：『宋無助於周，而且郊，可以魯而不郊乎？』於是郊宋之郊，亦白其牲，使後世有王者起，以僭分討魯，則以宋為解。若其果受成王之賜，則遂用周之赤色矣。」愚按：魯郊或始於僖公之世，以禘禮祀周公，舊以為成王所賜，事容有之。觀其不用騂而用白，則明微防漸之意，當時未嘗不存也。而後之請郊，其源亦濫觴於此。用修之說，不無深文。然其論正矣。「剛」，當依《公羊傳》通作「犅」，《說文》云：「特牛也。」「特」者，牡特，牛父也。孔云：「『白牡』，謂白特。『騂剛』，謂赤特也。」陳祥道云：「《郊特牲》之『騂犢』，《閟宮》之『騂犧』，此祀天之用騂者也。《旱麓》、《信南山》之『騂牲』，《閟宮》之『騂剛』，

〔註34〕「玄」，四庫本作「元」。

《雝詁》之『騂牛』，此宗廟之用騂者也。」何休云：「周公死，有王禮，謙不敢與文、武同也。魯公諸侯不嫌，故從周制。」黃澤云：「此可見魯公以下皆合食於太廟，而禮秩初未嘗敢同於周公，亦非有祭文王為所自出之禮也。其禘於群公之廟，則後世始僭之。」犧尊之制未詳。《明堂位》云：「犧象，周尊也。」阮諶《禮圖》云：「犧尊飾以牛，象尊飾以象，於尊腹之上，畫為牛、象之形。」王肅云：「大和中，魯郡於地中得齊大夫子尾送女器，有犧尊，以犧牛為尊。然則象尊，尊為象形也。」二說未知孰是。乃《周禮》既以犧為獻，而漢儒又讀犧為娑，故毛《傳》解犧尊云：「有沙飾也。」陸元朗亦云：「刻鳳皇於尊，其羽形婆娑然。」而鄭司農則謂「犧尊飾以翡翠，象尊以象鳳皇」。或曰以象骨飾尊。愚按：如此解犧，去之更遠。顧起元云：「古者犧通為戲，以其字音之相同。戲或為獻，以其字文之相近。娑、沙同音。犧之為娑，亦如皮之為婆，儀之為莪。『犧尊將將』之上文，享以騂犧，叶降福孔多。一詩之中，具有顯證。騂犧尚且音娑，則犧尊之犧，非緣酒尊而異其音也。知犧尊所以音娑，則尊當為牛，而鳳羽婆娑之說非也。又可知象尊為象，而象骨飾尊之說非也。」蔡絛云：「徽宗崇尚古器，遂盡見三代典禮文章。而讀先儒解說，殆有可哂者。其犧、象二尊，正如王肅所言，全作牛、象形。康成、阮諶之說，盡臆度耳。」「將」者，奉持之義。重言「將將」者，見其非一尊也。按：《明堂位》言「以禘禮祀周公，尊用犧、象」，此獨舉犧尊者，犧文在象之上，則犧當貴於象，故言犧以該之也。「炰」，《說文》云：「毛炙肉也。」孔云：「爛去其毛而炰之也。」《周禮·封人》職云：「祭祀有毛炰之豚。」「胾」，《說文》云：「大臠也。」孔云：「切肉也。」「羹」，毛云：「大羹、鉶羹也。」孔云：「以特牲土之祭祀尚有大羹、鉶羹，故以此羹兼二羹也。大羹，謂大古之羹，煮肉汁不和，貴其質也。鉶羹，肉味之有菜和者也。鉶羹盛之鉶器。其大羹則盛之於登，以大為名，故不舉所盛之器也。」《爾雅》云：「木豆謂之豆，竹豆謂之籩。」陳祥道云：「籩有縢緣，其實乾實。豆若脰然，其實菹醢。」「大房」，所以載牲體者。鄭云：「玉飾俎也。其制，足間有橫，其下有跗，似乎堂後有房然。」孔云：「知大房玉飾者，以俎豆相類之物。《明堂位》說祀周公之禮云：『薦用玉豆。』豆既玉飾，明俎亦玉飾也。」按：《明堂位》云：「俎，有虞氏以梡，夏后氏以嶡，殷以椇，周以房俎。」又云：「以禘禮祀周公於太廟，俎用梡嶡。」此言「大房」者，舊說謂斷木為梡，橫距為嶡。虞氏之俎，斷木四足而已。

夏則加橫木於足，中央為橫距之形。根枝多曲，商於俎之足間，橫木為曲撓之形，若根然。房之制，有戶闑，周又設下跗於兩端，若房然。商之曲其足與三代異，周之直其足與虞夏同，故兼稱「梡嶡」者，所以著大房之象，明其同梡嶡之制。其實本名大房，非謂用梡又用嶡也。房既以取象得名，而毛《傳》乃解為「半體之俎」，蓋本於《周語》，謂「禘郊之事，則有全烝。王公立飫，則有房烝。親戚燕享，則有殽烝」。彼文次，「全烝」謂全載牲體，「殽烝」謂體解節折，則「房烝」是半體可知。然既明言「禘郊之事有全烝」矣，此固禘祭之禮也，何得僅用半體乎？毛氏之義，於是疏矣。「萬」者，兼文、武二舞之總名。詳見《簡兮》篇。即《明堂位》所云「朱干玉戚，冕而舞《大武》。皮弁素積，裼而舞《大夏》」者。武王以征誅得天下，其樂名《大武》，則其舞，武舞也。禹以揖讓得天下，其樂名《大夏》，則其舞，文舞也。「洋洋」，水流盛大之貌。故毛訓為「眾多也」。言舞者眾多也。《左·昭二十五年》：「昭公告子家駒曰：『季氏為無道，僭於公室久矣。』子家駒曰：『諸侯僭於天子，大夫僭於諸侯久矣。』昭公曰：「吾何僭矣哉？」子家駒曰：『設兩觀，乘大路，朱干玉戚，以舞《大夏》，八佾以舞《大武》，此皆天子之禮也。』」陳暘云：「於禮言犧尊籩豆，則罍、黃目、雕篹之類舉矣。於樂言萬舞，則笙歌、下管、蠻夷之樂舉矣。」「孝孫」，指僖公也。「慶」，《說文》云：「行賀人也。」故鄭訓為「賜也」。言周公將於孝孫有所賜也。其賜維何？自「俾爾熾而昌」至「眉壽無有害」，皆其所賜之實也。孔云：「作者喜其德當神明，故設辭慶之。」「俾爾熾」二句，是冒語。「熾」，《說文》云：「盛也。」《月令注》以為「炊也」。愚按：字從火，蓋謂如炊氣之盛也。「昌」，《說文》云：「日光也。」「熾」以勢言，「昌」以象言。下文「保彼東方」六句，言內安之福；「公車千乘」九句，言外攘之福。所謂「熾而昌」也。「壽」，《說文》云：「久也。」以歷年多言。「臧」，《說文》云：「善也。」以攸好德言。下文「俾爾昌而熾」四句，結言好德之福；「俾爾昌而大」四句，結言多年之福。所謂「壽而臧」也。「保」，鄭云：「安也。」魯國在東方，故稱東方，所謂「俾侯于東」者也。內治克修，外侮無虞，是能保安彼東方，則可以長有此魯國也。「虧」，本氣損之義。《爾雅》以為「毀也」。「崩」，《說文》云：「山壞也。」「不虧不崩」，言土地無侵削也。震為雷，人聞雷則驚懼，故《爾雅》訓為「懼也」。「騰」者，馬超躍之貌，故毛訓為「乘也」。「不震不騰」，言人心無動搖也。曹氏云：「不虧如月之常盛，不崩

如山之常固，不震如地之常靜，不騰如水之常平。」「三壽」，謂魯邦與下文岡、陵相併而為三也。先儒或以為三卿。然僖公之時，三家未立，此大誤矣。「公車」者，侯國之兵車也。諸侯於其國稱公。「千乘」之制，鮮有能明之者。先儒皆據《司馬法》及《漢書》，言地方十里為井，井十為通，通十為成，成十為終，終十為同，同方百里，提封萬井，除山川、沈斥、城池、邑居、園囿、術路三千六百井，定出賦六千四百井，戎馬四百匹，車百乘，此卿大夫采地之大者，是謂百乘之家。同十為封，一封三百一十六里，提封十萬井，定出賦六萬四千井，戎馬四千匹，車千乘，此諸侯之大者，謂之千乘之國。然《左傳》「子產言天子之地一圻，列國一同」，及《王制》、《孟子》皆言公侯大國，其田地不過以方百里為限，何從而有十同之廣、三百一十六里之數耶？又考《周禮・地官・大司徒》及《夏官・職方氏》之文，皆言諸公之地方五百里，諸侯之地方四百里，諸伯之地方三百里，諸子之地方二百里，諸男之地方百里，則又與《左》、《孟》、《王制》諸書往往不合。因再四尋繹，而始悟其說。《王制》所言，本是夏制，以五等爵三等受地。至殷蠻爵為三等，合子、男從伯，其地亦三等不變，則《白虎通》詳言之。武王克商，復增子、男爵，其受地與夏、殷同。《武成》篇所謂「列爵惟五，分土惟三」是也。齊、魯之封皆在武王之世。《孟子》所謂「地非不足而儉於百里」者，大都據初制而言。賈公彥謂「其時九州之界尚狹，至武王崩，成王幼，周公攝政，致太平制禮，成武王之意，遷大九州，於是五等之爵以五等受地」，則《周禮》所云是也。愚謂此說可信。《周禮》一書，乃周公所作。使無其事，不應筆之於書。使非周公更定武王制度，不應與《左》、《孟》、《禮記》諸書乖剌若此。更以此詩「公車千乘」之制求之，然後知《周禮》之果不謬。而諸儒凡解千乘曾未有拈出者，何也？按：《大司徒》職云：「凡建邦國，以土圭土其地而制其域。諸公之地，封疆方五百里，其食者半。諸侯之地，封疆方四百里，其食者參之一。諸伯之地，封疆方三百里，其食者參之一。諸子之地，封疆方二百里，其食者四之一。諸男之地，封疆方百里，其食者四之一。」鄭、賈謂「公受地廣，稅物多，但留半，即足其國俗喪紀及畜積之用，以半為餘，貢入天子。其侯伯受地差少，則其稅亦少，故三分之二留自用，以一分為餘，貢入天子。子男受地又少，其稅轉少，故留四分之三，亦以一分為餘，貢入天子。大國貢重，正之也。小國貢輕，字之也」。據此說，則所謂「其食」者，謂王食其土之入耳。今即依此法，以諸侯之地

推筭。計封疆方四百里，為田當十六萬井，除山林、園囿、城郭、溝塗之類，大率三分去一，實當存十萬六千六百六十六井，又三分之而貢其一於王，尚餘二分，應六萬六千一百零五井，則留供本國之用者也。以丘〔註35〕甸法合之，四井為邑，四邑為丘〔註36〕，丘〔註37〕十六井也，出戎馬一匹、牛三頭。四丘〔註38〕為甸，甸六十四井也，出長轂一乘、戎馬四匹、牛十二頭、甲士三人、步卒七十二人。繇此積之，則六百四十井出十乘，六千四百井出百乘，至六萬四千井即當出千乘矣。此外所餘二千一百餘井尚當出車三十餘乘。而經傳但以千乘之國為言者，舉成數耳。《司馬法》、《漢書》求其說不得，於是增「同十為封」一條，以求合於千乘之數，而其實無此制也。若《明堂位》謂「成王封周公於曲阜，地方七百里，革車千乘」，乃魯儒誇誕之辭。果有之，亦《孟子》所謂「有王者起，必在所損」者。至包氏注《論語》，則直謂「古者井田方里為井，十井為乘，百里之國，適千乘也」。夫魯成公作丘甲，而《春秋》譏之。丘〔註39〕者，十六井也。以十六井出一甸之賦，然且不可。今乃使十井出一乘，其虐又過於成公矣。而謂古有此制乎？石介云：「三代以前，爵有五等。天子之田方千里，公侯百里，伯七十里，子男五十里。地小易治也，力弱易使也。周公始斥大土寓，廣其封，公、侯五百里，伯三百里，子男百里。周之諸侯，矜大而不服，非諸侯之罪也，失在周公也。」陳道祥云：「五百乘，三鄉之所出也。千乘，闔境之所出也。」汪克寬云：「兵制之變，始壞於齊之內政，而家一人焉。繼壞於晉之州兵，而家五人焉。長勺之戰，桓公自謂帶甲十萬，車五千乘。楚蔿啟疆謂晉十家九縣，長轂九百，其餘四十縣，遺守四千。叔向亦謂寡君有甲車四千乘。則兵制之增益於古可知矣。循襲效尤，遂至魯以秉禮之國，亦增丘甲，而不以為嫌也。」「朱英」，鄭云：「矛飾也。」孔云：「《清人》云：『二矛重英。』故知朱英為矛飾，蓋絲纏而朱染之，以為矛之英飾也。」「縢」，《說文》云：「緘也。」緘者，束縛之義，即《小戎》所謂「竹閉緄縢」者。蓋納弓於閉，以繩束之也。孔云「此『朱英綠縢』與『二矛重弓』兩句自相充配。『朱英』是『二矛』，飾之以朱染；『綠縢』是『重弓』，束之以綠繩。所異者，二矛各自有英飾，二弓共束

〔註35〕「丘」，四庫本作「邱」。
〔註36〕「丘」，四庫本作「邱」。
〔註37〕「丘」，四庫本作「邱」。
〔註38〕「丘」，四庫本作「邱」。
〔註39〕「丘」，四庫本作「邱」。

—1405—

以綠繩耳。」「二矛」之「矛」，指酋矛也。矛有二等：曰酋矛，曰夷矛。酋矛建於車，夷矛則否。此蒙上「公車」之文，故知指酋矛也。解見《清人》篇。孔云：「《考工記》云：『酋矛常有四尺，夷矛三尋。』又云：『攻國之兵用短，守國之兵用長。』此美其當戎狄，懲荊舒，則是往伐之，明是酋矛而有二也。」「弓」，亦載之車上者。「重弓」，毛云：「重於韔中也。」按：《小戎》云「交韔二弓」，義正同此。鄭云：「『二矛重弓』，備折壞也。兵車之法，左人持弓，右人持矛，中人御。」孔云：「宣十二年《左傳》云：『楚許伯御樂伯，攝叔為右，以致晉師。樂伯曰：吾聞致師者，左射以菆。』樂伯在左，而云『左射』，是左人持弓也。成十六年，晉侯與楚戰於鄢陵。《左傳》稱『欒鍼為右，使人告楚令尹子重曰：寡君乏使，使鍼御持矛焉』。哀二年，鍼之戰，《左傳》稱『郵無恤御簡子，衛太子為右，禱云：蒯瞶不敢自佚，備持矛焉』。是右人持矛也。《甘誓》曰：『左不攻於左，汝不共命。右不攻於右，汝不共命。御非其馬之正，汝不共命。』既云左右，又別云御，是御在中央也。」「公徒」，兵車所統之步卒也。「三萬」，三軍之數也。按：「公車千乘」，是全舉一國之賦而言。至行師之時，所用不過五百乘，則三軍之眾盡是矣。大國三郊三遂，計其眾可備六軍，而要以備更番迭休之用，故軍制惟至三軍而止。萬二千五百人為軍。大國三軍，合甲士與步卒共三萬七千五百人。此詩惟言「公徒」，則除甲士不在數內。每車一乘，步卒七十二人。五百乘，當三萬六千人。今舉成數而言，故但云「三萬」也。蘇轍云：「大國之賦，適滿千乘。苟盡用之，是舉國而行也。故其用之也，大國三軍，次國三軍而已。」李氏云：「天子之國，不啻有六軍，所用者惟六軍而已。大國不啻有三萬公徒，所用者惟三萬而已。使舉國之人而盡用之，則但可以一役。苟不幸而敗，則安得有人而復用之哉？此天子之國所以止用六軍，大國所以止用三軍也。自伯禽以來，已有三軍。襄公所以作三軍者，則以三卿專魯國之權，分三軍以為己之賦，故作三軍，非是自襄公以來方有三軍也。」胡安國云：「車而謂之公車，則臣下無私乘也。徒而謂之公徒，則臣下無私民也。若有侵伐，諸卿更師以出，事畢則將歸於朝。車後於甸，甲散於丘〔註40〕，卒還於邑。將皆公家之臣，兵皆公家之眾，不相繫也。」「冑」，毛云：「貝飾也。」孔云：「貝者，水蟲，甲有文章也。冑，謂兜鍪。貝非為冑之物，故知以貝為飾。」「綅」，《說文》云：「線也。」孔云：「朱綅，直謂赤線耳。文在冑

〔註40〕「丘」，四庫本作「邱」。

下，則是甲之所用，謂以朱線連綴甲也。」「烝」者，火氣上行之義。故《爾雅》訓為「進也」。「增」，《說文》云：「益也。」進發步行之眾，又有增益於公徒三萬之外者，則重車之卒是也。兵〔註41〕法，每一兵車必配一重車。兵車以戰，重車以載輜重。既有五百兵車，則有五百重車矣。特駕兵車者以甲馬四匹，故稱乘。而駕重車者用牛十二頭，故不得稱乘。重車之卒，炊家子十人，固守衣裝五人，廄養五人，樵汲五人，共二十五人。計重車五百，復應得一萬二千五百人，皆隨兵車而進，故曰「增增」也。「膺」，通作「應」，《說文》云：「當也。」「荊」，荊州，楚所封地。「舒」，孔云：「群舒也。楚之與國。」按：《左·文十一年》：「群舒叛楚。」宣八年，「楚滅舒蓼」。成十七年，「滅舒庸」。襄十五年，「滅舒鳩」。《路史》云：「舒庸在舒城。」《地理考》云：「舒鳩，今巢縣。舒蓼，在安豐縣。今鳳陽府壽州境，皆偃姓。」又，《路史》有舒龍、舒鮑、舒龔，所謂「群舒」也。「懲」，《說文》云：「忿也。」周昌年云：「因其來而遏之曰膺，謂當其強也。聲其罪而討之曰懲，謂忿其惡也。」「承」，《說文》云：「受也。」「莫我敢承」者，我之兵威赫奕，非敵我者所能勝受也。此皆祝願將來之語。或指齊桓北伐山戎，莊與其謀；南伐荊楚，僖列於會；以為「膺」、「懲」之實，此全不得詩意。戎在西，狄在北，荊楚在南，獨不及東者，魯東方之國，下章始專言荒大東之事，故於此略之耳。又按：《孟子》兩引此詩，一則曰「周公方且膺之」，一則曰「是周公所膺也」，因篇中有「周公福汝」之言，則膺戎狄、懲荊舒亦周公冥冥中之靈有以使之，故云。然非謂周公有是事也。「俾爾昌而熾」者，象日以昌期，而勢日以熾盛也。昌從熾而見，今日固大異於前；熾踵昌而來，後日固有不但如今日而已者。此先既言「熾而昌」，而後復進言「昌而熾」也，然此特過度之語，蓋結上內安外攘，為下文「祝壽臧」二事發端。後段言「昌而大」，義亦仿此。「富」，《說文》云：「備也。」觀下文「黃髮」二語，則此富為富有老成人也。國無老成人以調元贊化，則內必失民心，外必開邊釁，君雖壽，其何能臧？故光以信用老成祝焉。「黃髮」，老人髮白復黃也。「台背」，解見《行葦》篇。「壽胥」之「壽」，指老成人言。上文「黃髮台背」是也。「胥」，猶皆也。「試」，《說文》云：「用也。」王安石云：「壽考者相與為公用也。」黃佐云：「老成之足為國久矣。僖公相季友，任文仲，而治業冠諸國。然則此詩之頌，其季友也夫？其文仲也夫？」劉向《新序》云：「昔者楚丘先生，行年七十，披裘帶

〔註41〕「兵」，四庫本作「邱」。

索，往見孟嘗君，欲趨而不進。孟嘗君曰：『先生老矣，春秋高矣，何以教之？』楚丘先生曰：『噫！將我而老乎？噫！將使我追車而赴馬乎？投石而超距乎？逐麋鹿而搏虎豹乎？吾已死矣，何暇老哉！噫！將使我出正辭而當諸侯乎？決嫌疑而定猶豫乎？吾始壯矣，何老之有？』孟嘗君逡巡避席，面有愧色。《書》曰：『黃髮之言，則無所愆。』《詩》曰：『壽胥與試。』美用老人之言以安國也。」「大」者，熾之極也。「耉」，劉熙云：「指事使人也。」「艾」，《爾雅》云：「養也。」《方言》云：「汝、潁、梁、宋之間謂養為艾。」言使爾得其所使，又得其所養也。得所使則安佚，得所養則強固，所以壽也。「萬有千歲」，嚴云：「猶曰千歲萬歲也。」「眉壽」，解見《南山有臺》篇。「害」，《說文》云：「傷也。」「無有害」者，言雖至千萬歲之久，而其眉壽之容猶如一日，不至有傷損也。又，徐幹《中論》云：「夫形體者，人之精魄也；德義令聞者，精魄之榮華也。君子愛其形體，故以成其德義也。夫形體固自朽弊消亡之物，壽與不壽，不過數十歲。德義立與不立，差千歲，豈可同日言也哉？顏淵時有百年之人，今寧復知其姓名耶？《詩》云：『萬有千歲，眉壽無有害人。』豈有萬壽千歲者，皆令德之謂也。」此雖非詩義，然其理自正。○**泰**陸本作「大」。《說苑》、《韓詩外傳》俱作「太」。**山岩岩**，叶覃韻，五甘翻。亦叶鹽韻，疑枕翻。**魯邦**《說苑》作「侯」。**所**《說苑》作「是」。**詹**。鹽韻。亦叶覃韻，多甘翻。《說苑》、《風俗通》、《韓詩外傳》、豐本俱作「瞻」。**奄有龜蒙**，東韻。**遂荒**《爾雅》作「憮」。**大東**。韻。**至于海邦**，叶東韻，悲工翻。**淮夷來同**。東韻。**莫不率從**，叶東韻，粗叢翻。**魯侯之功**。東韻。毛、鄭自「泰山」起至此為第五章。朱《傳》作第六章。**保有**《水經注》作「其」。**鳧繹**，陌韻。陸本作「嶧」。**遂荒徐宅**。陌韻。亦叶藥韻，他各翻。**至于海邦，淮夷蠻貊**。陌韻。亦叶藥韻，末各翻。豐本作「貉」。**及彼南夷，莫不率從**。豐本「率從」作「來格」。**莫敢不諾**，藥韻。**魯侯是若**。藥韻。毛、鄭自「保有」起至此為第六章。朱《傳》作第七章。**天錫公純嘏**，叶麌韻，果五翻。**眉壽保魯**。麌韻。**居常**鄭玄云：「或作『嘗』。」豐本作「嘗」。**與許**，叶麌韻，火五翻。**復周公之宇**。麌韻。**魯侯燕喜**，紙韻。**令妻壽母**。有韻。亦叶紙韻，姆鄙翻。又叶麌韻，滿補翻。**宜大夫庶士**，紙韻。**邦國是有**。叶紙韻，羽軌翻。**既多受祉**，紙韻。**黃髮兒**《字書》作「齯」。**齒**。紙韻。蘇本作第八章。毛、鄭自「天錫」起至此為第七章。朱《傳》作八章。○賦也。魯之封雖以周公，而始至魯者伯禽，則伯禽固開基之

祖也。此章述伯禽造魯之功，欲僖公追美於伯禽也。蘇云：「泰山，齊、魯之
望也。『龜』、『蒙』、『鳧』、『繹』，魯之四山也。其餘則其東南勢相聯屬，可以
服從之國也。」《史記》云：「泰山之陽則魯，其陰則齊。」一曰岱宗。《周禮‧
職方氏》「兗州山鎮曰岱山」是也。在今山東濟南府泰安州北五里。「巖」，高
貌。古以殿旁高廡為巖廊，亦謂其高也。「詹」，通作「瞻」。《廣韻》云：「仰
視曰瞻。」「民具爾瞻」、「人民所瞻」〔註42〕，皆此義也。「奄」，《說文》云：
「覆也。大有餘也。」「龜」、「蒙」，二山名。《一統志》云：「龜山在兗州府泗
水縣東北五十里。春秋龜陰之田在其北，今屬泰安州。蒙山在兗州府沂州費
縣西北七十里，居魯之東，一名東山。《孟子》所謂『孔子登東山而小魯』是
也。」《地理志》云：「顓臾國在蒙山下。」孔云：「龜、蒙在魯地，故言『奄
有』。泰山則在齊、魯之界，故言『所詹』，見其不全屬魯也。」愚按：「奄有
龜蒙」，語意當連下看。龜是魯山，蒙雖在邦域之中，然顓臾主之。自龜而蒙，
以漸及於大東，化愈推而愈遠也。「遂」者，繼事之辭。「荒」，《說文》云：「艸
淹地也。」《爾雅》以為「奄也」。愚按：猶言延亙及之也。「大東」，猶云極東
也。孔云：「大者，廣遠之言。地之最東，至海而已。『大東』之下，即云『至
于海邦』，言其極盡地之東偏也。」季本云：「極東近海之國，如萊、牟之類是
也。萊、牟與淮夷相近，萊、牟服則淮夷同，而諸夷『莫不率從』矣。」陸化
熙云：「『荒』字中有綏懷戡定在內，故下文曰『魯侯之功』。」「來同」，言同
心而歸，無攜貳也。「率」，相率也。當通作「衛」。「從」者，變桀驁而效順
也。「魯侯」，指伯禽也。後放此。伯禽，初受封之國者，故以「魯侯」稱。舊
說皆以為指僖公。今按：下文言「天錫公純嘏」，而又曰「魯侯燕喜」，明公與
魯侯非一人也。彼公則指僖公也。「功」，以服遠言。「鳧」、「繹」，二山名。
「繹」，通作「嶧」。《一統志》云：「鳧山在兗州府鄒縣西南五十里，連魚臺縣
界。嶧山在鄒縣東南二十五里。」按：鳧、繹皆鄒地。鄒，古邾國。嶧山，亦
名鄒山。《左傳》：「邾文公遷於繹。」宣十年，「伐邾，取繹」。即此嶧也。京
相璠云：「繹邑，依嶧山為名。」《水經注》云：「山東西二十里，高秀獨出，
積石相臨，殆無土壤，石間多孔穴，洞達相通，往往有如數間屋處。其俗謂之
嶧孔。」邾本魯附庸國，至孟子時，魯穆公改曰鄒。此詩言「保有鳧繹」者，
謂能保有附庸之國，不為強大所吞併，不獨奄及束蒙而已。「徐宅」，謂宅於
徐州之地者，即徐戎也。伯禽於成王元年始就封於魯，於時徐州之戎、淮浦

〔註42〕「人民」，似當作「民人」。「民人所瞻」，語出《大雅‧桑柔》。

－1409－

之夷並起為寇，伯禽率諸侯征之。故《書》有《費誓》之篇。此詩所詠，即其事也。李見羅先生云：「魯侯封於曲阜，其時戎夏錯處〔註43〕，與徐淮實壤接，世為封境憂。故伯禽至，不避三年之喪，衽兵革，以開東郊之難。後之子若孫，世仰其功，故為臣子者亦以此致君之祝。」孔云：「東方曰夷，西方曰戎。謂在九州之外。此徐州淮浦，中夏之地，而得有戎夷者，戎夷，帝王之所羈縻，不以中國之法齊其風俗，故得錯襍居九州之內。漢時內地無戎夷者，秦始皇逐出之也。」「至于海邦」，與前「至于海邦」義同。特彼即以荒大東為至海邦，此則先緜荒徐宅而後至海邦，徐宅在內，海邦在外也。「蠻貊」，南夷，又自淮夷而推言之。兩曰「莫不率從」，其所包者闊矣。淮夷在東，貊在東北方，蠻及南夷在南，皆與魯相近者。「諾」，《說文》云：「應也。」遵號令，聽約束之意。「若」，順也。遠人來服，則魯侯於是從而順其情以撫安之也。或以此兩段皆是詠僖公。考《春秋》，凡僖公自主兵者，不過伐邾、敗莒之類，皆小國也。伐楚、伐鄭，則齊桓主兵，僖公特從之耳。今所言「荒大東」、「荒徐宅」、「淮夷蠻貊」率從，鑿鑿可聽如是，僖公曾有是事否乎？或又謂《春秋·僖三十一年》書「卜郊不從，免牲，猶三望」，鄭玄謂「三望者，海、岱、淮也」。此詩言泰山，言海邦，言淮夷，疑即據「三望」而言也。夫三望之禮，在郊祭之後。今此文乃在嘗祭之後，則其非三望明矣。「天錫」以下，祝願僖公之詞也。「錫」，通作「賜」，《說文》云：「予也。」「純」之為「全」，音之近也。「嘏」，徐鍇云：「大遠之福也。」無福不有，乃稱「純嘏」。下文「眉壽」以下皆是也。「眉壽」承上章而言。人惟壽可以享福，故以壽始終之。「保魯」者，保守先世之土地，不使其有所失也。「居」，謂據而有之，無游移而他屬也。毛云：「『常』、『許』，魯南鄙西鄙。」孔云：「常為南鄙，許為西鄙。」或當有所依據，不知出何書也。鄭云：「『常』當作『嘗』，在薛之旁。《春秋·莊三十一年》『築臺於薛』，是與？」曹氏云：「《漢·地理志》：魯有薛縣。而齊孟嘗君食邑於薛，則嘗先當屬魯。」今按：嘗不知何時為齊所併，經傳無文，莫能詳也。愚按：《管子·小匡》篇云：「桓公曰：『吾欲南伐，何主？』管子對曰：『以魯為主，反其侵地常、潛。』」常、潛，二地名，當即此常也。常先為齊所併，故欲僖公復之，正不必破常為嘗耳。然「常」，《齊語》又作「堂」，而其地不知所在，定是通作「棠」。《春秋》隱公觀魚於棠，會戎於潛，其為此二地明矣。「許」，鄭云：「許田也。」許田，近許之田。《括地志》云：「在許

〔註43〕「戎夏錯處」，四庫本作「土田陪敦」。

昌縣南四十里，有魯城，周公廟在其中。」《左傳・隱八年》：「鄭伯請以泰山
之祊易許田。」桓元年，「鄭伯以璧假許田」，杜預云：「成王營王城，有遷都
之志，故賜周公許田，以為朝宿之邑。後世因而立周公別廟。」孔云：「春秋
之時，魯不朝周，邑無所用。而許田近於鄭國。鄭有祊田，地勢之便，與鄭易
之。」朱子云：「常、許皆魯之故地，見侵於諸侯而未復者，故魯人以是願僖
公也。」殷大白云：「願其如此，亦以諷也。」「復」，《說文》云：「往來也。」
已去而又還之謂宇，即「大啟爾宇」之「宇」。「燕」，通作「宴」，《說文》云：
「安也。」僖公能光復周公所啟之宇，則伯禽造魯之功於斯不墜，其在天之
靈必燕安而喜樂也。「令」，鄭云：「善也。」「令妻」者，使其妻有令問，謂聲
姜也。「壽母」者，使其母享高年，謂成風也。按：《春秋・僖八年》：「秋七
月，禘於太廟，用致夫人。」《左傳》以為致哀姜。鄒忠胤非之，謂：「哀姜淫
惡，義與廟絕，見殺於齊桓，至是且九年，何為其復致？漢人於既廟食之呂
雉猶不難以義黜之而配薄太后於高廟，曾謂魯人之見，顧不及此乎？《穀梁》
以為成風，其說與劉向同，而孫明復從之。蓋成風為妾母，初年未經廟見，故
於禘廟而因以致之，為後日祔廟張本。其稱『致夫人』，猶後世之上尊號也。
然則成風位號已素定於生前，所謂母以子貴，故《春秋》異日薨之，於其葬
也，而小君之，不誣耳。或謂此夫人乃僖公妻姜氏，即後之會齊侯於陽谷者。
《公羊傳・僖二十年》：『西宮災。』何休《注》云：『僖公為齊侯所脅，以齊
媵為嫡，楚女廢居西宮而不見恤，悲愁怨曠所生。』則竊意夫人即聲姜，而前
此不書納幣逆女者，以原非正配也。趙子常疑聲姜是僖為公子時所娶，故婚
禮不見於經。今觀何休以齊媵為嫡之說，或僖公先是所娶元妃已卒於未為君
之日，聲姜乃其繼室，如惠公之聲子。或僖公未有伉儷，先畜嬪御，聲姜抑如
莊公之孟任。或聲姜與楚女本俱媵妾，而後之升墜異。或僖為公子時，已娶
楚女，及即位後，見脅於齊，不敢正其夫人之號，又不欲遽以聲姜為嫡，故遷
延至是而後致歟？蓋自屈完受盟，齊已帖楚，一棲固莫能兩雄矣。春秋時，
諸侯以妾為妻者比比，齊桓特為申此禁，然伯者假之，且不能自守，其禁縱
未嘗脅魯，安能使魯之不犯哉？禘而致者，昔未廟見，今乃廟見也。其後哀
公欲立公子荊之母為夫人，宗人釁夏，對無其禮，蓋不欲引僖之禘致以逢君
耳。至所謂自桓以下娶於齊，亦止言其大槩。若昭公則娶吳矣，襄、定、哀之
元妃，經亦不著其何氏，安在所娶之盡齊姜，則安必聲姜之為正娶也者，故
以『致夫人』屬聲姜。二說皆是也。以《閟宮》之詩證之。《詩傳》曰：『僖公

八年，始用郊禘，史克賦《閟宮》。』夫此正《春秋》『禘太廟，致夫人』之年也。今觀《閟宮》之八章云：『令妻壽母。』以『妻』與『母』疊稱，當時婦姑必同與廟祭，兼致崇號。《春秋》若止書用致夫人風氏，則遺其婦；若止書用致夫人姜氏，則遺其姑。若並書用致夫人風氏、姜氏，則並妻於母，尤覺不倫。況成風及聲姜前此素未嘗為夫人，安得遽稱夫人某氏？若書致某氏為夫人，則某氏之上又無書母書妾之法。故第槩之曰『用致夫人』。初若不知為誰氏也者。於是益知《春秋》書法之精融也。然則『致夫人』，禮歟？曰：其致成風，不失為母以子貴，所謂禮以義起，變之正也。其致聲姜，以媵於中宮之位，則斷非禮也。一言而曲直交寓，孰謂《春秋》可以例測哉？」愚按：鄒氏之說辨矣。所引《詩傳》雖未足盡信，而詩人之頌，不但及母，而且首舉其妻，則當時僖公之致意於成風與聲姜者可知已。成風薨於文四年，聲姜薨於文十六年，距僖公三十一年卜郊時，兩人尚無恙也，故詩人及之。朱子云：「閔公八歲被弒，必是未娶。其母叔姜，亦應未老。此言『令妻壽母』，又可見公為僖公無疑也。」「宜」，即所謂惠于朋友，不得罪於巨室者。大夫兼卿而言，庶士謂上士、中士、下士。《樂記》云：「武王克殷，庶士倍祿。」《說苑》：「伊尹云：『列士〔註44〕所以參大夫也。』」「邦國是有」，即所謂自今以始，歲其有者，以僖公閔農重本，故云然。以上復故地，慰先靈，自家庭而廟庭，以至於邦國，無不迓休襲慶者，僖公之受福如此，則可謂已多矣。而始終所最重者，欲公永年以享之。為黃髮，為兒齒，與眉壽同顯其奇，是為快耳。「兒齒」，陸無朗云：「齒落更生細者。」鄭云：「亦壽徵也。」黃佐云：「或問此詩之頌禱僖公，拳拳於壽考，不一而足，何也？曰：可以見詩人之情也。入春秋以來，隱及於鍾巫，桓乘於彭生，般賊於圉犖，閔戕於卜齮，弒逆踵繼，其來甚矣。國人飲恨，尚未舒也。故此詩拳拳以壽考為言，其所以望於僖公者，無非欲其以覆車為戒云耳。或者乃謂魯欲誇詡，專以諛辭溢美例之，抑孰知其忠君愛國之意溢於言表耶？厥後僖公在位三十年，而《春秋》書曰『乙巳，公薨於小寢』，則《詩》未為無所助也。」○徂《水經注》作「岨」。來《水經注》作「崍」，又作「徠」。之松，新甫之栢。陌韻。亦叶藥韻，卜各翻。是斷是度，叶陌韻，直格翻。亦叶藥韻，達各翻。是尋是尺。陌韻。亦叶藥韻，赦略翻。松桷有舄，陌韻。亦叶藥韻，他各翻。徐邈讀。路寢孔碩。陌韻。亦叶藥韻。新《獨斷》、《禮書》俱作「寢」。廟奕奕，陌韻。

〔註44〕「士」，四庫本誤作「云」。

亦叶藥韻，弋灼翻。《周禮注》作「繹繹」。**奕斯所作**。藥韻。**孔曼且碩**，
見上。**萬民是若**。藥韻。毛、鄭以為第八章。朱《傳》作第九章。○賦也。
前頌僖公郊天禘祖之事已畢，此則備言其禰廟也。禰廟者，莊公之廟。何以
知其為莊公之廟？以「新廟奕奕，奕斯所作」二語知之。《郡縣志》云：「徂徠
山亦曰尤來山。」《水經注》云：「徂徠山今猶有美松，亦曰龍竦之山。赤眉樊
崇保此山，自號尤來三老。」《一統志》云：「在濟南府泰安州東南四十里。」
《後魏志》云：「魯郡汶陽縣有新甫山。」按：《通典》：「漢汶陽故城在兗州泗
水縣東南。」林兆珂云：「《史記》：『松栢為百木長也，而守宮闕。』故《斯
干》美宣王考室曰『如松茂矣』，《閟宮》美修廟曰『徂徠之松，新甫之栢』，
殷武祀高宗曰『松栢丸丸』。」陸燧云：「松栢就已取者言，山特指產之地耳。」
「斷」者，以刀鋸截於所生之處。「度」者，以繩墨量其所用之宜。《小爾雅》
云：「四尺謂之仞，倍仞謂之尋。尋，舒兩肱也。」《前漢書》云：「一黍之廣
為一分，十分為寸，十寸為尺。尋取其長者，尺取其短者。」「桷」，《說文》
云：「榱也。」秦謂之榱，周謂之椽，魯謂之桷。劉熙云：「桷，確也。其形細
而疏確也。或謂之椽。椽，傳也，相傳次而布列也。或謂之榱，在檼旁下列，
衰衰然垂也。」「舄」，通作「寫」，《說文》云：「置物也。」按：置者，捨置
之義，謂捨而去之也。《禮記》：「器之溉者不寫，其餘皆寫。」《注》訓「寫」
謂「倒傳之」是也。或加水作「瀉」。《考工記》「以澮瀉水」，義與此同。然
《說文》無「瀉」字，但當作「寫」耳。屋之有桷，其形斜長，首高而末低，
所以寫雨水，故曰「有寫」也。「路寢」，毛云：「正寢也。」孔云：「路，正也，
大也。以君之正寢，故以大言之。」愚按：此即指廟之正室言，非廟後之寢
也。「孔」，甚。「碩」，大也。舉路寢之大，則廟規制之大可知矣。「新廟」，新
作之廟也。舉全廟而言，路寢亦在其內。按：《春秋·成三年》：「新宮災。」
《穀梁》謂「新宮者，禰宮也。」與此「新廟」同義。「奕」，《說文》云：「大
也。」重言之者，太廟大矣。新廟與之並大，是「奕奕」也。此以著新廟之踰
制也。「奕斯」，公子魚也。曰「作」者，鄭云：「教護，屬功，課章程也。」
孔云：「謂教令工匠，監護其事，屬付工役，課其章程而已。非親執斧斤而為
之也。」按：《左·閔二年》：「共仲使卜齮賊公於武〔註45〕闈，成季以僖公適
邾，共仲奔莒，乃入立之，以賂求共仲於莒。莒人歸之，及密，使公子魚請。
不許，哭而往。共仲曰：『奚斯之聲也。』乃縊。」《公羊傳》亦云：「公子慶

〔註45〕「武」，《左傳》同，四庫本誤作「五」。

父弒閔公，走而之莒，莒人逐之。將緣乎齊，齊人不納，卻反舍於汶水之上，使公子奚斯入請。季子曰：『公子不可以入，入則殺矣。』奚斯不忍反命於慶父，自南洡北面而哭。慶父聞之曰：『嘻！此奚斯之聲也，諾已。』曰：『吾不得入矣。』於是抗輈經而死。」〔註46〕據此二傳，則奚斯乃慶父用事之人，故及其事敗而乞憐求生，他人不使，而獨使奚斯為之請。奚斯知魯之必殺慶父也，哭於南洡，不忍反命，有狐兔之感焉。不知慶父死後，魯何以處奚斯。雖於傳無所見，然成季當國，其必不用慶父用事之人可知也。而謂奚斯作廟乃在僖公之時乎？愚深疑之。且作宗廟，國之大事也，《春秋》無不書之理。如謂是修舊廟，故不書，則詩言「新廟」，又言「奚斯所作」，其非修舊廟可知也。惟閔二年書「夏五月乙酉，吉禘於莊公」，杜預謂：「三年喪畢，致新死者之主於廟，廟之遠主當遷入祧，因是大祭，以審昭穆，謂之禘。莊公服制未闋，時別立廟，廟成而吉祭，又不於太廟，故詳書以示譏。」愚讀此，乃始恍然悟曰：此奚斯所作者，即莊公之廟也。莊公薨，慶父賊子般而立閔公，此時慶父實主魯國，故以作廟任奚斯，而必極其壯麗，以自解其弒逆之惡。莊公既自立廟，故行禘禮不於太廟。《春秋》書曰「禘於莊公」，則明著莊公之新有廟矣。莊公者，閔公之父，亦僖公之父也。僖公見奕奕之美，徒謂典祀可豐於昵，而不顧其出於慶父亂人之制也，仍舊貫而不改，故詩人於此侈言之，正所以深累僖公耳。此義不明，而新廟之說紛紛錯出。鄭以為新姜嫄廟也。夫然，則不當汎及大王以下。毛以為新閔公廟也。夫然，則不當汎及周公以上。朱子初說但以為魯之群廟而已，則於詩辭益無關涉。而或泥篇首「宮」之一字，以誀其說，謂《公羊傳》有曰周公稱太廟、魯公稱世室、群公稱宮，閟宮正群廟也。豈知閟宮乃帝嚳時之祿宮，有緯書及孟仲子之說足據，且詩人唱首，第從姜嫄故事敘述，其語意瞭然明晰，殆無復可疑者。或文以為修周公廟，謂《春秋》中凡用民力於所不當為必書，獨不錄《閟宮》之作，則謂此為當作耳。夫《春秋》一書，有襃有貶，果謹於修廟，當亟襃之，不宜沒其善也。或更謬指為僖公廟。今觀詩中滿篇皆祝頌之語，則僖公尚未薨也，豈真僖公自立廟，預為後日烝嘗地，如漢文帝顧成廟之為乎？亦無稽甚矣。至於廟為奚斯所作，第謂董其工役。而班固《兩都賦序》云：「奚斯頌魯，采於孔氏。」王延壽《魯靈光殿賦序》云：「奚斯頌僖，歌其路寢。」《後漢書・曹襃傳》云：「奚斯頌魯，考甫詠殷。」《注》引《韓詩》、《薛君傳》云：「是詩公

子奚斯所作。」即揚雄《法言》亦曰:「正考甫常晞尹吉甫矣,公子奚斯常晞正考甫矣。」皆主作頌為言,耳食如此,大足怪訝。「曼」,《說文》云:「引也。」毛云:「長也。」「路寢孔碩」,奚斯創之。今僖公一仍其舊,不復變革,自此引之世世。此「孔碩」者,當與太廟相為悠久,故曰「孔曼且碩」,蓋刺之也。「萬民是若」,言萬民皆心順其所行以為合理也。然魯國之大,豈無一二知禮者?蓋不滿之微辭。

《閟宮》六章,一章十七句,一章二十一句,一章十三句,一章三十三句,一章二十六句,一章十句。《子貢傳》、《申培說》皆列之魯風。今按:《左傳》、《孟子》引此詩俱以為魯頌,則魯頌之名舊矣。而謂魯第有風,無頌,可乎?惟諸儒分章頗有不同。毛、鄭作八章,第一、第四章章十七句,第二章十二句,第三章三十八句,第五、第六章章八句,第七、第八章章十句。朱《傳》作九章,前五章章十七句,謂內第四章脫一句,第六、第七章章八句,第八、第九章章十句。蘇氏則分為九章,第一、第四章章九句,第二章八句,第三章十二句,第五章十一句,第六章十八句,第七章十七句,第八章二十六句,第九章十句。今更定章句如右,雖長短不齊,庶幾於經文語脈有合焉耳。三百五篇之中,以一百二十句成篇者,僅見於此。又,吳澄云:「『公車千乘』至『則莫我敢承』,考其意,為周公、魯公說。簡編錯亂,當與『土田附庸』為連文。蓋成王命周公建元子於魯,錫之以山川、土田、附庸,有千乘之賦,有三軍之眾,使之膺戎狄,懲荊舒也。不然,《孟子》引此詩何以云『周公膺之』乎?」金履祥因之,謂:「此詩有錯簡,當以《孟子》為正。第一節說姜嫄、后稷,第二節說大王、文、武,第三節當說周公之功。而今詩但言封周公之子,疑下文『公車千乘,戎狄是膺,荊舒是懲,則莫我敢承』當是第三節,言周公四征不庭,伐淮踐奄之功。周無徐州,故淮夷為荊州之界,而舒今在淮西也。第四節始及『王曰叔父』至『乃命魯公』。第五節方說『周公之孫,莊公之子』,方頌僖公。第六節說享祀降神,而俾爾之祝。以類相從,皆祝頌之辭。如此,則《孟子》之時,詩未錯簡,而《孟子》所引正周公事也。」黃光昇著《讀詩蠡測》,據此說,遂易置經文次序。今按:吳意以周公封魯,有公車千乘、公徒三萬,足為他日膺戎狄、懲荊舒之用,以合於《孟子》之說,猶為近之。金直以此當周公伐淮踐奄之事,則公車、公徒非周公當日所用,不可通也。經文雖長篇繁辭,而細按之,實井井有條,無庸更置。若豐坊《魯詩世學》本則謬託之《石經》,於「籩豆大房」下增「鍾鼓喤

嘽」一句，以「公車千乘」至「莫我敢承」接「孝孫有慶」之下，以「泰山巖巖」至「黃髮兒齒」接「莫我敢承」之下，以「俾爾熾而昌」至「如岡如陵」接「黃髮兒齒」之下，以「俾爾昌而熾」至「眉壽無有害」接「如岡如陵」之下，以「徂來之松」一章接「眉壽無有害」之下，蓋參用朱、吳、金三子之說，變亂經文，大是解事。○《序》云：「頌僖公能復周公之宇也。」朱子謂「此詩所謂『居常與許，復周公之宇』者，人之所以願之而其實則未能也」。又云：「所謂『復周公之宇』者，祝其能復周公之土宇耳，非謂其能修周公之屋宇也。《序》文之謬如此。」《子貢傳》以為「僖公八年，始用郊禘，史克頌之」。蓋因《春秋》有「八年，禘太廟」之文，遂欲以此詩合之。然果魯郊大典始於此時，《春秋》不並書之，何也？若《申培說》則更異矣，謂「魯僖公新作后稷、文王之廟於太廟、世室及孝、惠、桓、莊四窮廟之上，而史克作詩以頌之，非孔子所錄也」。夫祀帝於郊，以后稷配，則作廟以藏后稷之主，事容有之。若魯禘之說，但謂祀周公用禘祭之禮云爾。而必依仿趙伯循之論，以文王為周公之所自出，既行禘禮，必立其廟此，特剿襲舊聞，以意揣摩，果何據耶？且周公曰太廟，魯公曰世室，孝、惠、桓、莊曰四窮廟，又立后稷、文王之二廟以加於其上，則已過於天子之七廟，何魯廟如此之多，而作是詩者居之不疑，刺刺不休，直如親見其事者然？即自覺其不倫，則謂此詩「非孔子所錄」。夫孔子既不錄，則何以載之於經？亂道甚矣。朱子但以為「僖公修廟，詩人歌詠其事，以為頌禱之辭」，雖於詩意無所發明，然猶不失君子闕疑之義。

有駜

《有駜》，魯僖公大飲烝也。禮，十月農功畢，諸侯與群臣飲酒於太學，以正齒位，謂之大飲。僖公行此禮，其臣美之。《序》以為「頌僖公君臣之有道也」。蓋君以禮燕臣，臣以禮祝君，謂之有道。按：《豳風·七月》之詩曰：「十月滌場，朋酒斯饗。曰殺羔羊，躋彼公堂。稱彼兕觥，萬壽無疆。」此諸侯之詩也。其禮舉於十月，與《月令》「孟冬，大飲烝」之禮合，故鄭玄以為頌大飲之詩，謂「十月農功畢，天子、諸侯與其群臣飲酒於太學，以正齒位」。而引《黨正》職曰：「國索鬼神而祭祀，則以禮屬民，而飲酒於序，以正齒位」，亦謂此時也。孔穎達云：「知大飲在太學，亦正齒位者，以國君大飲與黨正飲酒皆農隙而為，俱教孝悌之道。黨正於序學，知國君於大學。

黨正飲酒為正齒位，知國君飲酒亦正齒位也。」黃子道周云：「孟夏之酎，則序爵於朝。孟冬之烝，則序爵於學。所以正功德，奠天地之義也。其奠天地之義，何也？孟夏巳月，乾卦也，君子以自強不息。迨暇飲酺，所以示群臣功能之等也。尊尊而卑卑，則天為政於上。孟冬亥月，坤卦也，君子以厚德載物。同位以齒，同齒以位，所以示群臣同體之義也。長長而弟弟，則地為政於下。故天者，所以教敬也；地者，所以教讓也。敬讓立而民不爭。」按：古者凡養老皆在太學，太學在郊，天子曰辟廱，諸侯曰泮宮。所以知此詩為飲酒太學者，以「振振鷺」之語意之。魯固有頖宮也，所以知此詩言飲酒為孟冬大飲烝者，以「自今以始，歲其有」之語意之。「歲其有」者，有穀也。所以知為頌僖公者，以《春秋》於僖公三書「不雨」意之。《穀梁傳》云：「不雨者，勤雨也。一時而言不雨者，閔雨也。」既而書「六月雨」，《穀梁》云「喜雨也。喜雨者，有志乎民者也。」胡安國云：「閔雨與民同其憂，喜雨與民同其樂，此君國子民之道也。」又，何休謂「僖公飾過求己，循省百官，放佞臣郭都等，理冤獄而百餘。公精意感天，不雲而得澍雨」。是則僖公之重農事如此，此詩所以頌也。《子貢傳》中間闕文，但上有「僖公」二字，下有「克頌之」三字，則亦主為史克頌僖公之詩矣。陳際泰云：「頌中多言僖公之事。春秋十二公，魯僖公賢焉。《春秋》之義有因褒以見貶者。前乎僖，為代幾何也？後乎僖，為代幾何也？獨舉僖公，僖公賢也。魯亡乎人之辭也。」按：《左·文二年》：「有事於太廟，躋僖公。夏父弗忌曰：『躋聖賢，明也。』」然則魯人之稱僖公為聖賢，舊矣。

有駜有駜，駜彼乘黃。陽韻。**夙夜在公，在公明明。**叶陽韻，謨郎翻。**振振鷺，鷺于下。**叶麌韻，後五翻。**鼓咽咽，**陸德明本作「淵淵」，後同。**醉言舞。**麌韻。**于胥樂**音絡。後同。**兮！**結句三章同文，不用韻。○賦而興也。「駜」，《說文》云：「馬飽也。」毛《傳》云：「馬肥彊也。」重言「有駜」者，非一馬也。觀下文「乘」字可見。四馬為乘。「黃」，即《駉》篇「有驪有黃」之「黃」，蓋以色為名。僖公所乘也。黃者，馬色之最貴，故《周書》諸侯初見康王，亦皆布乘黃也。「夙夜」，以行禮之日言，自旦至暮也。或疑厭厭夜飲，於禮有之，不應兼夙。然觀《燕禮》，未飲酒之前，尚有樂人縣，射人告具，及請賓、命賓、納賓等事，自非夙興不辦，豈謂旦即飲酒乎？「在公」，與《七月》篇「躋彼公堂」「公」字同義，謂大學也。燕饗齒讓之禮，必於大學。蒙上文「乘黃」而言。則此「在公」，指僖公在之也。次章放此。「明

「明」者，明而又明，讚美之辭。若就燕飲之事贊之，則禮教修明，亦明明也。「振」，謂振羽也。「鷺」，解見《宛丘》、《振鷺》篇。毛云：「鷺，白鳥也。以興潔白之士。」按：鷺居水澤中，故辟雝及泮宮皆有之。觀《周頌》言「振鷺於飛，於彼西雝」，則此《魯頌》之言「振鷺」，其為泮水所有可知矣。詩人即所見以起興。以與燕者非一人，故重言「振振鷺」也。鷺之下而就水，猶賓及卿大夫之至而就席也。下文自「鼓咽咽」至「醉言舞」，乃合全禮之始終而言。或以鷺下象舞，亦通。絕非如朱子「持鷺羽以舞」之說。或又言鷺乃鼓精，故漢有《朱鷺》之曲。而《隋・樂志》謂「古之君子，悲周道之衰，頌聲之輟，飾鼓以鷺，存其風流」，抑荒唐甚矣。八音中獨舉鼓者，大昕鼓徵，所以警眾，大學之禮也。眾至然後飲酒也。「咽」，通作「鼞」，《說文》云：「鼓聲也。」「醉」，《說文》云：「卒也。」從酉從卒。酉者，酒也。卒者，各卒其度量，不至於亂也。「言」者，語辭。禮，天子養老則舞《大武》，諸侯燕賓則舞《勺》。此「言舞」之文，在「醉」之後，當非如前所謂舞，故鄭、孔皆云「至於無筭爵而醉，則為君起舞，以盡其歡」是也。「于」，《爾雅》、《說文》皆云：「於也。」本作「亏」，象口氣之舒也。「胥」，通作「疏」。「疏」者，通也。「通」者，皆也。故《爾雅》訓為「皆也」。樂兼君臣而言。有明明之君在上，能盡禮以感其臣，則臣樂之；有醉舞之臣在下，能盡情以歡其君，則君樂之。信乎其皆樂也。○**有駜有駜，駜彼乘牡。**有韻。**夙夜在公，在公飲酒。**有韻。**振振鷺，鷺于飛。**微韻。**鼓咽咽，醉言歸。**微韻。**于胥樂兮！**賦而興也。「乘牡」，即「乘黃」也。「黃」以言其色，「牡」以言其體。「在公飲酒」者，申上章之意，言此日魯侯乘黃牡馬，來在公所，非有他事，特為與群臣舉行飲酒之禮也。「鷺於飛」者，鄭玄〔註47〕云：「喻群臣飲酒，醉欲退也。」此「鼓咽咽」與上章不同，蓋奏陔時也。按：燕禮無算爵、無筭樂之後，宵則庶子執燭於阼階上，司宮執燭於西階上，甸人執大燭於庭，閽人為大燭於門外，賓醉，北面坐，取其薦脯以降，奏《陔》。遂出，卿大夫皆出。《陔》者，《陔夏》也，九夏之一。凡夏以鍾鼓奏之，鍾在先，鼓在後，故將歸，復又聞奏鼓也。「歸」者，自太學公所而歸也。時已入夜，窮日之力，不獨賓歸，而君亦還宮矣。不醉無歸，欲盡歡也。醉而即歸，以禮節之也。酒以行禮，不繼以淫，此之謂能樂。○**有駜有駜，駜彼乘騂。**叶霰韻，黃絹翻。**夙夜在公，在公載燕。**霰韻。**自今以始，**紙韻。**歲其有。**叶紙韻，羽軌翻。**君**

〔註47〕「玄」，四庫本作「元」。

子有穀，詒《列女傳》「詒」下有「厥」字。孫子。紙韻。陸德明云：「『歲其有』或作『歲其有矣』，又作『歲其年者矣』，皆衍字也。『詒孫子』，或作『詒厥孫子』、『詒於孫子』，皆是妄加也。」于胥樂兮！賦也。前二章上四句主君言，下四句則紀燕臣之事。此章上四句主臣言，下四句則述祝君之語。「騏」，《爾雅》、《說文》皆云：「青驪馬也。」孫炎云：「色青黑之間。」郭璞云：「今之鐵驄也。」按：《漢樂府》云：「君馬黃，臣馬蒼。」蒼者，淺青也。此詩特以黃、騏相對為言，其分屬君、臣所乘可知矣。然乘騏未必凡與燕者皆爾，當是但據賓一人而言。《燕禮》：「射人請賓，公曰：『命其為賓。』與卿燕，則大夫為賓。與大夫燕，亦大夫為賓。」《燕義》解之云：「不以公卿為賓，而以大夫為賓，為疑也，明嫌之義也。」賓定而後行燕禮。下文「自今以始」等語，自是賓所致辭，故知「乘騏」者，賓乘也。「夙夜在公」，臣盡其敬也。「在公載燕」，表其遭遇之隆也。「自」，從也。「今」，今歲也。孔云：「上言『在公載燕』，因即據燕為今與將來為始，非以作詩為始也。」「歲其有」者，毛云：「豐年也。」孔云：「《春秋》書『有年』者，謂五穀大熟，豐有之年也。」「君子」，指僖公也。「穀」，《爾雅》云：「祿也。」國以民為本，民以食為天。使歲歲豐登，家給人足，是即君子之享有天祿也。「詒」，通作「貽」，《說文》云：「贈遺也。」曰「孫子」者，世數無窮之辭。本固邦寧，則君子之有穀，其餘慶足以及乎後人矣。因是月農功畢，行飲烝之禮，而致其祝願如此，皆就農事言也。君以有穀為樂，臣亦以君之有穀為樂，是「胥樂」也。一說：穀，善也，謂以善道貽其子孫，如禮下愛民皆是。亦通。

《有駜》三章，章九句。朱《傳》但以為「燕飲而頌禱之詞」，而不著其世，蓋疑僖公之不足以當此也。《申培說》與朱《傳》同，而其篇次亦繫之僖公之世，然總之皆不能知其為何事而燕。

駉

《駉》，《說文》作「驍」，又作「駊」。思魯伯禽之富也。伯禽儉以足用，寬以愛民，務農重穀，牧於坰野。僖公思遵其法，故命史克為之頌。禮：問國君之富，數馬以對。季本云：「此詩非伯禽不足以當之。」愚按：《序》以為「頌僖公也。僖公能遵伯禽之法，儉以足用，寬以愛民，務農重穀，牧於坰野。魯人遵之，於是季孫行父請命於周，而史克作是頌」。說者多疑僖公在春秋時未為賢君，不應有頌。今觀《序》中首以「僖公能遵伯禽

之法」為言，則所謂「儉以足用」等語，必是伯禽實跡。名雖頌僖公，實頌伯禽耳。又按：《春秋》書莊二十九年「春，新延廄」。言「新」者，明先世設有延廄，茲特取而重新之。莊公者，僖公父也。意修舉伯禽牧政，自莊公時已然。至僖公時，而馬遂盛，故經傳皆不以多馬美僖公。然則此詩之為頌伯禽，而非頌僖公又明矣。《左・文十八年》：「莒太子僕以寶玉來奔，宣公命與之邑。季文子使太史克對宣公，必出諸境。」文子名行父，正與史克同時。然《序》所謂「請命於周，而史克作頌」者，當在僖公之世。說見《閟宮》篇《小引》下。

駉駉牡毛、鄭、孔本俱作「牧」。後同。至定本始改作「牡」。**馬**，韻。**在坰**《說文》作「駉」。**之野**，馬韻。**薄言駉者**。馬韻。以上三句，後章俱放此。**有驈有皇**，陽韻。《爾雅》作「騜」。**有驪**《爾雅翼》作「麗」。**有黃**，陽韻。**以車彭彭**。叶陽韻，蒲先翻。**思無疆**，陽韻。**思馬斯臧**。陽韻。○賦也。「駉」，《說文》云：「牧馬苑也。」重言「駉駉」者，一苑又一苑也。按：《周禮・較人》職云：「天子十有二閑，馬六種。邦國六閑，馬四種。」「牡」，《說文》云：「畜父也。」專言「牡」者，《較人》職云：「凡馬，特居四之一。」謂一牡可配三牝，言牡之盛，則其牝之盛尤可知也。劉公瑾云：「騋牝三千，駉牡十六種，蓋各極其盛而言，皆以見其國之殷富也。」「坰」，地名。《郡縣志》云：「坰澤，俗名連泉澤，在兗州曲阜縣東九里。魯僖公牧馬之地。」按：毛《傳》以「坰」為「遠野」。考《說文》：「邑外謂之郊，郊外謂之野，野外謂之林，林外謂之坰。」是坰尚在野之外。今曰「在坰之野」，則於文理欠順，當從《郡縣志》為長。《左傳》曰：「凡馬，日中而出，日中而入。」《注疏》謂「日中者，春、秋分也。春分百草始繁，則牧於坰野，故日中而出。秋分農功始藏，水寒草枯，則馬還廄，故日中而入」。此言離駉而就坰野，當是在春分時也。鄭玄〔註48〕云：「必牧於坰野者，避民居與良田也。」孔云：「以《序》云『務農重穀，牧於坰野』，故知有避民田之義。」「薄言」者，舉大略之辭言，略舉駉中所有之馬也。毛《傳》云：「諸侯馬四種，有良馬，有戎馬，有田馬，有駑馬。」孔云：「作者因馬有四種，故每章各言其一。首章言良馬，朝祀所乘，故云『彭彭』，見其有力有容也。二章言戎馬，齊力尚強，故云『伾伾』，見其有力也。三章言田馬，田獵齊足尚疾，故云『繹繹』，

〔註48〕「玄」，四庫本作「元」。

見其善走也。卒章言駕馬，主給雜使，貴其肥壯，故云『祛祛』，見其強健也。馬有異種，名色又多，故每章各舉四色以充之。」按：《周禮》：「較人掌王馬之政，辨六馬之屬。種馬一物，戎馬一物，齊馬一物，道馬一物，田馬一物，駑馬一物。」除駑而外，五馬皆稱良馬。其邦國四種之馬，《周禮》無文。鄭玄〔註49〕謂「諸侯無種、戎而有齊、道、田、駑」。今毛《傳》言諸侯之馬戎、田、駑三者，與王同。其一但稱良馬，未知於種、齊、道三者之中，當居何等，莫能詳也。以愚意度之，當是齊、戎、田、駑四者。蓋種馬駕王路，非諸侯所用；道馬駕象路，於同姓非宜。魯為宗國，當有齊馬以駕金路。至於戎路用戎馬，則兵車所乘；田路用田馬，則田獵所乘。下而駑馬，以給官中之役。此皆可與王同者。又按：《夏官·馬質》職云：「掌質馬，馬量三物：一曰戎馬，二曰田馬，三曰駑馬，皆有物賈。」然則種、齊、道三者，養馬所生，有種。而戎、田、駑三者，第買以給官府之使，原無種也。買馬以佐種馬，蓋古者畜馬之多端如此。「騜」，《爾雅》、《說文》、毛《傳》皆云：「驪馬白跨者。」郭璞云：「跨髀間也。」《蒼頡》篇云：「兩股間也。」《爾雅》、毛《傳》云：「黃白曰皇。」孔云：「謂黃而雜白者。」「驪」，《說文》云：「馬深黑色。」毛《傳》云：「純黑曰驪。」孔云：「《月令》：『孟冬，駕鐵驪，象時之色。』《檀弓》曰：『夏后氏尚黑，戎事乘驪。』故知純黑曰驪也。」「黃」者，中央之正色。舊說皆本毛《傳》，謂黃騂曰黃，以為黃色而又襍赤，似不必從。經但言黃而已，無事益之以騂也。此章言「騜」、「皇」、「驪」、「黃」，雖有四種，其意乃專主「驪」、「黃」二色而言。「驪」、「黃」皆馬之上色。「騜」，全身皆驪，特跨間襍白。「皇」，大體是黃，而微兼白色。要之，不失其為驪黃也。牡馬尤以驪黃為貴。《爾雅》所云「騋牝，驪牡」，以罕稱也。《有駜》言「乘黃」矣，而後乃實之以「乘牡」，見牡馬之貴黃也。然《列子》有云：「牝而黃，牡而驪，馬至，果天下之馬也。」鄭玄注《檀弓》又云：「牝者色驪，牡者色玄。」則牝馬固亦貴驪黃矣。「以車」者，以駕金路之車也。諸侯之車，當以金路為首。然則上文所舉四色之馬，正《周禮》所謂「齊馬」耳。「彭」，通作「騯」，《說文》云：「馬盛也。」「盛」者，壯盛之盛。孔謂「有力有容」是也。以非一馬，故重言之。後放此。又，揚雄《太僕箴》云：「《詩》好牡馬，牧放坰野，輦車就牧，而詩人興魯。」按：「輦車就牧」之說，恐未必然。《詩》之言意，祇謂其足以備駕車之用耳。「思無疆」者，承上文言。伯禽興衛之盛，壯觀如

此，繇其經國有方，規模廣大，故欲後世子孫不為近小之謀，思慮無疆，亦如伯禽也。「臧」，《爾雅》、《說文》皆以為「善也」。稱驪以德，所謂臧也。「思馬斯臧」者，思其馬如此之善，則當思其所以致是者也。後放此。輔廣云：「夫人立心既遠，則其所成必厚。大凡富貴之事，率非輕易浮淺者之所能致。」按：伯禽牧事有成，雖無所考，而大略見於《費誓》篇，曰：「今惟淫舍牿牛馬，杜乃擭，斂〔註50〕乃穽，無敢傷牿。牿之傷，汝則有常刑。馬牛其風，勿敢越逐，祇復之，我商賚汝。乃越逐不復，汝則有常刑。無敢寇攘，踰垣牆，竊馬牛，汝則有常刑。」凡此皆國馬，而非公馬。然當臨敵之先，其惓惓愛惜保護若此，則其留意於牧事可知矣。○**駉駉牡馬，在坰之野，薄言駉者。有騅有駓，**支韻。陸氏本作「駓」。《字林》作「駓」。**有騂有騏，**支韻。陸本作「祺」。**以車伾伾。**支韻。《字林》作「駓」。**思無期，**支韻。**思馬斯才。**叶支韻，讀如嘻，抽遲翻。○賦也。「騅」，《說文》以為「蒼黑色裸毛」，《爾雅》以為「蒼白裸毛」。「蒼」者，淺青也。未詳孰是。陸佃云：「騅取雛之色。今雛色在青黑之間，亦在青白之間。」《爾雅》云：「黃白裸毛曰駓。」郭璞云：「今之桃花馬也。」孔云：「二者皆云裸毛，是體有二種之色相間裸，與上云『黃白曰皇』止一毛色之中自有淺深者異也。」「騂」，《說文》云：「馬赤色也。」毛《傳》以為「赤黃曰騂」。按：周尚赤，牲用騂，是騂為純赤。當從《說文》為正。「騏」，《說文》云：「馬青驪，文如博棊也。」毛云：「蒼祺曰騏。」孔云：「祺者，黑色之名。蒼祺，謂青而微黑，今之驄馬也。」此四色馬以序推之，當是戎馬。項羽《垓下歌》云：「時不利兮騅不逝。」是騅為戎馬之證也。《秦風·小戎》篇云「駕我騏騵」，《小雅·采芑》篇云「乘其四騏」，是騏為戎馬之證也。《檀弓》云「周人尚赤，戎事乘騵。」騵者，淺赤也。淺赤猶用，純赤可知，是騂尤周人戎事所尚也。惟駓無考。「以車」者，以駕戎路之車也。「伾」，《說文》、毛《傳》皆云：「有力也。」孔云：「此章言戎馬，戎馬貴多力。」「思無期」者，言所思無期限也。國雖安，忘戰必危，綢繆一不至，而禍患及之矣，可有不思之時乎？上章曰「無疆」，言其思無一處之不到，故馬政亦其經營之所及。此曰「無期」，言其思無一息之不周，則所謂畜戎馬以備不虞者，自有所不能已矣。「才」，通作「材」，《說文》云：「木挺也。」徐鍇云：「木勁直，堪入於用者。人之有才，義出於此。」張文潛云：「『斯臧』，良馬也。『斯才』，戎馬也。臧者言其德，才者言其用。陳於

禮者尚德，用於戰者尚才故也。」○**駉駉牡馬，在坰之野，薄言駉者。
有驈有駱**，藥韻。**有騢有雒**，藥韻。孔云：「定本、《集注》及徐音並作『駱』，
俗本多作『駁』。」**以車繹繹。**叶藥韻，讀如藥，弋灼翻。崔靈恩《集注》
作「驛驛」。**思無斁**，叶藥韻，弋灼翻。**思馬斯作。**藥韻。賦也。「驈」，
《說文》云：「青驪白鱗，文如鼉魚。」《爾雅》、毛《傳》皆云：「青驪驎曰
驒。」郭璞云：「色有深淺，班駁隱瓶，今之連錢驄也。」「駱」，《爾雅》以為
「白馬黑鬣」。《說文》云：「馬白色，黑鬣尾也。」《韓詩》及《字林》以為「黑
髦」。「髦」者，鬣尾之謂。《廣雅》又以為「白馬朱鬣」。陸佃云：「今呼黃馬
尾鬣一道通黑如界者為駱。蓋馬無分於黃白，皆謂之駱。若今衣脊絡縫，故
曰駱也。《明堂位》曰：『夏后氏駱馬黑鬣。』此以別白馬朱鬣之駱也。《月令》
曰：『孟春駕白駱。』此以別黃馬黑鬣之駱也。」詳見《四牡》篇。「騢」，本
作「騢」。毛《傳》云：「赤身黑鬣曰騢。」《說文》云：「赤馬黑毛尾也。」羅
願云：「《月令》五時駕馬，而騢處其二。春蒼龍，秋白駱，冬鐵驪，夏用赤
騢，中央用黃騢。中央寅於季夏，故所用物同，而以色之淺深為之別也。古
者騢非所貴，故《淮南子》曰『騢駁不入牲』，以其犖〔註51〕也。牲而犖，且
不可用，而況天子法天象地，為車服，以順時而授民者，而顧取之，何也？
《月令》乃呂不韋所作。秦人自其舊時，固自言以水德王，故冬之鐵驪，以純
黑應其德，而蒼乃自其舊時水德所生，又近於黑，故不以為嫌。至於夏之宜
用騢，中央之宜用黃，秋之宜用翰，皆與其服色違遠，兩者不可兼也，故以馬
體應時令，而選其鬣與所尚之德合者以厭之。此其為秦說昭昭矣。」毛云：
「黑身白鬣曰雒。」孔謂「此義未知所出」。愚按：雒乃鳥名，即鴝鵒也。疑
馬之色似之，故以為名。此章以車以序推之，則駕田路之車也。「繹」者，抽
絲相聯續之義。毛以為「善走也」。孔云：「此章言田馬田獵尚疾，故言善走。」
今按：四色馬之中，舊說以駱馬為善奈勞苦，則其三可例觀也。「斁」，《說文》
云：「解也。」「思無斁」者，言當思如伯禽之隨事勵精，不可有厭倦。「作」，
即《易·震》卦「為作足」之「作」，謂奮迅而動作也。○**駉駉牡馬，在坰
之野，薄言駉者。有駰有騢，有驔有魚**，韻。《字書》作「驖」。《字林》
作「臚」。**以車祛祛。**魚韻。**思無邪**，叶魚韻，祥余翻。**思馬斯徂。**叶魚
韻，讀如諸，專於翻。○賦也。《爾雅》、毛《傳》皆謂「陰白雜毛曰駰」。郭

〔註51〕「犖」，四庫本作「犂」。按：《爾雅翼》卷二十二《釋獸五·騢》作「犖」。下
　　一處同。

璞云：「陰，淺黑，今之泥驄。」或云目下白，或云白陰，皆非也。陸佃云：「《詩》曰『我馬維騏』、『我馬維駱』、『我馬維駰』，其先後與《駉》之序合，則駰不如駱，駱不如騏矣。然是詩乃卒言駰者，以明馬雖彌劣，所以御之滋善。」《爾雅》、毛《傳》又謂「彤白襍毛曰騢。」「彤」者，赤也。《說文》亦謂「赤白襍毛也。」字右施彡，舊說謂色似蝦魚。徐鍇謂「色似霞」。郭云：「即今之赭白馬也。」按：此馬前五代宋時顏延之嘗為之賦，則亦良馬矣。「驔」，《說文》即以為「驪馬黃脊」。毛《傳》原本則云「豪骭曰驔。」孔釋毛《傳》，於「豪骭」下文增一「白」字，謂「骭者，膝下之名。《傳》言『豪骭白』者，豪毛在骭而白長也」。按：《說文》於「驔」字曰「馬豪骭」，而無「白」字。《爾雅》於驪馬黃脊者，名之為「騽」，不名「驔」也。毛《傳》以《說文》之「騽」為「驔」。《爾雅》以《說文》之「驔」為「騽」。何二馬之相混若是，俟博覽者正之。毛《傳》云：「二目白曰魚。」郭云：「似魚目也。」羅云：「相馬之說曰：『馬目欲得黃，又欲光而有紫豔。若目小而多白，則驚畏。』驚畏，馬之大病，故其序尤在後。」始者牧夫騏黃之色，純也。侵至騅駓之間色，以及於驔駱之不純，不得已而及於騢魚之驚畏。騢魚猶養之，則其德之儉可知矣。此有以見僖公之善牧馬也。陸云：「言『有驔有黃』於前，言『有驔有魚』於後，每章愈下，則以言至誠成物，有加而無已。《莊子》曰：『百里奚爵祿不入於心，故飯牛而牛肥。』殆此之謂也。」愚按：首章四馬惟驔黃二色，次章則主青赤二色居多，三章四馬皆是襍色，四章則主白色居多。《說文》無「祛」字，當通作「驅」，鄭玄云：「策馬謂之驅。」「以車祛祛」者，以駕給使之車，可以策逐而行也。「思無邪」者，範我馳驅之謂。「徂」，《說文》云：「往也。」御之有道，習之有法，故能變駑為良，而使之利往如此，是誠可思也。鄭云：「思遵伯禽之法，專心無復邪意，牧馬使可走行也。」又，《論語》：「子曰：『《詩》三百，一言以蔽之，曰：思無邪。』」按：今《詩》三百五篇，然當正考甫未得《商頌》之時，惟有《國風》及小、大《二雅》、周、魯《二頌》而已。除今《商頌》五篇，恰足三百之數，是知《詩》三百之云，非兼《商頌》言也。故王通有曰：「《詩》三百，始終於周」，正謂此也。其舉「思無邪」一言以蔽三百者，孔子自表其刪《詩》之意，贊凡作詩之人皆以無邪之思發之而為詩，故其所美者足以感發人之善心，其所刺者足以懲創人之逸志。雖似好色而不淫，雖似怨誹而不怒，是皆孔子所亟錄也。故他日曰：「小子何莫學夫《詩》。《詩》可以興，可以觀，可以群，可以怨。邇之事

父，遠之事君。」若使其思或邪，則其言必邪，當擯棄之不暇，而又何贅列之於經，以誤後學乎？明乎此，則凡在三百之內者，皆至正至嚴、可法可戒之篇。而朱子以為有淫奔自作之辭者，謬矣。聖人引此，雖是斷章取義，若合之《駉》頌本意，則人心之有思，其奔逸難制，猶之馬也，以「無邪」二字為之銜勒，自有所範而不得騁〔註52〕矣。聖人即執御可以見道，獨區區使馬云乎哉？

《駉》四章，章八句。《子貢傳》惟有「僖公」二字。《申培說》以為「史克美僖公考牧之詩」。朱《傳》亦云：「此詩言僖公牧馬之盛，繇其立心之遠。」皆祖述《序》語而誤者。今按：僖公雖頗能勤民，然城項、伐邾、取須句、取訾婁、取濟西、以楚伐齊，及夫人姜氏會齊侯於陽谷，種種皆譏。而始卜郊，又僭之大者。僅一從齊桓而老死牖下，謂立心之遠者固如是乎？且莊公之世，「新延廏」則書，而僖公畜牧之盛如此，經傳皆軼而不載，是豈可信哉？《序》特以此詩作於史克，與《閟宮》之詩同作，遂槩歸之僖公耳。明達君子必有然予言者。

晨風

《晨風》，秦穆公悔過也。此詩與《秦誓》相表裏。秦穆公信杞子潛師襲鄭之言，而不聽蹇叔、百里奚之諫，果為晉師所敗，獲其三帥百里孟明視、西乞術、白乙丙於殽以歸，乃作誓以自悔。其曰：「尚猷詢茲黃髮，則罔所愆。番番良士，旅力既愆，我尚有之。」又曰：「昧昧我思之，如有一個臣，斷斷兮無他技，其心休休焉，其如有容。人之有技，若己有之。人之彥聖，其心好之。不啻如自其口出，寔能容之。以能保我子孫黎民，尚亦有利哉！」即此詩思見君子之意。

鴥《釋文》作「鳷」。**彼晨**《說文》作「鸄」。**風**，叶侵韻，孚金翻。**鬱**《周禮注》作「宛」。**彼北林**。侵韻。**未見君子，憂心欽欽**。侵韻。**如何如何**，歌韻。**忘我實**豐氏本作「寔」。後同。**多！**歌韻。興也。「鴥」，毛《傳》云：「疾飛貌。」《爾雅》云：「晨風，鸇。」陸璣云：「鸇似鷂，青黃色，燕頷鉤喙，向風搖翅，乃因風飛急，疾擊鳩、鴿、燕、雀食之。」《列子》云：「鷂之為鸇，鸇之為布穀，布穀久復為鷂也。」陸佃云：「《禽經》曰：『鷢好風，

〔註52〕「騁」，底本誤作「聘」，據四庫本改。

鴟惡雨。』然則謂之晨風，可知也已。」「鬱」，《說文》云：「木叢生者。」「北
林」，林名。孔穎達云：「北林緣鬱茂之，故故晨風飛疾而入之。」程子云：「以
晨風興君子者，取其去來之疾。人君好賢待士有道，則賢者歸之；禮貌不至，
則浩然去矣。」愚按：晨風，鷙鳥，蓋以擬三帥也。「欽」，《說文》云：「欠
貌。」悚慄不安之狀，見於欠伸，故其字從欠。三帥自晉初歸穆公，傾心信
用，故自述其思而未得見之時，則憂心欽欽然，而又私自慮之曰：不知此時
君子之用情於我如何乎？如何乎？恐多是不復念我矣。夫北林也，尚為晨風
所集，寧謂我朝廷之上，可遂北林之不若哉？其輸誠也至矣。《左傳》：「殽之
役，晉人既歸秦帥，秦伯素服郊次，鄉師而哭，曰：『孤違蹇叔，以辱二三子，
孤之罪也。不替孟明，孤之過也。大夫何罪？且吾不以一眚掩大德。』秦大夫
及左右皆言於秦伯曰：『是敗也，孟明之罪也，必殺之。』秦伯曰：『是孤之罪
也。周芮良夫之詩曰：『大風有隧，貪人敗類。聽言則對，誦言如醉。匪用其
良，覆俾我悖。』是貪故也，孤之謂矣。孤寔貪以禍夫子，夫子何罪？』復使
為政。」正與此詩同意。及彭衙之敗，秦伯猶用孟明。孟明增修國政，重施於
民。趙宣子言於諸大夫曰：「秦師又至，將必辟之，懼而增德，不可當也。」
後復伐晉，取王官及郊，封殽尸而還，遂霸西戎，用孟明也。君子是以知秦穆
公之為君也，舉人之周也，與人之壹也。孟明之臣也，其不解也，能懼思也。
○**山有苞**《爾雅注》作「枹」。**櫟**，叶藥韻，歷各翻。**隰有六駁**。叶藥韻，
讀如膊，伯各翻。朱子本作「駮」。豐本「六駁」作「梓椟」。**未見君子，憂
心靡樂**。叶藥韻，歷各翻。**如何如何**，見前。**忘我實多！**見前。○興也。
「苞」，《爾雅》云：「稹也。」孫炎云：「木叢生曰苞。齊人名曰稹。」《爾雅》
云：「櫟，其實梂。」邢昺云：「櫟，似樗之木也。梂，盛實之房也。」陸璣云：
「秦人謂柞櫟為櫟，河內人謂木蓼為櫟，椒樧之屬也。其子房生為梂，木蓼
子亦房生。故說者或曰柞櫟，或曰木蓼也。璣以為此秦詩也，宜從其方土之
言柞櫟是也。」詳璣所言，則此所謂櫟，即《唐風·鴇羽》篇所謂「栩」。其
有以木蓼名櫟者，非此詩之櫟也。林兆珂云：「東海及徐州謂之木蓮，其葉始
生，食之味辛。其梂子八月中成，摶以為燭，明如胡麻燭。研以為羹，肥如胡
麻羹。」羅願云：《管子》五粟之土，其柘其櫟，條直以長。《淮南·時則訓》：
『十二月，其木櫟。』『櫟可以為車轂。木不出火，惟櫟為然，亦應陰氣也。』
〔註53〕」餘詳《唐風》。「六駁」，木名。崔豹云：「山中有木，葉似豫章，皮

〔註53〕此係高誘注《淮南子》「十二月官獄，其樹櫟」。

多癬駁。」毛《傳》以駁為獸名，乃倨牙食虎豹者。陸璣非之，云：「駮馬，梓榆也。其樹皮青白駁犖，遙視似駁馬，故謂之駁馬。下章苞棣、樹檖，皆山隰之木相配，不宜云獸。」羅云：「此木兼駮馬之名，又曰馬梓。今之檀木，皮正青而澤，與莢迷及此木相似，故俚語曰：『斫檀不諦得莢迷，莢迷尚可得駮馬。』夫鳥獸草木之類，特為難窮。其形之相似者，雖山澤之人，朝夕從事，有不能別。其名之相亂者，雖博物君子，習於風雅，有不能周。故野人伐檀而得駮，先儒訓駮而為獸，其去本遠矣。」蘇子云：「言六，未詳。」王肅云：「言六，據所見而言。」愚按：崔豹《古今注》以六駮為名，意即所云犖駮也。以音同，故通「犖」為「六」耳。嚴云：「山隰有草木，可以大國而無賢人乎？」愚按：「苞櫟」、「六駮」，以況剛健篤實之士，似指蹇叔也。憂之反為樂。曰「靡樂」者，言其憂之真也。○**山有苞棣**，叶實韻，徒四翻。**隰有樹檖**。實韻。《說文》作「㯕」。**未見君子，憂心如醉**。實韻。**如何如何**，見前。**忘我實多**！見前。興也。「棣」，常棣也。陸璣云：「白棣也，如李而小，子如櫻桃，正白。今官園種之。又有赤棣樹，亦似白棣，葉如刺榆，葉而微圓，子正赤，如鬱李而小，五月始熟。自關西、天水、隴西多有之。」按：《爾雅》云：「唐棣，栘。常棣，棣。」是棣之名，惟常棣得專之。毛《傳》以為「唐棣」，非是。《小雅》云：「常棣之華，鄂不韡韡。」秦子云：「作人當如常棣，灼然光發。」「樹檖」，謂成樹之檖。《爾雅》云：「檖，蘿。」毛《傳》云：「赤蘿也。」陸佃云：「其文細密如蘿，故曰蘿也。又有白者。赤蘿文棘，白蘿文緩。雖皆所謂文木，然而赤蘿為上。」郭璞云：「今楊檖也。實似梨而小，酢可食。」陸璣云：「一名山梨，一名鹿梨，一名鼠梨。今人亦種之，極有脆美者，亦如梨之美者。」愚按：「苞櫟」、「樹檖」，以況禮樂文章之士，似擬百里奚也。《公》、《穀》二傳載殽之役，百里奚與蹇叔皆諫。穆公怒曰：「若爾之年者，冢上之木拱矣。」又皆送其子而哭之。既而果匹馬隻輪無返者。穆公以詍詍之聲音顏色拒人，及敗而後悔之，恐奚與叔之終結舌以自遠也，故望之之切如此。朱子云：「『如醉』，則憂又甚矣。」

《晨風》三章，章六句。《序》以為「刺康公也。忘穆公之業，始棄其賢臣焉」。今按：康公之棄舊臣，事無所載。《申培說》則云：「秦君遇賢，始勤終怠，賢人譏之。」蓋緣篇中有「忘我實多」之語，然而不能定其世，則亦臆說耳。若朱子直以為「婦人念其君子之辭」，而引《屍廖歌》為證，且謂「秦俗固爾」，鄙誕殊甚。

交交黃鳥

《交交黃鳥》，本名《黃鳥》，以《小雅》亦有《黃鳥》，故加「交交」二字以為別。**哀三良也**。出《序》。**秦穆公卒，以子車氏之三子為殉，皆秦之良也。國人哀之**，出《左傳》。**刺穆公以人從死而作是詩也**。出《序》。○《左‧文六年》：「秦伯任好卒，以奄息、仲行、鍼虎為殉。君子曰：『秦穆之不為盟主也宜哉！死而棄民，先王違世猶詒之法，而況奪之善人乎！《詩》曰：『人之云亡，邦國殄瘁。』無善人之謂。若之何奪之！古之王者，知命之不長，是以並建聖哲，樹之風聲，分之采物，著之話言，為之律度，陳之藝極，引之表儀，予之法制，告之訓典，教之防利，委之常秩，道之以禮則，使毋失其土宜，眾隸賴之，而後即命，聖王同之。今縱無法以遺後嗣，而又收其良以死，難以在上矣。君子是以知秦之不復東征也。』」按：殺人以葬，旋環其左右曰殉。應劭云：「秦穆公與群臣飲酒酣，言曰：『生共此樂，死共此哀。』於是奄息、仲行、鍼虎許諾。及公薨，皆從死。」匡衡謂「秦穆貴信而士多從死」，即其事也。《史記‧秦本紀》云：「穆公卒，葬於雍，從死者百七十七人。秦之良臣子輿氏三人亦在從死之中，秦人哀之，為作歌《黃鳥》之詩。」孔穎達云：「從死者多矣，主傷善人，故言『哀三良也』。」

交交黃鳥，止于棘。職韻。**誰從穆公？子車**《史記》作「輿」。**奄息**。職韻。**維此奄息**，同上。**百夫之特**。職韻。**臨其穴**，叶質韻，戶橘翻。**惴惴其慄**。質韻。豐氏本作「懍」。後同。**彼蒼者天**，叶真韻，汀因翻。**殲我良人**。真韻。**如可贖兮，人百其身**。真韻。○興也。「交交」，群飛往來之貌。「黃鳥」，解見《葛覃》。曹氏云：「黃鳥聲音顏色之美，人所愛悅，猶三良為人之所愛也。」愚按：羅願《爾雅翼》稱「荊州每至冬月，於田畝中得土，堅圓如卵者，輒取以賣，破之，則鸎在其中，無復毛羽。蓋以土自裹伏，而土堅勁，候春始生羽，破土而出」。鸎即黃鳥也。詩意以三子埋在土中，無繇得出，故以寄慨。又，黃鳥一名鸝，性好匹飛，故其字從麗。亦三子同從穆公之比也。「棘」，樹低而多刺，非安集之所。陸佃云：「於文重束為棗，並束為棘，蓋棗性重喬，棘則低矣。故其製字如此。」亦或墓上有棘，故指所見言之。陶潛詩所謂「荊棘籠高墳，黃鳥聲正悲」是也。後放此。又，季本云：「黃鳥，善鳴者也。當時三良於穆公，必知無不言，言無不盡，交相往來，亦如黃鳥之善鳴而交交也。止于棘、桑、楚，人所共見之

地也。若止于丘隅，則人所不見而可以免矣。此見三良雖忠而未免傷於直也。」
彼「止于棘」，此「從穆公」，亦相呼應。「從穆公」者，從之於地下，謂從
死也。此事後之言。觀穆公稱諡可見。「子車」，服虔云：「秦大夫氏也。」
「奄息」，其名。以次章「仲行」推之，則序當居伯矣。「特」，朱子云：「傑
出之稱。」孔云：「言此人在百夫之中，乃孤特秀立。」「臨其穴」，謂登臨
子車壙穴之上。《括地志》云：「秦穆公冢在岐州雍縣東南二里。三良冢在雍
縣一里故城內。」然則二冢迥不相及，蓋從死而非同葬也。「惴」，《說文》
云：「憂懼也。」《說文》無「慄」字，但當作「栗」。栗至鏄發之時，將墜不
墜，有戰慄之象，故狀人之懼曰栗也。此詩人自道。若謂不意此人而所遭之
不幸若此。既悲善人之云亡，亦慮邦國之殄瘁，故憂懼交集也。「彼蒼者天」，
呼天而愬之。「殲」，《爾雅》云：「盡也。」《春秋》「齊人殲於遂」之「殲」。
通子車氏三子言之，故下二章皆同文也。「良」，善也。「良人」，謂奄息也。
「贖」，《說文》云：「貿也。」嚴粲云：「言此奄息之死，若可以他人贖代之，
則當以百人之身贖之，言百人不如一賢也。奄息為百夫之特，故願以百身贖
之。」後皆仿此。又，朱子云：「三人者不食其言，以死從君，而詩人不以
為美者，死不為義，不足美也。」蘇軾和陶淵明《三良》詩云：「此生泰山
重，忽作鴻毛遺。三子死一言，所死良已微。賢者晏平仲，事君不以私。我
豈犬馬哉，從君求蓋帷。殺身固有道，大節要不虧。君為社稷死，我則同其
歸。顧命有治亂，臣子得從違。魏顆真孝愛，三良安足希。仕宦豈不榮，有
時纏憂悲。所以靖節翁，服此黔婁衣。」李德裕云：「臣道莫顯於咎繇，孝
友莫盡於周公。咎繇尚不殉於舜、禹二后，周公尚不殉於文、武二王，三良詎
可許之死乎？如三良者，所謂殉榮樂也，非所謂殉仁義也，可與梁丘〔註54〕
據、安陵君同譏矣，焉得謂之百夫特哉？昔荀息許晉獻以言，繼之以死，君
子猶譏斯言之玷，不可磨也，豈得以生同榮樂、歿共埃塵以為忠乎？晏平仲
言君為社稷死則死之，斯言得之矣。」按：此責備三良，亦是正論。○**交交
黃鳥，止于桑。**陽韻。**誰從穆公？子車仲**《左傳注》作「中」。**行。**
叶陽韻，戶郎翻。**維此仲行，**同上。**百夫之防。**陽韻。**臨其穴，**見前。
惴惴其慄。見前。**彼蒼者天，**見前。**殲我良人。**見前。**如可贖兮，
人百其身。**見前。○興也。陸佃云：「黃鳥常甚熟時來在桑間。」黃佐云：
「桑，人所嘗採，鳥性見人則駭，與棘相似。」「仲行」，名也。「防」，《說

〔註54〕「丘」，四庫本作「邱」。

文》云：「堤也。」《禮記疏》云：「防以畜水，亦以障水。」蓋言其行有坊表，足為百夫之閑制，如水之有堤防也。○**交交黃鳥，止于楚**。語韻。**誰從穆公？子車鍼虎**。叶語韻，讀如許，喜與翻。**維此鍼虎**，同上。**百夫之禦**。語韻。**臨其穴**，見前。**惴惴其慄**。見前。**彼蒼者天**，見前。**殲我良人**。見前。**如可贖兮，人百其身**。見前。○興也。黃佐云：「楚，人所嘗刈，亦與前相似。」「鍼虎」，亦名，蓋子車氏之季也。「禦」，猶敵也，言其才德出眾，雖一人足以敵百夫也。按：《史記》：秦武公卒，葬雍平陽。初以人從死，從死者六十六人。四傳至穆公，遂用百七十七人，而三良與焉。又十五傳至獻公元年，始止從死。劉公瑾云：「古之葬者有明器，但備物，而不可用。如芻靈，亦其類也。不幸流俗之弊，而至於作俑，又不幸而至於用人。然作俑者，夫子且以為不仁，而謂『其無後』。況〔註55〕秦武公既用殉，傳至穆公而又用殉。夫子之言，似乎無驗。孰知穆公之後二十一傳至莊襄王，而以呂氏之子〔註56〕遂絕嬴氏之統。繼之始皇，不知所監。驪山葬後未三年，而呂氏之祀又絕。嗚呼！不仁之禍，及子孫如此！」

《交交黃鳥》三章，章十二句。《子貢傳》、《申培說》皆以「三良之殉歸咎於穆【公世子康公**營**】。董氏云：「陳乾昔子、魏顆皆從其治命，不以為殉，君子美之。然則康公得無罪乎？」而蘇軾亦云：「穆公生不誅孟明，豈有死而忍用其良。」〔註57〕罪康公也。今按：《左傳》惟以三良從死罪穆公，自當以《左傳》為據。孔穎達云：「不刺康公而刺穆公者，是穆公命從己死，此臣自殺從之，非後主之過也。」郝敬云：「秦染西戎惡俗，輕生好殺。三良之殉，穆公之志也。嗣君因先世遺風，重以厥考之命，自非賢哲，焉能獨已。使穆公有治命，能革其故，自可無此舉。生平悔過作誓，思以賢遺子孫。身死而自殲其善類，詩人所以惡之。」應劭云：「穆公受鄭甘言，違黃髮之計，而遇殽之敗，殺賢臣百里奚，以子車氏為殉，《詩·黃鳥》之所為作，故諡曰繆。」楊慎云：「《蒙恬傳》曰：『昔秦繆公殺三良而死，罪百里奚而非其罪也。』觀此，百里奚亦不終。」〔註58〕秦真少恩哉！繆公之諡非美，此又可證。按：《諡法》：「名與實爽曰繆。」通作「穆」耳。鄭樵所云「『繆』之為『穆』，借

〔註55〕「況」，劉瑾《詩傳通釋》卷六《黃鳥》同，四庫本作「先」。

〔註56〕「呂氏之子」，劉瑾《詩傳通釋》卷六《黃鳥》同，四庫本作「呂易嬴」。

〔註57〕蘇軾《秦穆公墓》：「昔公生不誅孟明，豈有死之日而忍用其良。」

〔註58〕《升菴集》卷五《二伯論》下：「《史記·蒙恬傳》曰：『昔者，秦殺三良而死，罪百里奚而非其罪也。』故立號曰繆。古之可證者若此，予言豈無稽哉！」

音不借義」是也。若朱子謂「臨穴而惴惴」，蓋生納之壙中。此惟二世無道，因始皇葬畢，或言工匠為機藏，故下外羨門，盡閉工匠，無復出者。三良從死，向無生閉之文，烏可厚誣也？】〔註59〕

詩經世本古義卷之二十五

閩儒何楷玄子氏學

周頃王之世詩一篇

何氏小引

　　《碩鼠》，晉譏也。士會奔秦，晉欲復之，使魏壽餘偽以魏叛而自歸於秦，因與之俱還晉焉。

碩鼠

《碩鼠》，晉譏也。士會奔秦，晉欲復之，使魏壽餘偽以魏叛而自歸於秦，因與之俱還晉焉。《左‧文十三年》：「晉人患秦之用士會也，夏，六卿相見於諸浮。趙宣子曰：『隨會在秦，賈季在狄，難日至矣，若之何？』中行桓子曰：『請復賈季，能外事，且絲舊勳。』郤成子曰：『賈季亂，且罪大，不如隨會，能賤而有恥，柔而不犯，其智足使也，且無罪。』乃使魏壽餘偽以魏叛者以誘士會，執其帑於晉，使夜逸。請自歸於秦，秦伯許之。履士會之足於朝。秦伯師於河西，魏人在東。壽餘曰：『請東人之能與夫二三有司言者，吾與之先。』使士會。士會辭曰：『晉人，虎狼也。若背其言，身死，妻子為戮，無益於君，不可悔也。』秦伯曰：『若背其言，所不歸爾帑者，有如河。』乃行。繞朝贈之以策，曰：『子無謂秦無人，吾謀適不用也。』既濟，魏人噪而還。秦人歸其帑。其處者為劉氏。」按：晉用譏計以復士會，而託之魏叛以誘秦，故此詩繫之《魏風》。其曰「三歲貫女」、「逝將去女」、「適彼樂

土」者,皆假設之辭也。魏之遺事,見於史傳者絕少,惟芮伯被逐並此而兩,而皆有一詩足為證佐云。

碩鼠碩鼠,無《石經》作「毋」。**食我黍。**叶霽韻,讀如豎,上主翻。**三歲貫**《石經》作「官」。**女,**音汝。後同。**莫我肯**《石經》、豐氏本俱作「冒」。**顧。**叶霽韻,果五翻。**逝將去女,**音汝。後同。《外傳》作「汝」。**適彼樂**音絡。後同。**土。**霽韻。**樂土樂土,**同上。**爰得我所。**叶霽韻,讀如數,爽主翻。○比而賦也。「碩」,大也。「碩鼠」,樊光謂即鼫鼠也。郭璞云:「形大如鼠,頭似兔,尾有毛,青黃色,好在田中食粟豆。關西呼為鼩鼠。」許慎云:「鼫鼠五伎。鼠也能飛,不能上屋;能游,不能渡谷;能緣,不能窮木;能走,不能先人;能穴,不能覆身。此之謂五伎。」陸璣云:「今河東有大鼠,能人立,交前兩腳於頸上,跳舞善鳴,食人禾苗,人逐則走入樹空中,亦有五伎,或謂之雀鼠。其形大,故云碩鼠也。魏,今河東河北縣也。詩言其方物,宜謂此鼠,非今大鼠,又不食禾苗。《本草》又謂螻蛄為石鼠,亦五伎。物異名同。」孔穎達云:「此經作碩鼠,不作鼫鼠之字,其義或如陸言也。」愚按:五伎之鼠亦名鼫鼠,《荀子》曰「鼫鼠五伎而窮」是也。此食禾苗者,一名雀鼠。陸佃以為即《廣雅》所云䶂鼠也。碩、䶂、雀音皆相近,宜可信。借為呼碩鼠而告之,以當呼聚斂之臣而斥之。首言「黍」者,黍,五穀之長,古人酒食皆用黍。其字以禾入水三字合。孔子曰:「黍可以為酒,禾入水也。」《儀禮·特牲》:「佐食搏黍。」《注》云:「獨用黍者,食之主。」又,《詩·頌》:「其饟伊黍。」《注》云:「豐年之時,雖賤者猶食黍。」明黍是貴也。「貫」,通作「摜」,《說文》云:「習也。」「三歲貫女」,言女習聚斂以為常,至今已三歲矣。又按:《石經》作「三歲官女」,蓋以服官三載,乃考績之期,故刺之。亦通。「顧」,還視也,猶念也。三歲遭虐,不為不久,而絕不肯一顧念其苦,此其所以恨也。「逝」,往也。「將去女」者,與之訣別之詞。「適」,《說文》云:「之也。」「樂土」,指鄰國也。連稱「樂土」者,喜談樂道彼土之可樂,以見其厭苦於此也。「爰」,曰也。「所」之言「處」,音之近也。「得我所」,猶言得其所安處也。○**碩鼠碩鼠,無食我麥。**叶職韻,紀力翻。**三歲貫女,莫我肯德。**職韻。**逝將去女,適彼樂國。**職韻。**樂國樂國,**同上。**爰得我直。**職韻。○比而賦也。羅願云:「麥者,接絕續之乏穀。夏之時,舊穀已絕,新穀未登,民於此時乏食,而麥最先熟,故以為重。董仲舒曰:『《春秋》於他穀不書,至無麥禾則書之,以此見聖人於五穀最重麥與禾也。』

因說武帝勸關中種麥。而《明堂月令》亦有仲秋勸種麥之文。其有失時，行罪無疑。凡以接續所賴，懼民不以為意耳。」今皆為碩鼠所食，則民之困甚矣。「德」，惠也。「莫我肯德」，謂不肯施惠於我也。「樂國」者，可樂之國。其君及有司皆以百姓為念也。「爰得我直」者，范祖禹云：「欲適彼有道之國而赴愬之，得其直。」嚴粲云：「直猶伸也。受抑於此而欲求伸於彼也。」○**碩鼠碩鼠，無食我苗。**叶豪韻，謨袍翻。**三歲貫女，莫我肯勞。**豪韻。**逝將去女，適彼樂郊。**叶豪韻，居勞翻。**樂郊樂郊，**同上。**誰之永**《釋文》作「詠」。**號？**叶豪韻，乎刀翻。豐氏本作「號」。○比而賦也。「苗」，《說文》云：「草生於田者。」字從草從田，會意。謝枋得云：「食黍不足而食麥，食麥不足而食苗。苗者，禾方樹而未秀也。食至於此，以比其貪之甚也。」「勞」，猶慰也。杜預云：「勞者，敘其勤以答也。」按：顧存諸心，德施諸政，勞發諸言。至慰人以言，而猶不肯，真可謂之憯毒矣。國外曰郊。繇郊以入其國也。「永號」，長呼也。蘇轍云：「欲適樂郊而不可得，故曰『誰為樂郊』，可長號而求之者哉？」愚按：若以此為魏壽餘之詩，則不惟挾魏人以往秦而已，且先播之聲詩，以鳴其愁苦不得已之意，秦人之聞而信之，固其宜矣。

《碩鼠》三章，章八句。王符云：「履畝稅而《碩鼠》作。」不知何據。《序》以為「刺重斂也。國人刺其君重斂，蠶食於民，不修其政，貪而畏人，若大鼠也」。朱子謂「此亦託於碩鼠，以刺其有司之詞，未必直以碩鼠比其君也」。嚴粲亦云：「碩鼠，指聚斂之臣。此輩奉承其君，以重斂於民。國史題其事於篇端，但曰刺重斂耳。其後說詩者乃以為刺其君若大鼠。」程子謂「《序》有失詩之意」者，此類是也。臣之奉行，繇君政使然，謂刺其君重斂可也。便以碩鼠為稱其君，不可也。《申培說》但謂「大夫貪戾，魏人怨之而作是詩」。或謂此見魏並於晉之繇。要之，依文生解，義亦無害。若《呂氏春秋》載「甯戚飯牛，居車下，望桓公而悲，擊牛疾歌」。高誘《注》以為「歌《碩鼠》」。考甯戚，衛人，當是以衛、魏同音之故，訛而指為此詩耳，未足信也。

詩經世本古義卷之二十六

閩儒何楷玄子氏學

周定王之世詩八篇

何氏小引

《汾沮洳》，晉人刺其大夫也。初，設〔註1〕公行、公族之官，而用非其人，故刺之。

《株林》，刺陳國君臣淫於夏姬也。

《東門之楊》，刺陳靈公淫於夏姬也。

《東門之池》，刺陳夏姬也，淫於一君二卿焉。

《月出》，陳靈公淫於夏姬，姬子徵舒將弒公，國人作此詩以諷。

《澤陂》，代為夏姬思陳靈公、儀行父、孔寧而作，蓋以醜之。

《旄丘》，責衛不恤鄰也。狄迫逐黎侯，黎侯求救於衛，衛不能救，黎之臣子怨之而作是詩也。

《式微》，黎侯寓於衛，其臣勸以歸也。

汾沮洳

《汾沮洳》，晉人刺其大夫也。出《子貢傳》。《申培說》同。初，設公路、公行、公族之官，而用非其人，故刺之。晉自成公即位，始有公族、餘子、公行之官。解見此詩首章下。官初設於晉，足證此詩乃晉詩，而非

〔註1〕詩正文有「公路」。

魏詩也。魏滅於晉獻公，成為獻孫，知與魏無涉也。其時趙括為公族大夫，趙盾為旄車之族。先是趙衰從公子重耳奔狄，狄人獲叔隗、季隗，納諸公子。公子取季隗，以叔隗妻趙衰，生盾。及反國，又以己女妻衰，生趙同、趙括、趙嬰。趙姬請逆盾與其母叔隗來，以盾為才，固請於公，以為適子，而使其三子下之，以叔隗為內子，而己下之。盾本庶子，故以公族讓括耳。然同乃括兄，同宜為公族，而以與括，亦不可曉。同食邑於原，括食邑於屏，故晉人呼同、括為原、屏，又呼括為屏季也。盾雖為旄車之族，而是時盾方執政，必不自為之。為此者，必其子趙朔矣。朔以宣十二年邲下車之難，而武方且畜於公宮。繼朔職者，不知誰代為之。其後趙嬰通於莊姬。莊姬者，朔妻也。原、屏放諸齊，莊姬為是故，譖原、屏將為亂，而晉景遂尸同、括。鄒忠胤云：「此詩所刺，意者其即譏朔、括之徒乎？夫事雖不可以成敗論，然屠岸賈治靈公之賊，請誅其子，遍告諸將，惟韓厥嘗畜於趙氏，故婉詞解之，而諸將無異議。賈蓋有所恃而動也，恃朔之無能為也，直如後世之尚主者耳。嬰嬰與莊姬通，罪固當討，然同、括不請於君而擅放之，豈得為無罪？觀邲之役與救鄭之役，二人勇而銳於戰，幾再敗晉師，斯不亦妄庸監子哉！何以堪公族之任？故愚意詩人所譏，即以為朔與括亦可。蓋成公初設此官，而諸人不稱其職，是以貽譏。」按：《春秋》，魯宣公二年秋九月，晉人弒靈公而立成公。十月，周匡王崩，定王即位。故繫此詩於定王之首。詳玩詩意，深刺君疏遠公室而信任卿族，且所用者又皆不得其人，故因汾水之間有賢人隱居而不得位者，藉以相擬。其起興於採莫、採桑、採薈，猶曰人才無地不生耳。

彼汾沮洳，叶遇韻，讀如孺，儒遇翻。**言采其莫**。叶遇韻，莫故翻。**彼其之子，美無度**。遇韻。美無度，同上。**殊異乎公路**。遇韻。○興也。《山海經》云：「管涔之山，汾水出焉。」在今山西太原府靜樂縣。《地理志》云：「西南至汾陰入河。」在今平陽府榮河縣。蘇轍云：「汾水出於晉，其流及魏。」《晉語》：「宰孔曰：『晉景霍以為城，汾、河、涑、澮以為淵。』」「沮」，與《王制》「沮澤」之「沮」同義。方氏云：「小而水所止曰沮，大而水所止曰澤。」「洳」，《說文》云：「漸濕也。」朱子云：「沮洳，水浸處下濕之地。」「莫」，毛《傳》云：「菜也。」陸璣云：「莫，莖大如箸，赤節，節一葉，似柳葉，厚而長，有毛刺。今人緝以取繭緒。其味酢而滑，始生可以為羹，又可生食。五方通謂之酸迷，冀州人謂之乾絳，河、汾之間謂之莫。」陸佃云：「其子如楮實而紅，謂之乾絳，蓋以此也。今吳、越之俗呼為茂子。」「彼其之子」，

指賢人也。鄭玄云：「是子之德，美無有度，言不可尺寸。」孔云：「不可以尺寸量也。」重言「美無度」，有怪而惜之之意。後放此。「殊」，即異也。「公路」，官名。孔云：「以其主君路車，謂之公路。」按：《左傳‧宣二年》：「初，驪姬之亂，詛無畜群公子。自是晉無公族。及成公即位，乃官卿之適子而為之田，以為公族。又官其餘子，亦為餘子。其庶子為公行。晉於是有公族、餘子、公行。趙盾請以括為公族。盾為旄車之族。」據此，則公族以適子為之，公行以庶子為之。其稱餘子者，杜預以為「適子之母弟也」。盾辭公族而為旄車之族，乃餘子之職，意即所為公路者耳。「旄車」，亦作「軞車」，服虔以為「戎車之倅」。倅者，副也。公行以主君兵車之行列得名，而旄車為之副。然則公路小於公行，而公行又小於公族，故三章先後之序云爾。詩意言汾水之旁漸濕，所及之地，有莫生焉，採之可以供食用之需，以興彼其之子，其德不可涯涘，亦猶汾水之旁浸者然。據今所見，其備員公路之官者，皆莫之能擬也。然乃賢者不用而所用者皆不賢，何與？後放此。○**彼汾一方**，陽韻。**言采其桑**。陽韻。**彼其**《韓詩外傳》作「己」。下章同。**之子，美如英**。叶陽韻，於良翻。**美如英**，同上。**殊異乎公行**。叶陽韻，寒剛翻。○興也。「一方」，朱子云：「彼一方也。」上章「沮洳」，乃廣指汾旁所浸之地。此則就近水之處而言，比前為差狹矣。採桑，所以供蠶事。「英」者，草木之華也。「如英」、「如玉」，皆摹擬之辭。於彼汾一方想見之，猶《秦風》云「所謂伊人，在水一方」者。《韓詩外傳》云：「君子有主善之心而無勝人之色，德足以君天下而無驕肆之容，行足以及後世而不以一言非人之不善，故曰君子盛德而卑，虛己以受人，旁行不流，應物而不窮，雖在下位，民願戴之。雖欲無尊，得乎哉？《詩》曰：『彼己之子，美如英。美如英，殊異乎公行。』」○**彼汾一曲**，沃韻。**言采其藚**。沃韻。**彼其之子，美如玉**。沃韻。**美如玉**，同上。**殊異乎公族**。叶沃韻，讀如濯，直角翻。○興也。「一曲」，朱子云：「謂水曲流處。」比一方又狹矣。班固《地理志》云：「魏國亦姬姓也，在晉之南河曲，故《詩》曰『彼汾一曲』、『寘諸[註2]河之側』。」《爾雅‧釋草》云：「藚，牛唇。」李巡云：「別二名。」郭璞云：「水蕮也，如續斷，寸寸有節，拔之可復。」陸璣云：「今澤瀉也。葉如車前而大，味亦相似。徐州、廣陵人食之。」《本草》云：「一名水瀉、及瀉、芒芋、鵠瀉。」陶隱居云：「葉狹長，叢生諸淺水中。《仙經》：服食斷穀皆用之。亦云身輕，能步行水上。」《圖

經》云:「春生苗,多在淺水中,葉似牛舌,獨莖而長。秋開白花,作藜,似穀精草。」採藚,所以治疾。「公族」,鄭云:「主君同姓昭穆者。」晉以卿大夫之適子為之,不必君之同姓。《左傳》,晉悼公時,「荀蒙〔註3〕、荀檜〔註4〕、欒黶、韓無忌為公族大夫,使訓卿之子弟」是也。悼公曰:「荀蒙〔註5〕惇惠,荀檜〔註6〕文敏,黶也果敢,無忌鎮靜。夫膏粱之性難正也,使惇惠者教之,則遍而不倦;使文敏者道之,則婉而入;使果敢者諗之,則過不隱;使鎮靜者修之,則壹。」味悼公此言,則公族之選可識矣。《韓詩外傳》云:「君子易和而難狎也,易懼而不可劫也,畏患而不避義死,好利而不為所非,交親而不比,言辨而不亂,蕩蕩乎其義不可大也,嗛乎其廉不可劌也,溫乎其仁厚之寬大也,超乎其有以殊於世也。《詩》曰:『美如玉。美如玉,殊異乎公族。』」

《汾沮洳》三章,章六句。《子貢傳》、《申培說》篇名皆作《彼汾》。○《序》以為「刺儉也。其君儉以能勤,刺不得禮也」。今按:篇中絕不見有所云「儉以能勤」者。鄭玄即以「采莫」、「采桑」、「采藚」當之。然以國君而躬行采菜,有是事否?或曰:此影語也。人主而親細民之事為勤儉,則有並耕而治,數米而炊,如沮洳采莫之為者矣。果爾,則篇中曰「彼其之子」,又曰「殊異乎公路」,何以稱焉?崔靈恩《集注》於此《序》「其君儉以能勤」句,「君」下有「子」字。王肅、孫毓皆以為大夫也。朱子從之,而第不取其采菜之說,但以章首二句為興體。愚不知其所謂興意安在,為美為刺,皆不可解。且以「殊異乎公路」等語謂刺「其儉嗇褊急之態,外〔註7〕不似貴人」,是矣。然上文曰「美無度」、「美如英」、「美如玉」,不應極其讚美若此。如英、如玉,政自其氣象見之。彼儉嗇褊急者果能有此氣象否乎?既已如英、如玉矣,奈何云「不似貴人」乎?似亦難為下轉語矣。諸儒所以相沿,總之為篇次所誤。見此詩繫於《葛屨》之下,於是附會牽連而為之說,曰女手縫裳,采桑采莫,正與公儀休拔園葵、去織婦者相反,以貴族而與細民爭利,其國之困窮可知。噫!說誠辨矣,祇恐詩人失笑於千載之上也。讀《韓詩外傳》二則無貶辭,愚故竊於此得詩義焉。又按:晉卿族太盛,其後三卿卒以分晉。詩人倘亦有慨於中,故於公路、公行、公族之官深致其不滿之意與?

〔註3〕「荀蒙」,《左傳‧成公十八年傳》作「荀家」。
〔註4〕「荀檜」,《左傳‧成公十八年傳》作「荀會」。
〔註5〕「荀蒙」,《國語‧晉語七》作「荀家」。
〔註6〕「荀檜」,《國語‧晉語七》作「荀會」。
〔註7〕「外」,《詩集傳》作「殊」。

株林

《株林》，刺陳國君臣淫於夏姬也。何以知為刺陳國君臣也？以「乘馬」、「乘駒」之語知之。乘馬者，靈公；乘駒者，孔寧、儀行父。

胡為乎株林？侵韻。**從夏南！**叶侵韻，女今翻。**匪適株林，**見上。**從夏南！**見上。○賦也。「胡」之言「何」，蓋音近也。「株林」，王氏以為株邑也。按：邑外曰郊，郊外曰牧，牧外曰野，野外曰林。據詩中曰「株林」，又曰「株野」，又曰「株」，王氏之言是也。《郡國志》陳縣注云：「陳有株邑，蓋朱襄之地。」《郡縣志》云：「宋州柘城縣，本陳之株邑，在寧遠縣南七十里。」《寰宇記》云：「陳州南頓縣西南三十里有夏亭城，城北五里有株林，夏南夏徵舒也。」孔穎達云：「《楚語》：『昔陳宣公子公子夏，為御叔娶於鄭穆公女，生子南。』徵舒祖字子夏，故為夏氏。徵舒字子南，以氏配字，謂之夏南。楚殺徵舒，《左傳》謂之『戮夏南』，是知夏南即徵舒也。實從夏南之母言。從夏南者，婦人夫死從子，夏南為其家主，故以夏南言之。」朱子云：「淫乎夏姬，不可言也，故以從其子言之。詩人之忠厚如此。」按：《禮》：「寡婦之子，非有見焉，弗與為友。」遠嫌也。況從其子而淫於寡婦乎！國人不欲斥言之，故相與語曰：我國君大夫何故偕往株林乎？或對之曰：從夏南耳聞者。又微其辭而為之隱曰：是必無君臣同往從夏南之理，恐非適彼以從夏南也。嚴粲云：「依違言之，而譏之最切矣。」○**駕我乘馬，**韻。**說**音稅。豐氏本作「稅」。**于株野。**馬韻。**乘**平聲。**我乘**去聲。**駒，**虞韻。《釋文》作「驕」。舊音駒。沈云：「或作『駒』字，是後人改之。《皇皇者華》篇內同。」**朝**豐氏本作「鼂」。**食于株！**虞韻。○賦也。具車馬曰駕。《孟子》「乘輿已駕」是也。陸佃云：「諸侯乘馬駕四。」「我」，代君自我。下文「我」，則代大夫自我也。「說」，《說文》云：「釋也。」猶舍止也。「株野」，說見上章。「乘我」之「乘」，與「駕」義同。「乘駒」，四駒，與「乘馬」同。鄭云：「馬六尺以下曰駒。」毛《傳》云：「大夫乘駒。」孔云：「《皇皇者華》說大夫出使，經謂『我馬維駒』，是大夫之制，禮當乘駒也。」陸云：「馬二歲曰駒。大夫乘駒，蓋駒血氣未定，則有蹄齧之虞，故大夫乘之。又從句，字音拘，則以血氣未定，宜拘執之焉耳。」曰「朝食于株」，則在株越宿可知。此章答上「匪適株林」二語，曰：爾謂彼適株南〔註8〕者非從夏南也，然則彼駕乘馬者方且說于株野，彼乘乘駒

〔註8〕「南」，四庫本作「林」。

者方且朝食于株，此非從夏南而何？曰「株林」，則其地尚泛。緣「株林」而「株野」，緣「株野」而「食于株」，明明在夏南之所居矣。於乘馬者言稅野，於乘駒者言朝食，互相備也。抑又若甚大夫之惡以為君諱者。然所刺之大夫，則孔寧、儀行父是也。呂祖謙云：「駕言乘馬，則舍於株野矣。乘我乘駒，則又食於株矣。雖欲為之隱，亦不可得也。」《周語》：「單襄公曰：『先王之令有之曰：于天道賞善而罰淫。故凡我造國，無從非彝，無即慆淫，各守爾典，以承天休。今陳侯不念胤續之常，棄其伉儷妃嬪，而帥其卿佐以淫於夏氏，不亦瀆姓矣乎？』」即此詩所詠也。按：徵舒父御叔，於靈公為從祖父，故曰「瀆姓」。朱善云：「衛之亂，至於《牆有茨》而極，於是有狄入衛之禍。陳之亂，至於《株林》而極，於是有楚入陳之禍。然則狄非能入衛也，宣姜實召之也；楚非能入陳也，夏姬實召之也。此所謂女戎也。比事以觀，可以為淫亂者之戒矣。」

《株林》二章，章四句。《序》云：「刺靈公也。淫乎夏姬，驅馳而往，朝夕不休息焉。」《申培說》云：「陳靈公通乎夏姬，國人刺之。」《子貢傳》亦同。然則言乘馬，又言乘駒，當作何解？豈靈公忽而乘馬，又忽而乘駒乎？

東門之楊

《東門之楊》，刺陳靈公淫於夏姬也。《周語》：「定王六年，單襄公假道於陳，以聘於楚。火朝覿矣，道茀不可行也。司空不視塗，場功未畢，民將築臺於夏氏。及陳，陳靈公與孔寧、儀行父南冠以如夏氏，留賓弗見。」今按：此詩言楊「葉牂牂」、「肺肺」，皆赤色也。霜降後則楊葉色赤，正心星晨見之時，而辭又近淫奔之語，是以知為刺淫於夏姬也。

東門之楊，陽韻。其葉牂牂。陽韻。昏以為期，明星煌煌。陽韻。○楊賦也。木有黃、白、青、赤四種。以下文「牂牂」推之，此楊正謂赤楊耳。「其葉牂牂」，紀時也。「牂」，羊名。《說文》以為「牡羊」，毛《傳》以為「牝羊」。言牝近之。愚博求其義，則牂乃赤色羊也。按：《前漢書‧天文志》云：「牂雲如狗赤色。」又，太歲在午，曰敦牂。午亦火德，其色赤，則牂之為赤色也明矣。曰「牂牂」者，明其葉葉俱赤，如牂羊之色然也。陸佃云：「赤楊霜降則葉赤，材理亦赤。」「昏」，本作「昬」，《說文》云：「日冥也。」「期」，

《說文》云:「會也。」謂訂其相見之期會也。「明星」,解見《雞鳴》篇。「煌」,《說文》云:「輝也。」「輝」者,火光也。曰「煌煌」者,光之盛也。靈公經東門而適株邑,以淫於夏姬,其相訂約,皆以昏為期。及至啟明之星煌煌然,而猶盤桓不忍去也。此詩當與《月出》、《株林》二篇合看。曰「月出皎兮,佼人僚兮」,則「昏以為期」可知矣。曰「乘我乘駒,朝食于株」,則何但「明星煌煌」而已哉!○**東門之楊**,此章「楊」字不用韻。**其葉肺肺**。叶霽韻,讀如嘒,呼惠翻。**昏以為期,明星晢晢**。叶霽韻,徵例翻。《易》「明辨晢也」之「晢」,與「晰」不同,彼從析,此從折。○賦也。「肺」,五臟之一。《周禮》:「以肺石達窮民。」《注》云:「肺石,赤石也。」《疏》云:「肺屬南方火,火色赤,肺亦赤。」曰「其葉肺肺」者,言葉之色似之,亦明其非一葉也。又肺之色比牂為更赤,然則楊葉之色肺肺然,為深於霜降之時矣。此以見公之淫於夏氏不一而足,《株林》之《序》所謂「驅馳而往,朝夕不休息」者也。「晢」,《說文》云:「昭晰明也。從日,折聲。」引《禮記》「晰明行事」之「晰」。徐鍇云:「今《禮記》作『質明』,假借也。」「明星晢晢」,蓋天將曉而東方明之時,小星已不見,惟明星尚了了可辨也。

《東門之楊》二章,章四句。《序》云:「刺時也。昏姻失時,男女多違,親迎,女猶有不至者也」。今按:經文有「昏」字。禮:娶婦以昏。而霜降亦昏姻之時。荀卿謂「霜降逆女,冰泮殺止」,《家語》謂「霜降而婦功成,嫁娶者行焉」是也。從其說,亦自可通。特以親迎不至,雖曰失禮,然亦猥事。必如此一一盡錄之經,恐里巷歌謠不勝錄矣。朱子又改為「男女期會而負約之辭」。郝敬非之,云:「暮夜郊外,林莽相期,惟恐人知,又自詩以傳乎?非情也。」《子貢傳》有「朋友」二字,而下文闕,不知其意云何。章潢以為「刺失信義也。託言黃昏為期,而至於明星煌煌、晢晢,則失其為約矣」。語意近似,而要無稽據。《申培說》闕文。

東門之池

《東門之池》,刺陳夏姬也,淫於一君二卿焉。按:《左傳》:「陳靈公與孔寧、儀行父通於夏 [註9] 姬,皆衷其衵服,以戲於朝。洩冶諫曰:『公卿宣淫,民無效焉。』」《穀梁傳》亦云:「陳靈公通於夏徵舒之家,公孫寧、儀

〔註9〕「夏」,底本誤作「賈」,據四庫本、《左傳·宣公九年》改。

行父亦通其家，或衣其衣，或衷其襦，以相戲於朝。」即此詩所詠也。篇中曰
「彼美淑姬」，故知為刺夏姬也。

東門之池，可以漚麻。叶歌韻，眉波翻。**彼美淑**陸德明本、豐氏本俱作
「叔」。後同。**姬，可與晤歌。**韻。○興也。「池」，毛《傳》云：「城池也。」
孔安國云：「停水曰池。」孔穎達云：「以池係門言之，則此池近在門外。諸詩
言東門，皆是城門，故以池為城池。」《郡縣志》云：「東門池在陳州城東門內
道南。」《水經注》云：「陳城，故陳國也。東門內有池，池水東西七十步，南
北八十許步，水至清潔，而不耗竭，不生魚草。水中有故臺處，《詩》所謂『東
門之池』也。」「漚」，《說文》云：「久漬也。」毛云：「柔也。」孔云：「謂漸
漬之，使之柔韌也。」東門之外有池水，可以漚柔麻草，使可緝績。愚按：詩
之興意，以東門之池乃公共之所，人人可往，無禁止也。「漚」者，漸漬之辭，
猶云可以浸淫而無害也。「麻」，解見《丘中有麻》篇。《春秋說題辭》云：「麻
之為言微也。陰精寢〔註10〕密，女作纖微也。麻生於夏，夏衣物成禮儀，故
麻可以為衣。陽成於三，物以化，故三變縷布也。」宋均曰：「麻枝葉成謂之
衣，三變：生成形，一變也；漚取皮，二變也；積成為縷，三變也。」「彼美
淑姬」，指夏姬，鄭穆公之女，姬姓。云「美淑」者，反言之也。又，陸德明
本「淑」作「叔」。按：姬為鄭靈公之妹，以長幼序之，故云叔姬。謂之「彼
美」，正美其色耳。「晤」，《說文》云：「明也。」字從日。劉熙云：「人聲曰
歌，柯也。以聲吟詠，如草木之有柯葉。」徐鍇云：「長引其聲以誦之也，謂
之晤。」「歌」者，言相與和歌於白晝之下，非幽隱無人之地也。下仿此。殷
大白云：「池也而漚麻，淑姬也而晤歌，其為用亦鄙矣。」○**東門之池，可
以漚紵。**語韻。陸本、豐本俱作「苧」。**彼美淑姬，可與晤語。**韻。○興
也。「紵」，《說文》云：「檾屬。細者為絟，粗者為紵。」陸璣云：「紵亦麻也，
科生，數十莖，宿根在地中，至春自生，不歲種也。荊、揚之間一歲三收。今
官園種之，歲再割，割便生。剝之以鋮若，竹刮其表，厚皮自脫，但得其裏韌
如筋者，煮之用緝，謂之徽紵。今南越紵布，皆用此麻。」「語」，《說文》云：
「論也。」徐鍇云：「論難曰語。語者，午也，言交午也。」○**東門之池，
可以漚菅。**叶先韻，居賢翻。**彼美淑姬，**《列女傳》作「孟姜」。**可以晤**
《列女傳》作「寤」。**言。**叶先韻，倪堅翻。○興也。《爾雅》云：「白華，野

菅。」陸璣云:「菅似茅而滑澤,無毛,其根如渣芹而甜。根下五寸中有白粉者,柔韌宜為索,漚及曝,尤善也。」邢昺云:「白華亦茅類也,漚之柔韌,異其名謂之為菅。因謂在野未漚者為野菅耳。」濮一之云:「《左傳》:『雖有絲麻,無棄菅蒯。』蒯與菅,皆謂苔也。黃華者,俗名黃芒,即蒯也。白華者,俗名白芒,即菅也。」范祖禹云:「菅可為屨。」許慎云:「直言曰言,論難曰語。」徐云:「凡直言者,無所指引借譬也。」又,《周禮注》云:「發端曰言,答述曰語。」愚按:此詩三章語意相類,非徒取變文叶韻已也。誠見一姬耳,而有與之歌者,又有與之語者,又有與之言者,其穢德彰聞為已甚矣。直書其事而醜自見,猶之一東門之池,而麻漚焉,紵漚焉,菅亦漚焉,尚復有清池哉?姬淫於陳靈公、孔寧、儀行父,適符三人之數。又,古人貴麻,與絲並言,故《說文》曰「衣錦褧衣」,《曹風》曰「麻衣如雪」,所謂「雖有絲麻,不棄菅蒯」是也。然則麻以比靈公,而紵與菅則孔、儀二人之況耳。詩之屬辭精切而渾厚不露如此。

　　《東門之池》三章,章四句。《子貢傳》、《申培說》俱闕文。朱子以為「男女會遇之辭。蓋因其會遇之地、所見之物以起興」。然則夫子何以錄之於經乎?《序》云:「刺時也。疾其君之淫昏而思賢女以配君子也。」舊說遂以淑姬為所思之賢女,欲藉其晤歌、晤言為成德之助。言陳君荒淫無度,不可告語,其君子無可奈何,但因其好色,思得淑女為其配耦,日夜處而無間,與之對歌,以相切化,庶幾優柔而漸入之,如池之漚麻,漸漬而不自知也。於義迂甚。

月出

《月出》,陳靈公淫於夏姬,姬子徵舒將弒公,國人作此詩以諷。靈公,名平國。《春秋·宣十年》:「五月癸巳,陳夏徵舒弒其君平國。」據《周語》,實定王之八年也。《左傳》云:「陳靈公與孔寧、儀行父飲酒於夏氏,公謂行父曰:『徵舒似女。』對曰:『亦似君。』徵舒病之。公出,自其廄射而殺之。」《史記》亦云:「靈公十五年,與二子飲於夏氏。罷酒出,徵舒伏弩廄門,射殺靈公。」此詩篇中三言「舒」字,指夏徵舒也。殺機已動,而公猶不知止,故國人作此詩以諷告之。諺云:「奸近殺。」可畏哉!三復此詩,為之毛悚。汪克寬云:「禮稱諸侯非問疾弔喪而入諸臣之家,是謂君臣為謔。注者謂陳靈公數如夏氏,以取弒焉。夫人君之舉動,尚謹於嫌疑之際,而不可輕

也，況可紊男女之別，恣鳥獸之行！其不為朱溫之萬段者幾希矣。」張洽云：「古人以禮為防閑。而人君之尊，有妃偶嬪御之侍，有居處出入之奉，有廉恥羞惡之限，所以養其尊貴者至矣，何至驅馳於株林以為樂哉？考之《外傳》，單子如楚過陳，歸而告王，以陳侯帥其卿佐南冠以淫於夏氏，陳侯不有大咎，國必亡已。見之於三年之前矣，能無及乎？觀《春秋》所書弒君，如陳平國、齊光、蔡固，以千乘之主而自儕於閭巷小人所不為者。心術之惑，可不戒哉！」

月出皎筱韻。陸德明本、豐氏本俱作「皦」。**兮，佼**《石經》、陸本、豐本俱作「姣」。後同。**人僚**筱韻。陸本作「嫽」。豐本作「遼」。**兮。舒**豐本作「紓」。後同。**窈糾**叶筱韻，舉天翻。**兮，勞心悄**筱韻。**兮。**賦也。○郝敬云：「月主陰，司昏。俾夜作晝，比女色也。」「皎」，《說文》云：「月之白也。」「佼」，《說文》云：「交也。」從人從交。「佼人」，交乎夏姬之人，指靈公也。「僚」，《說文》云：「好貌。」當月出之時而見此交夏姬之人，僚然姣好，與皎月相映也。「舒」，夏徵舒也。舉名以告，詩人之辭亦顯矣。「窈」，《說文》云：「深遠也。」以處心積慮言。「糾」，《說文》云：「繩三合也。」取以象徵舒意中憤恨絞急之狀。曰「勞心」者，國人自謂也。國人憂其君之將見弒，故憂思之甚而至於心勞也。後仿此。「悄」，徐鍇云：「憂思低小也。」錢氏以為「默憂」是也。此第一章，摹寫公初見夏姬而其子徵舒邑邑不自得之容如此。○**月出皓**韻。豐本作「皜」。**兮，佼人懰**叶皓韻，胡老翻。《埤蒼》作「嫽」，云：「妖也。」陸本、《群經音辨》俱作「劉」。豐本作「藐」。**兮。舒懮受**叶皓韻，時倒翻。**兮，勞心慅**叶皓韻，採蚤翻。**兮。**賦也。「皓」，本作「顥」，《說文》云：「白貌。」「懰」字《說文》不載，當作「劉」，殺也。憂靈公交乎夏姬，將見殺也，如是詩人之辭抑又顯矣。「懮」字《說文》亦不載，當即「慐」字，愁也。《楚辭》云「傷余心之懮懮」是也。「受」，《說文》云：「相付也。」徐鍇云：「上下相受也。」蓋不勝其傷心之痛，而私有所授意於人，將以圖公也。「慅」，《說文》云：「動也。」王安石云：「言不安而騷動也。」○**月出照**嘯韻。豐本作「燎」。**兮，佼人燎**叶嘯韻，力照翻。豐本作「窅」。**兮。舒夭紹**叶嘯韻，時照翻。**兮，勞心慘**叶嘯韻，讀如峭，七肖翻。朱子云：「當作『懆』。」《五經文字》作「懆」。豐氏本作「剽」。**兮。**賦也。「照」，《增韻》云：「明所燭也。」「燎」，《說文》云：「放火也。」舒弒計已成，公將遇害，如火之燎於原，不可向爾也。「夭」，《說文》云：「屈也。」徐云：「夭矯其頭頸也。」「紹」，《說文》云：「緊糾也。」不反顧，無二慮之意。「慘」，

毒也，猶痛也。君父遭難，其可毒痛孰如之！夫既明斥舒名以告君矣，而公終不悟，愚哉！其後，宣十一年冬，楚莊王為陳夏氏亂，故伐陳。謂陳人無動，將討於少西氏，遂入陳，殺夏徵舒，轘諸栗門。少西者，徵舒祖子夏之名。《楚語》：「蔡聲子曰：『昔陳公子夏為御叔娶於鄭穆公，生子南。子南之母，亂陳而亡之，使子南戮於諸侯。』」

　　《月出》三章，章四句。《子貢傳》闕文，但存「朋友」二字。《申培說》以為「朋友相期不至而作」。即如所言，「相期不至」亦是常事，而永夜怫鬱若此，近於溺矣。《序》云：「刺好色也。在位不好德，而說美焉。」意亦近之，而於義甚泛。朱子改為「男女相悅相念之辭」，不獨理味索然，抑且有害風教，聖人何為而不刪之乎？

澤陂

《澤陂》，代為夏姬思陳靈公、儀行父、孔寧而作，蓋以醜之。《序》云：「刺時也。言靈公君臣淫於其國，男女相說，憂思感傷焉。」錢天錫云：「蓋女思男之辭。觀『碩大且卷』、『碩大且儼』可見。如『涕泗滂沱』、『輾轉伏枕』，宛是婦人的光景。」〔註11〕愚按：此必夏姬之作，或國人代為之言以志刺。其在靈公被弒，孔寧、儀行父奔楚之後乎？《序》所謂「男女相說」，男則一君二卿是也，女即夏姬是也。

彼澤之陂，有蒲《讀詩記》、豐氏本俱作「蒲」。《風俗通》作「藪」。與荷。歌韻。樊光《爾雅注》作「茄」。有美一人，傷《魯詩》作「陽」，云：「予也。」如之何？歌韻。寤寐無為，涕泗滂沱。歌韻。○興也。「澤」，《國語》云：「水之鍾也。」應劭引傳云：「水草交厝，名之為澤。澤者，言其潤澤萬物，以阜民用也。」「陂」，毛《傳》云：「澤障也。」孔穎達云：「謂澤畔障水之岸。」「蒲」，《說文》云：「似莞而褊，有脊，滑柔而溫。」陸佃云：「水草也。生於水厓，可以為席。故禮，男執蒲璧，言有安人之道也。」嚴粲云：「按：《斯干》『下莞』，《箋》云：『小蒲。』則莞精蒲粗矣。」《左傳》云：「澤之莞蒲，舟鮫守之。」《名物解》云：「蒲，香草也。生於春，盛於夏，與荷同其榮枯。」「荷」，《爾雅》云：「芙蕖，其莖茄，其葉蕸，其本蔤，其華菡萏，

〔註11〕（明）錢天錫《詩牖》卷四《澤陂》。（《四庫全書存目叢書》經部第67冊，第586頁）

其實蓮，其根藕，其中的，的中薏。」陸佃云：「荷，總名也。葉華等名具眾義，故以不知為問，謂之荷也。昔人正名百物，有是哉？」郭璞云：「今江東人呼荷華為芙蓉，北方人便以藕為荷，亦以蓮為荷。蜀人以藕為茄，或用其母為葉名，或用根子為母葉號，此皆名相錯，習俗傳誤，失其正體者也。」羅願引《周書》云：「魚龍成則藪澤竭，藪澤竭則蓮藕掘。」孔云：「以陂內有此二物，故舉言之，非生於陂上也。」郝敬云：「淫義生於水，故以澤比。蒲、荷、蕑、菡萏皆柔弱浸淫之物，水草相依，比男女相狎。」《荀子》云：「與時屈伸，柔從若蒲葦。」陸佃云：「荷善傾欹，蒲無骨幹而柔從。」愚按：三章皆言蒲，蓋蒲所以為席，故姬取以自況，荷與蕑菡萏別言之，則公與孔寧、儀行父三人之況也。首言荷，興靈公也。「有美一人」，正指靈公傷痛也。《曲禮》云：「知生者弔，知死者傷。」公既被弒，故云「傷如之何」也。《說文》云：「寐覺而有言曰寤。」「無為」，言他無所事也。「涕」，《說文》云：「泣也。」毛云：「自目曰涕，自鼻曰泗。」孔云：「經傳言隕涕、出涕，皆謂淚出於目。泗既非涕，亦涕之類，明其泗出於鼻也。」又，《素問》云：「涕之與泣，譬人兄弟，急則俱死，生則俱生。」據此，則泣為淚，涕為鼻液，今俗謂鼻液為涕是也。愚按：《增韻》，涕自兼目渚、鼻液二義。泗本水名，以其源有四，故從水從四。此言涕泗，亦以目鼻四竅俱出涕，故謂之泗。今文中有云涕之泗者，深得其義，非以涕與泗並言也。「滂」，《說文》云：「沛也。」「沱」，流貌。易出涕沱若是也。皆哀死之辭。○**彼澤之陂，有蒲與蕑。**叶先韻，居賢翻。鄭玄改作「蓮」，非。**有美一人，碩大且卷。**叶先韻，逵員翻。陸德明本作「睠」。豐本作「嫣」。**寤寐無為，中心悁悁。**先韻。○興也。「蕑」，解見《溱洧》篇。按：《穀梁傳》、《列女傳》「孔寧」皆作「公孫寧」，則寧是陳同姓之卿，儀行父乃異姓之卿。此詩首言荷，終言菡萏，菡萏者，荷華也，取以為同姓之比。蕑與荷非一族，蓋比儀行父也。「有美一人」，正指行父碩大，以形體言。「卷」，曲也，舒卷之卷。言其形體碩大，而舉動且又能委曲也。「悁」，《說文》云：「憤也。」「悁悁」者，悁而又悁。毛云：「猶悒悒也。」公如夏氏，戲謂行父曰：「徵舒似汝。」行父對曰：「亦似君。」徵舒聞其言而病之，公遂不免，而二子皆奔。生離死別，皆胎禍於行父之一言，故雖思之而又恨之。○**彼澤之陂，有蒲菡**《說文》、豐本俱作「莟」。陸本作「萏」，又作「蔨」。**萏。**叶琰韻，待撿翻。《說文》作「蕳」。陸本作「欿」。**有美一人，碩大且儼。**琰韻。《說文》、《韓詩》、《太平御覽》俱作「嬐」。薛君云：

「重順也。」楊慎云：「言美人豐豔，體外有餘。或訓為含怒，非。」《詩注》：「一作曠。」**寤寐無為**，**輾**陸本、《文選注》、豐本俱作「展」。**轉伏枕**。叶琰韻，知撿翻。○興也。「菡萏」，荷華之未舒者。徐鍇云：「菡，猶含也，未吐之意。」陸佃云：「菡萏實若舀，隨昏昕闔闢焉。」陸璣云：「未發為菡萏，已發為芙蕖，通曰芙蓉。荷之莖葉華實等名甚多，菡萏特荷中之一物耳。」公孫寧亦公族中之一人，故以為比。又或以其年少云然。「有美一人」，正指寧也。「儼」，毛云：「矜莊貌。」言其形體碩大，而且能為矜莊之容以副之也。舊說以此為稱婦人之美，儼然可敬愛，如《車牽》之「碩女」云者。然謂之曰「儼」，則非淫佚之婦所稱明矣。「輾」，車轢物也。「轉」，運也。皆形容臥而不周之意。解見《關雎》篇。「伏」，偃也。偃臥而以首據枕，謂之伏枕。朱子云：「『輾轉伏枕』，臥而不寐，思之深且久也。」以其出奔在楚，無相見期，故思之。《春秋·宣十一年》：「楚子入陳，納公孫寧、儀行父於陳。」胡安國云：「此二臣者，從君於昏，宣淫於朝，誅殺諫臣，使其君見弒，蓋致亂之臣也。肆諸市朝，與眾同棄，然後快於人心。今乃詭辭奔楚，託於討賊復讎，以自脫其罪，而楚莊不能察其反覆，又使陳人用之，是猶人有飲毒而死者幸而復生，又強以毒飲之，可乎？故聖人外此二人於陳，而特書曰『納』。納者，不受而強納之者也。為楚莊者宜奈何？瀦徵舒之宮，封泄冶之墓，屍孔寧、儀行父於朝，謀於陳眾，定其君而去，其庶幾乎？」《列女傳》云：「夏姬狀美好無匹，內挾伎術，蓋老而復壯者。三為王后，七為夫人，公侯爭之，莫不迷惑失意。」《左傳》：「楚莊王討夏氏，遂殺徵舒而滅陳，欲納夏姬，以申公巫臣諫而止。子反欲取之，巫臣曰：『是不祥人也。是夭子蠻，殺御叔，弒靈侯，戮夏南，出孔儀，喪鄭國，何不祥若是！人生寔難，其有不獲死乎？天下多美婦人，何必是？』子反乃止。王以予連尹襄老。襄老死於邲，其子黑要烝焉。巫臣遂自娶之而奔晉。叔向之母論夏姬曰：『子靈之妻，殺三夫一君一子而亡一國兩卿矣，可無懲乎？吾聞之，甚美必有甚惡。是鄭穆少妃姚子之子、子貉之妹也。子貉早死無後，而天鍾美，於是將必以是大有敗也。』」子靈，巫臣字。子蠻、子貉，皆鄭靈公字。姚寬云：「徵舒行惡逆，姬當四十餘歲，乃魯宣公十一年。歷宣公、成公，申公巫臣竊以逃晉，又相去十餘年矣。後又生女嫁叔向，計其年六十餘矣，而能有孕。或云夏姬凡九為寡婦，當之者輒死。《左氏》所載，當之者已八人矣。宇文士及《妝臺記序》云：『春秋之初，有晉、楚之諺曰：夏姬得道，雞皮三少。』」

《澤陂》三章，章六句。舊說皆以為男女相悅而相念之詩。朱子亦然。坐緣未深玩詩詞而得其指耳。《子貢傳》、《申培說》皆以為「泄冶諫而死，君子傷之」，則每章首二句當作何取義？不足信也。

旄丘

《旄丘》，責衛不恤鄰也。狄迫逐黎侯，黎侯求救於衛，衛不能救，黎之臣子怨之而作是詩也。《左·宣十五年》：「潞子嬰兒之夫人，晉景公之姊也。酆舒為政而殺之，又傷潞子之目，晉侯欲伐之，諸大夫皆曰：『不可。酆舒有三儁才，不如待後之人。』伯宗曰：『必伐之。狄有五罪，儁才雖多，何補焉？不德，一也。嗜酒，二也。棄仲章而奪黎氏地，三也。虐我伯姬，四也。傷其君目，五也。怙其儁才而不以茂德，滋益罪也。夫恃才與眾，亡之道也。商紂繇之，故滅。天反時為災，地反物為妖，民反德為亂，亂則妖災生。故文，反正為乏。盡在狄矣。』晉侯從之。六月癸卯，晉荀林父敗赤狄於曲梁。辛亥，滅潞，酆舒奔衛。衛人歸諸晉，晉人殺之。七月壬午，晉侯治兵於稷，以略狄土，立黎侯而還。」今按：晉滅潞而酆舒遂奔衛，則衛與狄之素相好可知，宜乎其不肯救黎也。其歸酆舒於晉，直是畏晉威之故耳。黎雖已滅於狄，猶幸復封於晉，故知王靈不綱，則霸主自不可少。

旄陸德明云：「《字林》作『堥』。」丘之葛曷韻。兮，何誕之節叶曷韻，才達翻。兮？叔兮伯叶質韻，必益翻。兮，何多日質韻。也？興也。《爾雅》云：「前高，旄丘。」李巡云：「謂前高後卑下也。」又，王雪山云：「丘之多草木者也。星名旄頭，言光芒多。冠名旄頭，言羽毛多。」亦通。《寰宇記》云：「在澶州臨河縣東。」「誕」，毛《傳》云：「闊也。」按：《說文》：「誕，詞誕也。」徐鍇云：「妄為大言也。」故「誕」轉訓「大」，又因訓「大」轉為「闊也」。「節」，本竹約之名。葛亦有節。鄭玄云：「土氣緩則葛生闊節。」黎臣子之初至衛，見旄丘之上葛長大而節疏闊，因追述之以起興，曰：旄丘之葛，何其節之闊也。以興諸侯以國相連屬，憂思相及，亦當如葛之闊節，蔓延相連及也。陸佃云：「瓜葛皆延蔓相及，故屬之綿遠者，取譬瓜葛。」一說：郝云：「前高後下曰旄丘。丘之不斷截者，葛亦不斷之物。毛遂曰：『從之利害，兩言而決。日出而言，日中不決。』即此意也。」亦通。季父曰叔，父之兄曰伯，凡兄亦曰伯，皆尊稱衛臣之辭。先叔後伯者，取其叶韻。范景文云：

「衛，兄弟之國也，其臣亦兄弟也。而呼以叔伯，式微之臣固應如是耳。」「何多日」者，言何其多日而不見救也。觀後章有「狐裘蒙戎」之語，則自暑歷寒，其久可知。鍾惺云：「『多日』二字立言甚妙，不作絕望之語，深於責人者也。」朱子云：「此詩本責衛君而但斥其臣，可見其優柔而不迫也。」○何其處叶語韻，敞呂翻。也？必有與語韻。也。何其久叶紙韻，苟起翻。也？必有以紙韻。也。《呂氏春秋》此二句在「何其處也」二句之上。○賦也。「處」，止也。「與」，猶偕也。《春秋》帥師例，「能左右之曰以」，因上章「何多日也」而言。我黎君求救於衛，何其止於彼而不來，其必有與吾君相偕而俱來者耶？何其為時之久而未來，其必有能扶持左右之而後來耶？蓋凝望之切如此。○狐裘豐氏本作「求」。蒙戎，東韻。豐本作「茸」。匪車不東。韻。叔兮伯兮，靡所與同。東韻。○賦也。「狐裘」，黎君所衣之裘也。「蒙戎」，通「尨茸」，《說文》云：「尨，犬之多毛者」；「茸，艸生茸茸貌。」《左傳》：「士蔿賦詩云：『狐裘尨茸。』」杜預云：「亂貌。」呂祖謙云「狐裘之貌」是也。「匪」，通作「非」。「車」，謂黎君所乘之車。「東」，指衛也。鄭玄云：「黎國在衛西。」此章因衛不來故而為悵恨之辭，言我君自夏適衛，至今已服狐裘之服矣，非不親乘車而往東也，其如衛之叔兮伯兮漠不關念，竟無有與我君同來者，我亦奈之何哉！○瑣陸德明本作「璅」。兮尾兮，流《爾雅注》作「留」。陸本作「鷚」。離之子。紙韻。叔兮伯兮，褎《釋文》一作「裒」。如充耳。紙韻。○比而賦也。「瑣」，通作「貨」，《說文》以為「貝聲也」。字從小，因借為細小之義。「尾」，《說文》云：「微也。」「流離」，《爾雅》作「鷚鷞」。陸璣云：「梟也。自關西謂梟為流離，其子適長大，還食其母。故張奐云『鷚鷞食母』，許慎云『梟，不孝鳥』是也。」蘇轍云：「衛人以狄之微而不忌，譬如流離之養其子，不知其將為己患也。」「褎」，《說文》云：「衣袂也。」嚴粲云：「凡盛服則有瑣，名為充耳，非真塞其耳也。」「褎如充耳」，蓋象其褎衣博帶之容，袖如充耳之下垂，不一引手拯救也。正與奮臂攘袂相反。李氏云：「衛不救黎，非唯失睦，乃四鄰之道，抑亦唇亡齒寒矣。」陳際泰云：「戎伐凡伯於楚邱以歸，責衛不救王臣也。《式微》、《旄丘》之葛，責衛不救寄公也。」

《旄丘》四章，章四句。《子貢傳》以為「黎侯出奔衛，穆公不禮焉，黎人怨之」。然衛寔以不救黎致怨，非不禮也。《申培說》以為「狄逐黎侯，黎侯寓於衛，衛穆公不克納，黎大夫怨之而作是詩」。然黎侯特往衛請救，尚未失國，非不克納也。《序》則云：「責衛伯也。狄人迫逐黎侯，黎侯寓於衛，衛

不能修方伯連率之職，黎之臣子以責於衛也。」按：《史記》：衛自康叔而後，至貞伯七世，皆稱伯。至頃侯始稱侯。或謂衛先世皆任方伯之職，其說似與《序》合。至頃侯乃失其職，始夷而為侯。然孔穎達謂「康叔之後，為時王所黜，故但稱伯，不稱侯。及頃侯始略夷王而復之」，則又與前說相左。要之，赤狄奪黎氏地，其事載在《左傳》甚明，吾但從其有據者耳。

式微

《式微》，黎侯寓於衛，其臣勸以歸也。出《序》。○《子貢傳》云：「黎大夫勸其君以歸國，賦《式微》。」孔穎達云：「上黨壺〔註12〕關縣有黎亭。」羅泌《路史》謂「黎，子姓，侯爵。文王所戡者，與紂都接」。今潞城東十八里有故黎侯城，而《呂氏春秋》則謂「武王封帝堯後於黎城」，晉灼曰「黎山在其南，河水徑其東」。按：此詩及《旄丘》皆黎臣所作。《旄丘》則作於居守者，此詩則作於從行者。黎侯名陽，見《水經注》。

式微式微，韻。胡不歸？微韻。微君之故，遇韻。胡為乎中露？遇韻。《列女傳》作「路」。○賦也。《爾雅》云：「『式微式微』者，微乎微者也。」「式」，鄭玄云：「發聲也。」孔云：「以君被逐，既微又見卑賤，是至微也。」下文「微君」之「微」，訓如「式微」之「微」，皆謂細也。李氏云：「以微視之，若無有也。」「故」，猶事也。「中露」，露中，猶「中林」、「中谷」，倒其辭也。言有沾濡之辱而不見芘覆，如人之失國者，言越在草莽也。嚴云：「君何不歸乎？彼以微視吾君之事，如無有矣。失國，大故也。衛人以微視之，不以吾君之事為事也，無望其救患矣。君何為處此露中乎？」舊說於「微君」之「微」云：「猶非也。」則不應一篇之中而上下文用字頓異。且主憂臣辱，主辱臣死，而謂我若非君之故，何為處此，亦豈臣子所宜言哉？《左·襄二十九年》：「公自楚還，聞季武子取卞，欲無入，榮成伯賦《式微》，乃歸。」○式微式微，韻。胡不歸？微韻。微君之躬，東韻。胡為乎泥中？東韻。○賦也。「躬」，身也。胡安國云：「以事求人，而人不有其事，是謂『微君之故』。以身下人，而人不有其事，是謂『微君之躬』。」「泥中」，言有陷溺之難而不見拯救，如人之卑賤者，言辱在泥塗也。嚴云：「衛人不惟輕視吾君之事，且輕視吾君之身矣，何為處此泥中乎？」又，毛《傳》以「中露」、「泥中」皆

〔註12〕「壺」，底本誤作「壼」，據四庫本、孔《疏》改。

衛邑名。鄭玄謂「黎侯為狄人所逐，棄其國而寄於衛，衛處之以二邑」。《水經注》云：「黎陽在魏郡，世謂黎侯城。昔黎侯陽寓於衛，《詩》所謂『胡為乎泥中』，疑此城也。土地污下，城居小阜，魏濮陽郡治也。」黃震辨之云：「以『中露』、『泥中』為二邑，恐無一身處二邑之理。」鄭曉云：「上言『中露』，下言『泥中』，猶云側身天地耳。」

《式微》二章，章四句。《申培說》謂「黎侯失國，寓於衛，其臣勸之歸」。今按：黎侯若既失國，當何國可歸？曰「胡不歸」，則是作詩之時，國猶未失也。其後因衛不往救，黎始失國，卒賴晉景公復立之耳。又，劉向《列女傳》云：「黎莊夫人者，衛侯之女，黎莊公之夫人也。既往而不同欲，所務者異，未嘗得見，甚不得意。其傅母閔夫人賢，公反不納，憐其失意，又恐其已見遺而不以時去，謂夫人曰：『夫婦之道，有義則合，無義則去。今不得意，胡不去乎？』乃作詩曰：『式微式微，胡不歸？』夫人曰：『婦人之道，一而已矣。彼雖不吾以，吾何可以離於婦道乎？』乃作詩曰：『微君之故，胡為乎中路？』終執貞一，不違婦道，以俟君命。」然則此詩乃二人所作，其問答宛肖，宜若可從者。惟合《旄丘》詩觀之，乃始見其為一時主憂臣辱之言。《小序》所傳，必非無本。且因此而見錄於詩，亦以其有關係於國家存亡之故耳。至若《列女傳》言黎莊夫人乃衛侯之女，則衛不徒與國，寔為婚姻。黎之望援者以此，而亦可見此詩之出於黎矣。

詩經世本古義卷之二十七

閩儒何楷玄子氏學

周景王之世詩二篇

何氏小引

《子衿》，鄭子產不毀鄉較也。

《豐》，美貞女也。鄭徐吾犯之妹許配〔註1〕公孫楚矣，公孫黑又欲娶之，女不可，竟適楚。此詩疑即其事。

子衿

《子衿》，鄭子產不毀鄉較〔註2〕也。《序》云：「刺學校廢也。亂世則學校不修焉。」意亦近之，而特未明此詩立言之旨。按：《左·襄三十有一年》：「鄭人遊於鄉較，以論執政。然明謂子產曰：『毀鄉較如何？』子產曰：『何為？夫人朝夕退而遊焉，以議執政之善否。其所善者，吾則行之。其所惡者，吾則改之。是吾師也。若之何毀之？我聞忠善以損怨，不聞作威以防怨。豈不遽止？然猶防川，大決所犯，傷人必多，吾不克救也。不如小決使道，不如吾聞而藥之也。』然明曰：『蔑也今而後知吾子之信可事也。小人寔不才，若果行此，其鄭國實賴之，豈惟二三臣？』仲尼聞是語也，曰：『以是觀之，人

〔註1〕「配」，詩正文作「聘」。
〔註2〕「鄉較」，四庫本作「鄉校」。此篇下十一處同。

謂子產不仁，吾不信也。」王應麟云：「春秋二百四十二年之間，諸侯築宗廟、宮室、臺榭、門廡莫不書，而以學校見於六經者，魯之頖宮、鄭之鄉較而已。」愚按：鄭時有毀鄉較之議，故至鄉較者頗少，子產意在使夫人遊焉論學之餘，因之議論國政，而知其所行之得失。所以通篇皆屬望生徒來遊之語。

青青子衿，侵韻。《子貢傳》、《申培說》、豐氏本俱作「袊」。**悠悠我心。**侵韻。**縱我不往，子寧不嗣**《韓詩》作「詒」。**音**？侵韻。○賦也。「青者」，生徒所服衣衿之色。重言「青青」者，不一青也，以生徒之眾而言。「子」，指生徒也。「衿」，與「襟」同，古作「袊」。《爾雅》云：「衣眥謂之襟。」孫炎云：「交領也。」《說文》云：「交衽也。」古者斜領下連於衽，名衿。衿是領之別名，故《傳》云：「青衿，青領也。」顏之推《家訓》云：「孫炎、郭璞注《爾雅》，曹大家注《列女傳》，並云：『衿，交領也。』《鄭下詩》本既無『也』字，群儒因謬說云：『青衿，青領是衣兩處之名。』皆以青為飾，用釋『青青』二字，其失大矣。」毛《傳》以「青衿」為「學子之所服」，其說必有所本。蓋古制若爾。「悠」，《說文》云：「憂也。」「縱」之為言緩也，推開而緩言之，故以為假設之辭。「我」，子產自謂也。「往」，往之鄉較也。「寧」，猶豈也。「嗣」，繼也。「音」，德音之音，謂言論也。言汝生徒輩服儒者之服不一其人，而蹤跡無常，不知曾一至鄉較否，有深足繫我之憂思者。雖我身親國政，不能時時至彼，以相省視，而爾輩藏修息遊於斯，獨無議論緒餘，繼續而入吾之耳者乎？予甚望之也。《學記》稱「古之王者建國，君民教學為先，是故家有塾，黨有庠，術有序，國有學。比年入學，中年考校，一年視離經辨志，三年視敬業樂群，五年視博習親師，七年視論學取友，謂之小成。九年知類通達，強立而不返，謂之大成」。蓋不獨學者為學之勤，而為人上者視學之勤，至於如此。嘗怪子產為政，都鄙有章，上下有服，興忠信，斁汰侈，國人誦之曰：「我有子弟，子產誨之。」其論用人，謂宜學而後為政，不以政學，則似亦明乎教學之理者。然孔子但稱之為眾人之母，以為能食之，不能教也。及觀此詩曰「縱我不往，子寧不嗣音」，其所為不毀鄉較者，不過意在風聽臚言，以知所行政事之善否而已，而於身親臨視、勞來匡直之化無聞焉。此孔子之所以深許其仁而終不許其能教也。又，《中說》載房玄齡謂薛收曰：「道之不行也必矣，夫子何營營乎？」薛收曰：「子非夫子之徒與？天子失道，則諸侯修之。諸侯失道，則大夫修之。大夫失道，則士修之。士失道，則庶人修之。修之之道，從師無常，誨而不倦，窮而不濫，死而後已。得時則行，失時

則蟠。先王之道，所以續而不墜也。古者謂之繼時，『縱我不往，子寧不嗣音』，如之何以不行而廢也？」此解義自可通，但非詩意。○**青青子佩**，叶支韻，蒲眉翻。亦叶灰韻，蒲枚翻。**悠悠我思**。支韻。亦叶灰韻，新才翻。**縱我不往，子寧不來？**灰韻。亦叶支韻，陵之翻。○也賦也。「佩」，《說文》云：「大帶飾。從人從幾從巾。佩必有巾，巾謂之飾。」毛《傳》以為「士佩瑀珉而青組綬」。案：《玉藻》：「士佩瓀玟而縕組綬。」縕乃赤黃之間色。孔謂「毛讀《禮記》作『青』字。夫「縕」如何讀為「青」？此附會，不足信也。佩用青色，亦古者學子之佩宜爾，今無考。「來」，來之鄉較也。即未望其嗣音，獨不可來而一涉足乎？詞愈淺而意愈摯矣。○挑《說文》、《石經》、豐氏本俱作「炗」。**兮逹兮，在城闕**月韻。**兮。一日不見，如三月韻。兮。**賦也。「挑」，通作「誂」，《說文》云：「相呼誘也。」徐鍇云：「按：『項籍欲與漢高祖誂戰』，今文作『桃』。」「逹」，《博雅》云：「逃也。」又，《說文》云：「行不相遇也。」蓋言其互相呼誘而逃，不能使人遇之也。「闕」，《說文》云：「門觀也。」徐云：「中央闕而為道，故謂之闕。」「城闕」，城樓也。「在城闕」者，鄭玄云：「以俟望為樂。」按：《記》曰：「燕辟廢其學」，即此是也。一日不見生徒之在鄉較，則思念之深，有如三月不見之久。子產之屬意於聽言，可謂切矣。抑子產誠欲聽言，即何人不可下問，而獨切切於鄉較是求者，豈非謂其未登仕籍，率意而談，罔識忌諱，且士被服禮義，誦述先王，其是非或不大謬乎？雖於教化未臻，而政治自是稱美。孔子贊為「古之遺愛」，有以也。

《子衿》三章，章四句。《子貢傳》云：「東遷學廢，君子傷之，賦《子袊》。」《申培說》云：「王室下衰，學政廢弛，弟子多倍其師，君子傷之而作是詩。」所謂「弟子多倍其師」者，味詩意蓋近之。然屬之《王風》，則無所考證。當是以「一日」、「三月」同於《王風·采葛》篇語，輒移置之耳。其淺陋如此。至朱子謂「此詩猥薄，不可施之學校」，乃以「淫奔之辭」目之。然其作《白鹿洞賦》，中有云「廣《青衿》之疑問」，則仍用《序》說，何也？

丰

《丰》，美貞女也。鄭徐吾犯之妹許聘公孫楚矣，公孫黑又欲娶之，女不可，竟適楚。此詩疑即其事。《左·昭元年》：「鄭徐吾犯之妹美，公孫楚聘之矣，公孫黑又使彊委禽焉。犯懼，告子產。子產曰：『是國無政，

非子之患也。惟所欲與。』犯請於二子，請使女擇焉，皆許之。子晳盛飾入，布幣而出。子南戎服入，左右射，超乘而出。女自房觀之，曰：『子晳信美矣，抑子南，夫也。夫夫婦婦，所謂順也。』適子南氏。」子晳，黑字。子南，楚字。按：晳欲強娶徐妹，誠為非禮。妹能以義自持，不畏彊御，此女之貞者也。聖人以其有禆風化，故錄之。

子之丰叶送韻，芳用翻。陸德明云：「《說文》作『妦』。」**兮，俟我乎巷**叶送韻，胡貢翻。豐氏本作「衖」。**兮，悔予不送**韻。**兮。**賦也。「子」，指公孫楚也，字子南。「丰」，通作「豐」。鄭玄云：「面貌豐豐然豐滿也。」「俟」，通作「竢」，待也。「巷」，里中道也。「悔」，恨也。俱見《說文》。「我」、「予」，皆女子自謂也。「送」，謂隨去也。徐吾犯既請命於子南、子晳，聽女自擇所與，故子南來女家，而女所居在巷，必先繇巷而後適堂。子南始之至巷，以待此女，女驟見之，已有委身從一之意，特以禮在別嫌，故不敢送也。不當送而不送，姑託為追悔之辭以自解，非真恨其不送也。何者？此女明於禮者也？○**子之昌**陽韻。**兮，俟我乎堂**陽韻。**兮，悔予不將**叶陽韻，資良翻。**兮。**賦也。「昌」，《說文》云：「美言也。」上曰「丰」，贊其容貌之美。此曰「昌」，贊其言辭之美。「俟我乎堂」，則《左傳》所謂「戎服而入」之時也。「將」者，攜持之謂。「悔予不將」，猶云恨不與之相見也。未成為婦，自無相見之禮。《左傳》亦曰：「女自房觀之」。○**衣錦褧衣，裳錦褧裳。**陽韻。**叔**豐氏本作「未」。後同。**兮伯兮，駕予與行。**叶陽韻，寒剛翻。○賦也。《士昏禮》云：「女次純衣纁袡。」「次」，首飾也。「純衣」，絲衣也。「袡」，緣也。是則嫁時宜服純衣。而此云「衣錦」者，據鄭玄解《衛詩》云：「國君夫人翟衣而嫁。今衣錦者，在塗之所服。」以此推之，則「純衣纁袡」乃新婦之禮衣，「而衣錦褧衣」則嫁時在途之衣也。又，親迎之禮，婿御婦車，授綏，姆為加景衣，乃驅。景衣即褧衣也。解見《碩人》篇。亦謂之明衣。所以必用褧衣者，不獨惡其文之著，《禮注》謂「為行道御塵，令衣鮮明」是也。孔云：「婦人之服不殊裳，而經衣裳異文者，以其衣裳別名，詩須韻句，故別言之耳。其實婦人之服，衣裳連，俱用錦，皆有褧。」「叔」，少也，幼者稱也。「伯」，長也。此從嫁者之人各就其長幼而呼之，非必謂父與己之昆弟也。禮，舅饗送者，以一獻之禮，酬以束錦。姑饗婦人送者，酬以束錦。若女自他邦來嫁，婦人送者不踰境，丈夫送者贈之如前禮。此叔伯即，所謂送者也。「駕」，命駕也。女以初盟既定，義不二適，故觀見子南之後，異日即盛治服飾，呼叔

伯之送者而告之曰：汝速為我命駕，吾將與女偕行，以適子南之家矣。時子南以子皙為梗，故不敢行親迎之禮，以致女身自往就之。雖曰非禮，亦變之正也。○裳錦褧裳，衣錦褧衣。微韻。**叔兮伯兮，駕予與歸。**微韻。○賦也。先裳後衣，變文叶韻。婦人謂嫁曰歸。行猶在道，歸則至夫家矣。按：女之言曰：「子南，夫也。夫夫婦婦，所謂順也。」說者皆謂女美子南戎服超乘，足為丈夫，非也。女意正以己既先受子南之聘，則子南有夫道矣，故決意歸之。其明理如此。

《丰》四章，二章章三句，二章章四句。《序》云：「刺亂也。婚姻之道缺，陽唱而陰不和，男行而女不隨。」孔穎達云：「鄭國衰亂，婚姻禮廢，有男親迎而女不從，後乃追悔，此陳其辭也。」按：《坊記》：「子云：『昏禮，壻親迎，見於舅姑，舅姑承子以授壻，恐事之違也。以此坊民，婦猶有不至者。』」事亦與此相類。但如此，則不過閭巷敝俗，雖復追悔，亦自不異人意，何必遂錄之經乎？若《子貢傳》、《申培說》則皆以為「公子小白適莒，齊人慕之而作是詩」。此但見《齊詩》中亦有「子之昌兮」及「俟我於堂」等語，遂因而附會之耳。然「衣錦褧衣」二句當作何解？豈小白亦婦人耶？朱子改為「婦人與男子失期，既乃悔之而作」，則是奔也，豈有奔其人而乃具禮服以待車馬者乎？且堂上非所私之地。既稱伯，又稱叔，何所私之眾哉？

詩經世本古義卷之二十八

閩儒何楷玄子氏學

周敬王之世詩一篇

何氏小引

《下泉》，曹人美晉荀躒納周敬王也。

下泉

《下泉》，曹人美晉荀躒納周敬王也。焦贛《易林·蠱之歸妹》其繇云：「下泉苞稂，十年無王。荀伯遇時，憂念周京。」今考《詩》與《春秋》，事相符合，焦氏所傳確矣。當從之。按：《左傳》、《國語》及杜預、韋昭注，昭二十二年，周景王崩。先是，太子壽卒。王立子猛，後復欲立子朝而未定。至是，單穆公旗、劉文公狄奉子猛立之，子朝因舊官百工之喪職秩者與靈王、景王之子孫以作亂，單子、劉子奉子猛出奔。冬十月，晉籍談、荀躒帥九州之戎及焦、瑕、溫、原之師將以納王於王城。已而，子猛卒，周人諡曰悼王者是也。猛母弟王子匄立，是為敬王。晉師、王師伐京，圍郊，子朝敗，王使人告閒。晉師還。未幾，子朝入於尹。單子、劉子伐尹，敗。召伯奐、南宮極以成周人戍尹，王如劉，王子朝入於王城。尹辛敗劉師，尹文公圍遂立王子朝，時昭二十三年六月也。於是子朝稱西王，天王居於狄泉，稱東王。狄泉者，成周之城，周墓所在。杜預云：「今雒陽城內大倉西南池水也。」時召簡公盈、南宮囂及甘桓公俱從子朝，晉侯使人澠問周故，問於介眾，皆以子朝為曲，乃

辭子朝，不納其使。二十五年夏，晉人為黃父之會，謀王室也。令諸侯之大夫
輸王粟，具戍人，曹人與焉。其君則悼公午也。期以明年納王。越明年，劉師
與子朝之師戰，又敗，王出奔，次於滑。七月，晉荀躒、趙鞅帥師納王，使女
寬守闕塞。十一月，晉師克鞏。尹氏、召伯、毛伯以王子朝奔楚，天王入於成
周，晉師使成公般成周而還。二十七年秋，復會於扈，令成周也，曹人亦與
焉。時子朝餘黨儋扁之徒多在王城，王畏之。昭三十二年，劉文公與萇弘欲
城成周。距子朝作亂之時，十年矣。按：王城在瀍水西，周公所營，以朝會諸
侯之地，謂之東都，今河南是也。成周在瀍水東，周公所營，以處頑民之地，
謂之下都，今雒陽是也。天子使告於晉曰：「天降禍於周，俾我兄弟並有亂心，
以為伯父憂。我一二親昵甥舅，不皇〔註1〕啟處，於今十年，勤戍五年，余一
人無日忘之。昔成王合諸侯城成周，崇文德焉。今我欲徼福假靈於成王，修
成周之城，俾戍人無勤，諸侯用寧，蠆賊遠屏，晉之力也，其委諸伯父。」冬
十一月，晉魏舒、韓不信如京師，合諸侯之大夫於狄泉尋盟，且城成周，曹人
又與焉。其君則隱公通也。至次年春竣事。《穀梁傳》云：「天子微，諸侯不享
覲。天子之在者，惟祭與號，故諸侯之大夫相率以城之，此變之正也。」趙汸
云：「周室東遷，而後下陵上替已久。鄭莊公言天既厭周德，晉女叔寬以萇弘
謀王室為違天，邪說誣民，非一日矣。然天子一命城成周，而諸侯大夫奔走
恐後，則人心猶不忘周也。夫人心在周，則天命未絕於周矣。此聖人為東周
之微意。」愚按：自是而後，列國不復知有王矣，故夫子之刪《詩》終於此。

冽彼下泉，浸陸德明本、豐氏本俱作「寖」。後同。**彼苞稂。**陽韻。**愾我
寤嘆，念彼周京。**叶陽韻，居良翻。○比而賦也。「冽」、「洌」字易混。從
水者，《說文》云：「水青也。」《易》「井洌，寒泉食」是也。從冫者，《說文》
云：「寒也。」《詩》「有冽氿泉」是也。此「冽」字從水，當同《易》解。「下
泉」，毛《傳》云：「泉下流也。」孔穎達云：「《爾雅》：『沃泉縣出。』李巡謂
『水泉從上溜下出』。此謂泉下流，是《爾雅》之『沃泉』也。」愚按：「下
泉」，即指狄泉也。「浸」，漬也，淫也。「苞」，《爾雅》云：「積也。」孫炎云：
「物叢生曰苞，齊人名曰積。」郭璞云：「今人呼叢緻者為積。」「稂」，《爾
雅》云：「童梁也。」《說文》作「薕」，云：「禾粟之采，生而不成者，謂之蕫
薕。」陸璣亦云：「禾秀為穗而不成，崱嶷然，謂之童梁。今人謂之宿田翁，

或謂守田也。」又，郭璞以為莠類。羅願云：「稂，惡草也，與禾相雜。故詩人惡之。古者以飼馬。魯仲孫它『馬餼不過稂莠』，謂此也。」按：《詩》稱稼之茂美，繼之以不稂不莠，莠既別是一物，則稂亦當是一物，故郭璞云莠類，蓋未能的知其物，故稱其類耳。而許叔重、陸璣以為禾之不成者，則是亦禾而已，何至與莠並稱乎？按：《本草》有狼尾草，子作黍，食之令人不饑，似茅，作穗，生澤地。然則此物似是稂耳。稂既有實如黍，故能亂苗。又，莠今謂之狗尾草，稂名狼尾，則亦相類。毛《傳》云：「稂非溉草，得水而病。」愚按：「苞稂」以比王子朝及其黨靈景之族，以其皆周同姓，亦如稂之於苗也。王所居有下泉，焉能浸苞稂，使之病死。胡子朝之黨盛行，而莫之能制乎？詩人之所以愾歎而念周京也。「愾」，《博雅》云：「滿也。」「愾王所愾」之「愾」。其字從心配氣，怒蓄於心而氣滿也。《說文》以為「太息也」。「歎」，本作「歎」，《說文》云：「吟也。」徐鍇云：「此悲歎也。」云「寤歎」者，悲憤在中，惟寐則稍忘耳。一寤則愾然發歎矣。一說：黃光昇云：「人晝間應接多，則不暇思。至於夜而寤，百慮叢集，凡憤懣無聊皆於此時思之。」亦通。「周京」，謂周室之京師，指洛邑也。子朝，周之同姓。主子朝而言，故先言周而後言京。

○冽彼下泉，浸彼苞蕭。叶尤韻，疏鳩翻。愾我寤歎，念彼京周。尤韻。○比而賦也。「蕭」，解見《采葛》篇。「苞蕭」以比王城之百工黨於子朝同惡相濟者，所謂「蕭牆之內」之人也。羅云：「周人尚臭，以鬱合鬯，灌以圭璋，而使臭陰達於淵泉。既奠，然後焫蕭，合黍稷膟膋燔之，而使臭陽達於牆屋。牆內乃焫蕭之地，故孔子曰：『吾恐季孫之憂不在顓臾，而在蕭牆之內也。』」「京周」，謂京師之周室。主百工言之，故先言京而後言周。○冽彼下泉，浸彼苞蓍。支韻。愾我寤歎，念彼京師。支韻。○賦而比也。「蓍」，蒿屬。陸璣云：「似籟蕭，青色，科生。」《說文》及《博物志》皆謂「生千歲，三百莖」，而《五行傳》以為「百年一本，生百莖」，《史記》以為「千歲一本，生百莖」，《論衡》以為「七十年生一莖，七百年生十莖」，未之詳也。《龜策傳》云：「上有壽蓍，下有神龜。蓍生滿百莖者，其下必有神龜守之，其上常有青雲覆之。」又云：「蓍百莖共一根，其所生，獸無虎狼，草無毒螫。」《白虎通》云：「蓍之言耆也，陽之老也。」羅云：「蓍之為字，從耆。耆者，六十歲也。王充《論衡》云：『孔子曰：蓍之為言耆也。』老人歷年多而更事久，似能前知。然何獨六十？《龜策傳》曰：『天下和平，王道得而蓍

莖長丈，其叢生滿百莖。方今世取蓍者，不能中古法度，不能得滿百莖長丈者，取八十莖已上長八尺即難得也。人民好用卦者，取滿六十莖以上長滿六尺者，即可用矣。』然則自其可用者言之，廣為六十莖，從為六十寸，故應蓍耳。」陸佃云：「蓍，草之壽者也。卦之別，六十有四，蓍數窮於此，故謂六十曰蓍。」愚按：羅之說近迂，陸為近之。「苞蓍」以比王城之中亦有老成人而從子朝為逆者，如尹文公、召伯奐、南宮極之類也。「京師」，與「周京」、「京周」同。《篤公劉》詩云：「京師之野。」董氏云：「所謂京師者，蓋起於此，其後世因以所都曰京師。曰嬪于京，依其在京，則岐周之京也。王配于京，則鎬京也。《春秋》所書京師，則洛邑也。皆仍其本號而稱之，猶晉之言新絳、故絳也。」而《公羊傳》則云：「京師者何？天子之居也。京者，大也。師者，眾也。天子之居，必以大眾言之。」上二章皆言周，此但言京師者，以言周則嫌同於列國，隱然有尊共主以號令天下之意。○芃芃黍苗，陰雨膏叶號韻，居號翻。之。四國有王，郇《易林》、《路史》俱作「荀」。伯勞叶號韻，郎到翻。之。比而賦也。「芃」，《說文》云：「艸盛也。」徐鍇云：「言汎汎然若風之起苗。」《說文》云：「艸生於田者。」其字從艸從田。會意。羅云：「黍之秀特舒散，故說者以其象火，為南方之穀。《詩》亦云『芃芃黍苗』，以此也。」「膏」，潤也。凡以脂膏潤物曰膏。此借用耳。陸佃云：「方黍之苗也，暑雨暴息，無陰雲以覆之，日隨蒸焉，則苗稿矣。將以潤之，乃以害之也。故詩正以陰雨為善。今俗，五月謂之分龍，雨曰隔轍，言夏雨多暴至，龍各有分域，雨暘往往隔一轍而異也。」《國語》：「趙衰謂秦穆公曰：『重耳之印君也，若黍苗之印陰雨也。若君實庇蔭膏澤之，使能成嘉穀，薦在宗廟，君之力也。』」正與此詩意同。晉以盟主，糾合四國，效力成周，所謂陰雨也。「四國」，四方諸侯之國。「王」，指周天子。「四國有王」者，言四國共戴一王，皆以王之事為事也。「郇伯」，晉荀躒也。徐鉉云：「按：今人姓荀氏，本郇侯之後，宜用郇字，後人去邑為荀。」今按：郇侯本文王子。《左傳》富辰謂「畢、原、酆、郇，文之昭」是也。《水經注》云：「涑水西徑郇城，故郇國也。今解故城東北二十四里，有故城在猗氏故城西北，俗名為郇城。服虔云：『郇國在解縣東，郇瑕氏之墟也。』」《左傳·成六年》：「晉人謀去故絳，諸大夫皆曰：『必居郇瑕氏之地，沃饒而近鹽。』韓獻子曰：『不可。郇瑕氏土薄水淺，其惡易覯。易覯則民愁，民愁則墊隘，於是乎有沉溺重膇之疾。不如

新田，土厚水深。』乃遷新田。」是則郇地本為晉所滅，其子孫仕於晉，宜矣。荀躒稱伯者，《左傳・昭三十一年》「晉侯使荀躒唁公，季孫從知伯如乾侯」，所謂知伯，即荀躒也。諸荀在晉，別為知與中行二氏，故又稱知伯。「勞」，猶勉也。勞來奔走，與四國相慰藉也。又按：此詩固美晉荀躒，然亦有譏晉頃公之意焉。諸儒於《春秋》論之詳矣。昭二十三年，經書「晉人圍郊。」胡安國云：「按：《左氏》：晉籍談、荀躒帥師軍於侯氏，箕遺、樂徵濟師軍其東南。正月，二師圍郊，郊子朝邑也。既不書大夫之名氏，又不稱師而曰晉人，微之也。所謂以其事而微之者也。當是時，天子蒙塵，晉為方伯，不奔問宮守，省視器具，徐遣大夫往焉。勤王尊主之義若是乎？書『晉人圍郊』，而罪自見矣。又按：圍郊之後，王使人告閑暇於晉，晉師遂還。」郝敬云：「向使晉人盡忠王室，無懷二圖，周惟恐晉師不留，何告閑之有？告閑則晉之師可知也。」二十五年，經書「會於黃父」。高氏云：「自二十二年景王崩，王室亂，天王播越，諸侯皆莫奔救。四年之後，晉始為此會，而諸侯不至，但合諸大夫以謀之，曰：明年將納王。夫王室之急如此，豈可坐待明年哉？有霸者作，如齊桓公盟首止以定王世子鄭，晉文公誅叔帶以逆襄王，豈不美哉？桓、文不作，猛、朝相競，王室世臣不能明先王一定之制，順非而廢適，使頃公而為桓、文，果至是乎？是以聖人傷王室之亂，而又於此著諸侯之無霸也。」二十六年，經書「天王入於成周。」按：《左傳》：「晉荀躒、趙鞅帥師納王，晉師克鞏，子朝奔楚，王入於成周。」季瑾云：「晉人納王之善，無一言及之，何也？罪晉不臣而哀周之衰也。晉為同姓大國，爵為侯伯，主盟於時，不能即逐子朝之黨而安定之。二十三年，一圍郊而亟還，坐視成敗。五年然後興師納王。原情責實，不忠不臣之甚者也。若以納王之功而善之，則藏奸觀釁、不忠不臣者勝矣。」沈長卿云：「按傳，『晉師克鞏』，乃『荀躒、趙鞅帥師納王』，而子朝之告諸侯，亦曰『晉為不道，是攝是贊』，則晉有功於周明矣。經顧沒之。但書『十月，天王入於成周』，蓋罪晉之慢也。桓、文定王室之難，在俄頃間，而克鞏之師遲至六年，必待其告急而後勤王，功不掩罪，可謂盟主乎？」是詩〔註2〕意亦同此。在荀躒之勤王固可美，然天子有難，閱至五年之久而後始遣荀躒合四國以勤王，在晉頃則可刺也。黍苗之仰陰雨深矣，晉之泄泄如此，其何以為盟主？此詩人言外之微意。周室雖衰，而是詩之忠誠激發如此。文、

〔註2〕「詩」，四庫本作「時」。

武、成、康之德澤，有深入於人心者也。夫子錄此為變風之殿，亦所云傷天下之無霸者乎？胡安國云：「夫以王猛之無寵，單旗、劉蚠之屢敗，敬王初立，子朝之眾召伯奐、南宮囂、甘恒公之黨疑若多助之在朝也，然會於黃父凡十國，而諸侯之大夫無異議焉。是知邪不勝正久矣。」

《下泉》四章，章四句。《孔叢子》載子曰：「於《下泉》見亂世之思明君也。」《序》則以為「思治也。曹人疾共公侵刻下民，不得其所，而思明王賢霸也」。《申培說》謂「東遷之初，曹人閔周而作」。朱子謂「王室凌夷而小國困弊，故以寒泉下流而苞稂見傷為比」。皆附會揣摩之語。至郇伯有勞、四國之功，他經傳絕無所載。毛《傳》解為「諸侯有事，二伯述職」，鄭玄改以為「州伯」。孔云：「以經傳考之，武王、成王之時，東西大伯唯有周公、召公、太公、畢公為之，無郇侯者，知為牧下二伯也。」鑿亦甚矣。唯《竹書》載昭王六年，王錫郇伯命。然不知其何所表見。《子貢傳》闕文。

徵引書目

一、古籍

經部

1. （東漢）許慎撰，（清）段玉裁注《說文解字注》，上海古籍出版社 1988 年版。

2. （西漢）韓嬰著，許維遹集釋《韓詩外傳集釋》，中華書局 1980 年版。

3. （東漢）劉熙撰，（清）畢沅疏證，（清）王先謙補《釋名疏證補》，中華書局 2021 年版。

4. （三國吳）陸璣《毛詩草木鳥獸蟲魚疏》，景印文淵閣四庫全書本。

5. （唐）陸德明《經典釋文》，上海古籍出版社 2013 年版。

6. （唐）顏師古著，劉曉東平議《匡謬正俗平議》，齊魯書社 2016 年版。

7. （北宋）歐陽修《詩本義》，景印文淵閣四庫全書本。

8. （北宋）蘇轍《詩集傳》，景印文淵閣四庫全書本。

9. （北宋）劉敞《公是先生七經小傳》，景印文淵閣四庫全書本。

10. （北宋）陳祥道《禮書》，景印文淵閣四庫全書本。

11. （北宋）陳暘《樂書》，景印文淵閣四庫全書本。

12. （北宋）陸佃《埤雅》，景印文淵閣四庫全書本。

13. （南宋）陳傅良《春秋後傳》，景印文淵閣四庫全書本。

14. （南宋）朱熹《詩集作》，中華書局 2017 年版。

15. （宋）鄭樵《六經奧論》，景印文淵閣四庫全書本。

16. （南宋）輔廣《童子問》，景印文淵閣四庫全書本。

17. （南宋）羅願《爾雅翼》，黃山書社 2013 年版。

18. （南宋）呂祖謙《呂氏家塾讀詩記》，景印文淵閣四庫全書本。

19. （南宋）段昌武《段氏毛詩集解》，景印文淵閣四庫全書本。

20. （南宋）嚴粲《詩緝》，中華書局 2020 年版。

21. （南宋）范處義《詩補傳》，景印文淵閣四庫全書本。

22. （南宋）王應麟《詩地理考》，景印文淵閣四庫全書本。

23. （南宋）真德秀《大學衍義》，景印文淵閣四庫全書本。

24. （南宋）張洽《張氏春秋集注》，景印文淵閣四庫全書本。

25. （南宋）戴侗《六書故》，景印文淵閣四庫全書本。

26. （元）劉瑾《詩傳通釋》，景印文淵閣四庫全書本。

27. （元）朱公遷《詩經疏義會通》，景印文淵閣四庫全書本。

28. （明）胡廣《詩傳大全》，景印文淵閣四庫全書本。

29. （明）季本《詩說解頤正釋》，景印文淵閣四庫全書本。

30. （明）豐坊《魯詩世學》，《四庫全書存目叢書》經部第 61 冊，齊魯書社 1997 年版。

31. （明）林兆珂《多識編》，《四庫全書存目叢書》經部第 62 冊，齊魯書社 1997 年版。

32. （明）沈萬鈳《詩經類考》，《四庫全書存目叢書》經部第 63 冊，齊魯書社 1997 年版。

33. （明）張以誠《張君一先生毛詩微言》，《四庫全書存目叢書》經部第 63 冊，齊魯書社 1997 年版。

34. （明）陸化熙《詩通》，《四庫全書存目叢書》經部第 65 冊，齊魯書社 1997 年版。

35. （明）鄒忠胤《詩傳闡》，《四庫全書存目叢書》經部第 65 冊，齊魯書社 1997 年版。

36. （明）錢天錫《詩牗》，《四庫全書存目叢書》經部第 67 冊，齊魯書社 1997 年版。

37. （明）郝敬《毛詩原解·毛詩序說》，中華書局 2021 年版。

38. （明）馮復京《六家詩名物疏》，景印文淵閣四庫全書本。

39.（明）徐光啟《毛詩六帖講意》，上海古籍出版社 2011 年版。

40.（明）何楷《詩經世本古義》，明崇禎十四年（1641）刻本，《四庫提要著錄叢書》經部第 60～61 冊，北京出版社 2011 年版。

41.（明）何楷《詩經世本古義》，景印文淵閣四庫全書本。

42.（明）何楷《詩經世本古義》，清光緒十九年（1893）鴻寶齋石印本。

43.（明）何楷《詩經世本古義》，《儒藏精華編》第 27～28 冊，北京大學出版社 2019 年版。

44.（明）熊過《春秋明志錄》，景印文淵閣四庫全書本。

45.（明）卓爾康《春秋辯義》，景印文淵閣四庫全書本。

46.（明）陳際泰《五經讀》《四庫全書存目叢書》經部第 151 冊，齊魯書社 1995 年版。

47.（明）張次仲《待軒詩記》，景印文淵閣四庫全書本。

48.（清）錢澄之《田間詩學》，黃山書社 2005 年版。

49.（清）嚴虞惇《讀詩質疑》，景印文淵閣四庫全書本。

50.（清）顧鎮《虞東學詩》，景印文淵閣四庫全書本。

51.（清）姚際恒《詩經通論》，語文出版社 2020 年版。

52.（清）顧夢麟《詩經約說》，《續修四庫全書》第 60 冊，上海古籍出版社 1996 年版。

53.（清）毛奇齡《推易始末》卷四，《毛奇齡易著四種》中華書局 2010 年版。

54.（清）阮元校刻《十三經注疏》，清嘉慶刊本。

55.（清）王聘珍解詁，王文錦點校《大戴禮記解詁》，中華書局 1983 年版。

56.（清）胡文英《詩經逢原》，第 2 輯第 6 冊，北京出版社 1997 年版。

57.（清）羅典《凝園讀詩管見》，《四庫未收書輯刊》第 3 輯第 10 冊，北京出版社 1997 年版。

58.（清）李允升《詩義旁通》，《四庫未收書輯刊》第 6 輯第 2 冊，北京出版社 2000 年版。

史部

1.（西漢）司馬遷著，（南朝宋）裴駰集解，（唐）司馬貞索隱，（唐）張守節正義《史記》，中華書局 1963 年版。

2.（西漢）劉向編，（清）王照圓補注《列女傳補注》，華東師範大學出版社

2012 年版。

3. （東漢）班固編撰，（唐）顏師古注《漢書》，中華書局 1964 年版。

4. （東漢）袁康著，李步嘉校釋《越絕書校釋》，中華書局 2013 年版。

5. （南朝宋）范曄編撰，（唐）李賢等注《後漢書》，中華書局 1965 年版。

6. （北魏）酈道元著，陳橋驛校證《水經注校證》，中華書局 2013 年版。

7. （唐）李延壽《北史》，中華書局 1974 年版。

8. （唐）杜佑《通典》，中華書局 2016 年版。

9. （南宋）羅泌《路史》，景印文淵閣四庫全書本。

10. （南宋）馬端臨《文獻通考》，中華書局 2011 年版。

11. （元）金履祥《資治通鑒綱目前編》，景印文淵閣四庫全書本。

12. （清）黃虞稷撰；瞿鳳起，潘景鄭整理《千頃堂書目》卷一「詩類」，上
    海古籍出版社 2001 年版。

13. （清）朱彝尊著，林慶彰、蔣秋華、楊晉龍等主編《經義考新校》第 5 冊，
    上海古籍出版社 2010 年版。

14. （清）萬斯同《明史》，《續修四庫全書》第 330 冊，上海古籍出版社 1996
    年版。

15. （清）張廷玉《明史》第 23 冊，中華書局 1974 年版。

16. （清）四庫館臣編撰，趙望秦、李月長、李雲飛、孫師師、馬君毅校證《四
    庫全書初次進呈存目校證》，陝西師範大學出版社 2016 年版。

17. （清）彭元瑞《天祿琳琅書目後編》，上海古籍出版社 2007 年版。

18. （清）周中孚編《鄭堂讀書記》，上海書店出版社 2009 年版。

19. （清）耿文光《萬卷精華錄藏書記》，山右歷史文化研究院編《山右叢書
    初編》第 8 冊，上海古籍出版社 2014 年版。

20. （清）徐鼒《小腆紀傳》，中華書局 2018 年版。

21. （清）徐鼒著，王崇武校點《小腆紀年附考》，中華書局 1957 年版。

22. （清）李清馥《閩中理學淵源考》，鳳凰出版社 2011 年版。

23. 凌雪《南天痕》，清宣統二年（1910）復古社排印本。

24. 徐元誥《國語集解》，中華書局 2002 年版。

25. 黃懷信、張懋鎔、田旭東《逸周書匯校集注》，上海古籍出版社 2007 年
    版。

子部

1. 舊題（戰國）列禦寇，楊伯峻集釋《列子集釋》，中華書局 2016 年版。

2. （戰國）荀況著，（清）王先謙集解《荀子集解》，中華書局 1988 年版。

3. （戰國）呂不韋著，陳奇猷校釋《呂氏春秋新校釋》，上海古籍出版社 2002 年版。

4. （西漢）董仲舒著，（清）蘇輿義證《春秋繁露義證》，中華書局 1992 年版。

5. （西漢）劉向著，向宗魯校證，《說苑校證》，中華書局 2009 年版。

6. （西漢）劉向編著，趙仲邑注《新序詳注》，中華書局 2017 年版。

7. （東漢）王符著，彭鐸校正《潛夫論箋校正》，中華書局 1985 年版。

8. （東晉）葛洪著，王明校釋《抱朴子內篇校釋》，中華書局 1985 年版。

9. （北魏）賈思勰著，繆啟愉校釋《齊民要術校釋》，中國農業出版社 1998 年版。

10. （唐）房玄齡注，（明）劉績補注，劉曉藝校點《管子》，上海古籍出版社 2015 年版。

11. （北宋）陶穀《清異錄》，上海古籍出版社 2012 年版。

12. （北宋）李如箎《東園叢說》，商務印書館 1937 年版。

13. （南宋）程大昌《演繁露》，景印文淵閣四庫全書本。

14. （南宋）黃震《黃氏日抄》，景印文淵閣四庫全書本。

15. （南宋）孫奕《示兒編》，景印文淵閣四庫全書本。

16. （南宋）史繩祖《學齋佔畢》，景印文淵閣四庫全書本。

17. （南宋）洪邁《容齋隨筆》，上海古籍出版 1998 年版。

18. （南宋）黎靖德編《朱子語類》，中華書局 1986 年版。

19. （南宋）王應麟著，（清）翁元圻注，欒保群、田松青、呂宗力校點《困學紀聞》，上海古籍出版社 2008 年版。

20. （宋）林駉《古今源流至論》，景印文淵閣四庫全書本。

21. （南宋）謝維新《古今合璧事類備要別集》，景印文淵閣四庫全書本。

22. （明）楊慎撰，豐家驊校證《丹鉛總錄校證》，中華書局 2019 年版。

23. （明）楊慎《丹鉛餘錄》，景印文淵閣四庫全書本。

24. （明）何孟春《餘冬錄》，嶽麓書社 2012 年版。

25. （明）李時珍《本草綱目》，景印文淵閣四庫全書本。

26.（明）程良孺《讀書考定》，《四庫全書存目叢書》子部第 97 冊。

27.（明）焦竑《焦氏筆乘》，上海古籍出版社 1986 年版。

28.（明）陶宗儀《說郛》，景印文淵閣四庫全書本。

29.（明）顧起元《說略》，景印文淵閣四庫全書本。

30.（清）李光地《榕村語錄續集》，《四庫未收書輯刊》第 4 輯第 21 冊，北京出版社 2000 年版。

31.（清）李慈銘《越縵堂讀書記》，上海書店出版社 2015 年版。

32.（清）劉獻廷《廣陽雜記》，叢書集成初編本。

集部

1.（南朝梁）蕭統《文選》，胡刻本。

2.（唐）李華《李遐叔文集》，景印文淵閣四庫全書本。

3.（唐）柳宗元《柳宗元集》，中華書局 1979 年版。

4.（北宋）李覯《盱江集》，景印文淵閣四庫全書本。

5.（南宋）洪興祖補注《楚辭補注》，中華書局 1983 年版。

6.（南宋）羅願《羅鄂州小集》，景印文淵閣四庫全書本。

7.（南宋）楊簡《慈湖遺書》，景印文淵閣四庫全書本。

8.（南宋）魏了翁《鶴山先生大全集》，景印文淵閣四庫全書本。

9.（清）吳景旭《歷代詩話》，京華出版社 1998 年版。

10.（明）楊慎《升菴集》，景印文淵閣四庫全書本。

11.（明）吳應箕著，章建文校點《吳應箕文集》，黃山書社 2017 年版。

12.（明）黃宗羲《思舊錄》，《黃宗羲全集》第 1 冊，浙江古籍出版社 2012 年版。

13.（明）黃宗羲《黃宗羲全集》第 10 冊《南雷詩文集》上，浙江古籍出版社 2012 年版。

14.（明）吳應箕《樓山堂集》，叢書集成初編本。

15.（清）錢謙益《牧齋初學集》，上海古籍出版社 2009 年版。

16.（清）王昶《春融堂集》卷 68，上海文化出版社 2013 年版。

17.（清）王家振《西江文稿》，《清代詩文集彙編》第 750 冊，上海古籍出版社 2010 年版

18.（清）皮錫瑞撰《皮錫瑞集》，嶽麓書社 2012 年版。

二、今人著述

1. 魯迅《漢文學史綱要》，譯林出版社 2018 年版。

2. 胡樸安《詩經學》，嶽麓書社 2010 年版。

3. 劉師培《經學教科書》，上海古籍出版社 2006 年版。

4. 馬宗霍《中國經學史》，湖南師範大學出版社 2018 年版。

5. 倫明《續修四庫全書總目提要》，東莞圖書館整理《倫明全集》第 3 冊，廣東人民出版社 2017 年版。

6. 傅增湘《藏園群書題記》，上海古籍出版社 1989 年版。

7. 屈萬里《普林斯頓大學葛思德中文圖書館中文善本書志》，《屈萬里先生全集》第 13 冊，聯經出版事業公司 1984 年版。

8. 林慶彰《明代經學研究論集》，華東師範大學出版社 2015 年版。

9. 蔣見元、朱傑人《詩經要籍解題》，上海古籍出版社 1996 年版。

10. 夏傳才、董治安主編《詩經要籍提要》，學苑出版社 2003 年版。

11. 劉毓慶《從經學到文學——明代詩經學史論》，商務印書館 2003 年版。

三、論文

1. 楊晉龍《何楷〈詩經世本古義〉引用化書及其相關問題探究》，《中國文哲研究集刊》2002 年第 21 期。

2. 樊國相《何楷生平小考》，《語文教學通訊》2016 年第 4 期。

3. 沙志利《論何楷〈詩經世本古義〉的現代學術特徵》，《儒家典籍與思想研究》第十二輯，北京大學 2020 年版。

4. 張景昆《朝鮮時代申綽《詩次故》成書考——兼論朝鮮對明清考據學的接受》（《國際漢學研究通訊》2021 年第二十二期。

附錄一：四庫本卷首資料

御題何楷《詩經世本古義》

　　明何楷，閩人，著《詩經世本古義》，凡二十八卷，依時代為次，名曰《世本古義》，以《公劉》、《七月》、《大田》、《甫田》諸篇為首，而殿以《曹風‧下泉》，計三代有詩之世，始夏少康，終周敬王，凡二十八王，因配以二十八宿，各為序目。雖其書於名物訓詁考證詳明，而鉤棘字句，牽合史傳，強附名姓時代。以「舒窈紹兮」指為夏徵舒，《碩鼠》指為魏壽餘，又以《草蟲》為《南陔》，《菁莪》為《由儀》，《緜蠻》為《崇邱》，穿鑿傅會，不可枚舉。且以孔子刪定之三百篇敢於任意顛倒，不師古訓，妄興異議，實索隱行怪之徒，不可為訓。徒供考證，正宜束之高閣耳。

　　弗遵孔子所刪詩，敘世傳經自出奇。割裂雅風畏忘彼，差排星宿巧符其。楷而失則何之謂，撰以成乖杜豈辭。可惜用功無用地，束諸高閣合於斯。

提要

　　臣等謹案：《詩經世本古義》二十八卷，明何楷撰。楷有《古周易訂詁》，已著錄。其論《詩》，專主孟子「知人論世」之旨。依時代為次，故名曰《世本古義》。始於夏少康之世，以《公劉》、《七月》、《大田》、《甫田》諸篇為首。終於周敬王之世，以《曹風‧下泉》之詩殿焉。計三代有詩之世，二十八王，各為序目於前，又於卷末仿《序卦傳》例，作《屬引》一篇，用韻語排比成文，著所以論列之意。考《詩序》之傳最古，已不盡得作者名氏，故鄭氏《詩

譜〉，缺有間焉。三家所述，如《關雎》出畢公、《黍離》出伯封之類，茫昧無據，儒者猶疑之弗傳。楷乃於三千年後，鉤棘字句，牽合史傳，以定其名姓時代。如《月出》篇有「舒窈窕兮，舒憂受兮」之文，即指以為夏徵舒，此猶有一字之近也。《碩鼠》一詩，茫無指實，而指以為《左傳》之魏壽餘，此孰見之而孰傳之？以《大田》為豳雅，《豐年》、《良耜》為豳頌，即屬之於公劉之世，此猶有先儒之舊說也。以《草蟲》為《南陔》，以《菁菁者莪》為《由儀》，以《緇緇》為《崇邱》，人孰傳之而孰受之？大惑不解，楷之謂乎？然楷學問博通，引援賅洽，凡名物訓詁一一考證詳明，典據精確，實非宋以來諸儒所可及。譬諸蒐羅七寶，造一不中規矩之巨器，雖百無所用，而毀以取材，則火齊木難，片片皆為珍物。百餘年來，人人嗤點其書，而究不能廢其書，職是故矣。乾隆四十六年六月恭校上。

總纂官臣紀昀臣陸錫熊臣孫士毅

總校官臣陸費墀〔註1〕

〔註 1〕按：《四庫全書初次進呈存目校證》經部三（陝西師範大學出版社 2016 年版，
　　　　第 125～126 頁）
　　　　《詩經世本古義》二十八卷。
　　　　明何楷撰。楷字元子，晉江人。官至工科給事中。《明史》有傳。其論《詩》，
　　　　專主孟子「知人論世」之指，依時代為次，故名曰《世本古義》。始於夏少康
　　　　之世，以《公劉》、《七月》、《大田》、《甫田》諸篇為首，終於周敬王之世，
　　　　《曹風·下泉》之詩，計三代有詩之世，凡二十八王，各為序目於前。又仿
　　　　《序卦》例，作《屬引》一篇，用韻語排比成文，以著其所以論列之意。凡
　　　　《小序》、朱《傳》以及偽子貢《傳》、偽申培《說》，皆所採用。不主一家，
　　　　亦多有無□依傍，而自為考據論定者。如以《大田》為豳雅，《豐年》、《良耜》
　　　　為豳頌，而即屬之於公劉之世。又如《陳風·月出》篇，據「舒窈糾兮，舒憂
　　　　受兮」之文，便以斥斥（開林按：校記稱「斥斥似衍一『斥』字」）夏徵舒之
　　　　名而盡反舊說，不免杜撰。又如以《草蟲》為《南陔》，以《菁菁者莪》為《由
　　　　儀》，以《緇緇》為《崇邱》，其說皆鑿空無據，亦為失之臆斷。且更易篇策，
　　　　使風、雅、頌混而不分，尤為有識者所非。然其名物訓詁考據詳明，引證精
　　　　確，實有一長之可取。略其義理之穿鑿，而取其注釋之該洽，分別觀之，瑕
　　　　瑜不掩可也。

附錄二：清光緒十九年（1893）鴻寶齋石印本卷首序跋

范景文序

　　《六經》皆聖人持世之書也。古者畢世祇窮一經，然於天地人物之變，淑身繕性之理，皆於是取之。遂以極深研幾，索隱探賾，洞觀古今，較若列眉。夫惟有以仰窺作者之意，而經術可得而著也。昔子輿氏言：「誦《詩》讀《書》，必論其世。」又曰：「《詩》亡而後《春秋》作。」然則不明《春秋》之義，安識《詩》之所以亡？不論作《詩》之世，又安識《詩》之所由作也？夫《詩》之所以同於《春秋》者何也？微獨巡方述職，用以觀風，燕饗會同，可以辨志。即王者功德未隆，頌聲不作，淑氣未洽，風雅無聞。故夫四始、六義，雖為吟詠性情，文人著作，而一王褒譏大法，於此寓焉。用是播之聲歌，被之管絃，神人以和，上下以格，天子之事，孰有大於《詩》者哉？東遷以後，豈遂無詩？尼父刪定，別存《商》、《魯》。斯則運會冥窺，化裁獨握。雖復及門西河、端木之徒，尚未易測其用意之所在，況乎漢儒之詁釋粉蠹雕蟲、宋人之議論鑿空傳響者哉？然則未刪之詩亡於王跡之既熄，已刪之詩並亡於論說之多岐。蓋不稽時代，以考污隆，於論世之旨何當焉？

　　吾友何玄子，家世受《詩》，獨觀深旨，見夫《詩》中所載周事為多。后稷而後，文王而上，人知為周之先，不知為夏商之臣。其諸非廟祀追遠之作，斷之夏、商，使從其世。至《風》、《雅》篇次，因人及事，義如貫珠。登之音韻，以和其聲；證之名物，以資其博。抽繹既精，引義綦廣，遂令分體之什，燦若編年之書。千五百年而後，何意復有斯人？七十二子之中，更可獨

安一座矣。學者誠能能明心開眼,盡其通卷,流連讀之,上者剛樸,其次雍和,其次競惕,末則流放傷悼焉。其治亂所錯,真可上接乎《書》,而比於《春秋》之史。嗟呼!吾人生六藝散失之後,能使代有言、人有詠,不至如他時簡闊寥廓之難尋,則何氏翼經之功,於古之人何如耶?河間范景文撰。

林蘭友序

嘗綜覽六經,知聖人為世慮深遠也。《易》原本天地,而以卦爻象象世其學;《書》原本帝王,而以典謨誥誓世其治;《禮》洋洋憂憂,待人後行,而忠敬質文之運出焉。孟子曰:「王者之跡熄而《詩》亡,《詩》亡然後《春秋》作。」咸以為世也。六經皆聖人持世之書,而惟《書》譚治最悉。《詩》,佐《書》而治者也。三代以前無《詩》而《書》存,三代以後有《詩》,而田夫、紅女、幽人、韻士皆得進而自附於師傅凝丞鍾鼓磬韶之列。其間道路里巷之謠思,清廟明堂之播擊,忠臣以事其君,孝子以事其親,出之精神志意之微,通乎氣數升沉之大,剛柔燥濕之各有其方,正變盛衰之各有其候,采風問俗,見政知德。聖人曰:「是可以為政也。」夫唐虞三代之治,為之堂上者也。彼其君臣所相與諮嗟教戒者,無非群黎百姓遍為爾德之事。三代以下,敬勝義勝之旨日漸以湮,簾遠堂高之名日漸以隔。彼於君臣、父子、昆弟、夫婦之間,鮮有不事以情求以理動者矣。則時取之詩以寄其溫厚感愴之誠,慷慨陳言之意,婉而諷,和而莊,寬而密,以諧神人,以薦天地,而《風》、《雅》、《頌》之旨出焉,所謂體也,然而有世存焉。一代之興與一王之統,開於草昧之始,利用質,漆沮所以肇夏道之衰。開於鼎革之際,利用文,岐渭所以繼殷武而盛。守成之難於創業,阿衡蕭辰,所以易世而同心;中興之難於載造,玁狁鬼方,所以千古而一轍。是以論其世也,刪《書》斷自唐虞,徵《禮》存乎杞宋,《易》傳龍馬,筆絕獲麟。六經皆列聖世譜,何獨至於《詩》而疑之?善哉!吾友何玄子《世本古義》之編,所以繼毛、鄭諸儒而深切著明之也。比於今人選詩,雖樂府、歌謠、律絕、雜散不一其體,而上迄秦漢六朝,以暨唐人初盛中晚,莫不各有其世焉,夫亦存乎其義也。玄子之先尊人印海君,窮經學古,為清漳名儒。余髮未燥時,聞印海君。即聞玄子名,時方未總角也,於九龍五馬之間,於其尊人,無奇不授,無秘不搜。嗣是玄子之學益大,識益廣,然聞皆得之登岵陟屺、披垣粉署、馬蹄鶺首之餘。《易》、《春秋》、《孝經》皆有義詁,《易詁》成於墅關,《詩義》成於建言謫居。余與玄子同以言受謫有

年矣，然竟泮渙居諸。今玄子《春秋繹》復且成於慈人苫茨之下，茲其考事摭實，訂旨正誤，比字尋聲，是皆從破萬卷而出之。每當閉戶窮搜，尚友論世，無春秋冬夏以曁退食鞅掌，必及燈寒漏壺，有累數日夜寐不交睫者。玄子真異人也。吾閩理學名儒，自楊龜山、李延平諸公而後，行當於玄子推一席也。同里盟弟林蘭友頓首拜撰。

曹學佺序

（已見卷首，不錄）

祁世長序

嚴生詩南，余甲申科試寧屬所得士也。今年秋，余患痰疾，徧延都下醫士治之，而疾如故。余耳詩南素諳和緩術，為了修尺書述病情，索擬一方。既而方與書旋，並以明何元子《詩經世本古義》請余序。余以《詩經世本古義》行世已久，有美必臻，無秘不探，原序言之詳矣，余復何言！特時遠年湮，舊板不無漫漶。即有一二好古之士欲窮經，而書闕有間，則雖有傳人，無傳書，而卒至失傳，是用為慨。余知詩南夙好研經。戊寅春，黃侍郎恕皆按試寧郡，曾以詩南為解經之首肯而冠其群。其於《毛詩》一編得力於何氏多矣。今詩南不私為枕中秘而公諸同好，繕縮石印，校勘精詳。異時盛行海內，經學日昌，詩教日興，興觀群怨之旨，溫柔敦厚之化，浸浸乎日進於古，為國家導揚休美，黼黻承平，何氏之功，亦嚴生詩南之微意也。余嘉其有公世之心，爰為之志其緣起如此。光緒辛卯孟冬壽陽祁世長謹序。

黃炳垕序

說《詩》之作，自漢以來，無慮二三百家。然或精於義理，或詳於器數名物。其仿史傳編年之體，明盛衰因革之故，惟鄭氏《詩譜》為最古。顧其書在宋時，歐公已不獲見全帙，嘗案《春秋》、《史·本紀》、《世家》、《年表》為圖，以補鄭《譜》之亡。至後，宋盧陵段子武《毛詩集解》，遂有詩世說，然亦祇述其略而已。明季何元子先生以《詩》、《書》為聖人治世之跡，與《春秋》類，而因排次時代，取公劉遷豳諸什以續五子之後，取王季、文王諸詠以廣商頌之遺。然後《關雎》、《鵲巢》以次相承，而終於《下泉》一篇，以求合乎孟子知人論世之義。偉矣哉，其用心可謂勤而識見亦卓越矣！顧世儒有議其傅會者。夫生古人之後，據古人偶然託諷之言，而欲分其時代，指實其姓

名，良非易事。故晦翁云：「不知其時必強以為某王某公之時，不知其人必強以為某甲某乙之事，鑿空妄語，以誑後人。」其意蓋為《小序》而發。夫《小序》雖未必孔氏之舊，然傳授淵源有自，以視鑿空臆斷者則有間矣。故雖出於大賢之口，而不皆奉為定論也。元子之書，於前人所稱《鵲巢》、《卷耳》為康王時詩，《樛木》為帝辛時諸侯朝周之詩，皆所不取，是正詩之功，豈淺解哉！其謂《詩》亡於《下泉》，正當敬王之時，孔子有感而作《春秋》。今《邶》、《鄘》而下往往有春秋時詩者，蓋自平遷王城，敬遷下都，周道衰微，無復王者之詩。夫子屬望中興，庶幾夏之少康，殷之盤庚、武丁，故於二代之詩獨有取於三君之世，元子真知聖人之志事哉！夫詩記先王之政事與列國之風俗，古之學者家絃而戶誦，以之興觀群怨，修其事父事君之道，何其效也！今三百篇具存，有窮年皓首讀之茫然不知為何用者，此固經訓之不明，抑亦如崇山巨浸，無梯航以為登涉資耳。得是編而即世觀人，即人觀志，外內取足，而不惟是詳訓詁、明盛衰因革之故已也。然而何氏不免於遺議者以此，歎經窟中樹一幟之難也。谿上嚴學博詩南得善本，不以自私，將重鋟以廣其傳，而問序於予，其嘉惠來學之心可喜也。詩南枕經有年，兼習勾股學，嘗執贄予門，予故推原作者本旨，用撰斯序。惟詩南可與言詩也。夫冥搜默證，援據詼洽，前人所已言者，良無俟予言為已。光緒十有九年歲在癸巳中和節，姚江黃炳垕蔚亭氏書於留書種閣，時年七十有九。

鮑廷博跋

《詩經世本古義》，明季何元子所撰。大指主孟子論世知人之說，不分風雅頌，以二十八宿列部，移掇篇次，依時代為先後，首《公劉》，終《下泉》，各為小引以識其世。其於各詩之作者，必求其人以寔之，故穿鑿附會，皆所不免。然元子學問博通，引援賅洽，《欽定四庫全書》亦甄收著錄，誠以其苦心孤詣，自足千秋也。舊板罕傳，嘉興周君春圃更為校定付梓。篤學好古之忱，蓋於此可見一斑已。嘉慶甲戌仲春月歙鮑廷博跋。

嚴維駿跋

《詩經世本古義》，明閩漳何元子楷著。窮章析句，考據精深，寔發前人所未發。後儒襲其詞華，引申文義，散著於群書者不少，然祇獵取其緒餘而未得其奧窔，由未窺全書故也。歲丁丑，余得《詩經世本古義》全書，凡二十八卷，研究十數年，深味旨趣，覺編年序世，窮理格物，證舊說而獨抒己見，

惟是為最誠，說詩者當奉為圭臬。第坊間不數數覯，雖存其目而未覯其書。竊歎元子家世受詩，獨得深旨，以七閱寒暑，殫精竭慮而成之。今有傳書而不見於世，恐時代遞遠，將有置而不問者矣。元子之憾，抑亦傳經者之憾也。余不敢據為枕中之秘笈，爰由原書謄真，詳加校訂，縮為石印，俾研經者案置一編，易於推討，並取其便於舟車云爾。光緒壬辰仲冬慈谿後學嚴維駿謹識。

附錄三：王家振《毛詩世本古義後序》
甲午〔註1〕

　　說《詩》之作，自漢以來，無慮二三百家，然或精於義理，或詳於器數名物。其仿史傳編年之體，明盛衰因革之故，惟鄭氏《詩譜》為最古。顧其書在宋時，歐公已不獲見全帙。嘗案《春秋》、《史》本紀、世家、年表為圖以補鄭《譜》之亡者，至後宋段子武《毛詩集解》，遂有詩之世說，然祇舉其略而已。明季何玄〔註2〕子先生獨以《詩》、《書》為聖人治世之迹，與《春秋》類，而因排次時代，取公劉遷豳諸什以續五子之後，取王季文王諸詠以廣商頌之遺，然後《關雎》、《鵲巢》以次相承而終於《下泉》一篇，以合乎《孟子》知人論世之義。而世儒多議其傅會，病其紕繆。夫生古人之後，據古人偶然託諷之言，而欲顯分其時代，指實其姓名，良非易事。朱晦翁云：「不知其時，必強以為某王某公之時；不知其人，必強以為某甲某乙之事。鑿空妄語，以誑後人。」其意蓋為《小序》而發。夫《小序》雖未必孔氏之舊，然傳授淵源有自，以視鑿空臆斷者有間，故雖出於大賢之口，而不皆奉為定論也。玄子之書，如《草蟲》、《湯孫》、《玄鳥》諸篇近於傅會者有之，而於前人所稱《鵲巢》、《卷耳》為康王時詩、《樛木》為帝辛時諸侯朝周之詩，玄子皆所不取，是正之功，曷可少哉？其謂《詩》亡於《下泉》，正當敬王之時，孔子有感而作《春秋》。今《邶》、《鄘》而下往往有春秋時詩，何也？蓋自平遷王城，敬遷下都，周道衰微，無復王者之詩，夫子屬望中興，庶幾夏之少康、殷之盤

〔註1〕（清）王家振《西江文稿》卷一，《清代詩文集彙編》第 750 冊，第 388～389 頁。
〔註2〕「玄」，底本作「元」。下同。

庚、武丁，故於二代之詩獨有取於三君之世。玄子真知聖人之志事哉！夫《詩》記先王之政治與列國之風謠，古之學者家弦而戶誦，以之興觀群怨，修其事必事君之道何其效也今三百篇具存，有窮年皓首讀之茫然不知為何物者，此固經訓之不明，抑亦如崇山巨浸，無梯航以為登涉資耳。得是編而即世觀人，即人觀志，外內取足，而不惟是詳訓詁，明盛衰因革之故已也。然而何氏不免於遺議者以此，歎經窟中樹一幟之難也。溪上嚴學博詩南得善本，不以自私，將重錄以博其傳，而問序於予。其嘉惠來學之心可喜也，予故推原作者本旨而復參以鄙見如此。

附錄四：《詩經世本古義》相關評論

錢澄之《田間詩學・凡例》〔註1〕

一、晉江何玄子先生作《詩經世本》，向謫南曹，時剗厥甫竣，即持以示余，使為校訂。余少好異書，見其以詩編年，混《風》、《雅》、《頌》而一之，則大駭，秘為帳中物。今讀之，其牽強杜撰頗多，至於考據精詳，有恰與詩指合者亦存之，以備一說。何先生授余以《易》，又授以《詩》，其教不敢忘也，故錄存者多而亦時加辯論。要之，先生書自成一家言，孤行於世，不必以經學相律也。

黃虞稷《千頃堂書目》〔註2〕

何楷《毛詩世本古義》二十八卷

取《毛詩序》依其世時之次第而先後之，故曰「世本」，所採先儒之說甚博。

朱彝尊《經義考》〔註3〕

何氏楷《詩經世本古義》

二十八卷

存

〔註1〕黃山書社2005年版，第6～7頁。

〔註2〕（清）黃虞稷撰；瞿鳳起，潘景鄭整理《千頃堂書目》卷一「詩類」，上海古籍出版社2001年版，第31頁。

〔註3〕林慶彰、蔣秋華、楊晉龍等主編《經義考新校》第5冊，上海古籍出版社2010年版，第2148～2154。

范景文序曰（略）

曹學佺序曰（略）

楷自序曰（略）

錢澄之曰：「晉江何氏《詩經世本》，以詩編年，混《風》、《雅》、《頌》為一，其牽合杜撰頗多。至於考據精詳，有恰與詩旨合者。要之，自成一家言，不必以經學相繩也。」

吳應箕曰：「何玄子黃門作《詩經世本》，其中疏論有卓然不朽、發前人未發者，但更易四始，為一時有識人所非。」

按：何氏《世本》其序次，首夏少康之世詩八篇：《公劉》也、《七月》也、《甫田》也、《大田》也、《豐年》也、《良耜》也、《載芟》也、《行葦》也；次殷盤庚之世詩一篇：《長發》也；高宗之世詩三篇：《那》也、《烈祖》也、《玄鳥》也；祖庚之世詩一篇：《殷武》也；武乙之世詩五篇：《關雎》也、《鵲巢》也、《桃夭》也、《螽斯》也、《葛覃》也；太丁之世詩五篇：《采薇》也、《卷耳》也、《鹿鳴》也、《南山有臺》也、《伐木》也；帝乙之世詩五篇：《草蟲》也、《出車》也、《四牡》也、《杕杜》也、《皇皇者華》也；帝辛之世詩二十篇：《采蘩》也、《兔罝》也、《樛木》也、《南山嘉魚》也、《羔羊》也、《小星》也、《江有汜》也、《摽有梅》也、《漢廣》也、《芣苢》也、《野有死麕》也、《麟之趾》也、《殷其雷》也、《騶虞》也、《行露》也、《菁菁者莪》也、《汝墳》也、《魚麗》也、《采蘋》也、《鳬鷖》也；周武王之世詩十三篇：《魚藻》也、《緜》也、《旱麓》也、《皇矣》也、《天作》也、《既醉》也、《雝》也、《思齊》也、《棫樸》也、《靈臺》也、《臣工》也、《白駒》也、《小宛》也。

成王之世詩五十篇：《閔予小子》也、《匏有苦葉》也、《鴟鴞》也、《狼跋》也、《伐柯》也、《九罭》也、《假樂》也、《載見》也、《烈文》也、《訪落》也、《小毖》也、《敬之》也、《東山》也、《破斧》也、《泮水》也、《常棣》也、《大明》也、《文王有聲》也、《思文》也、《生民》也、《我將》也、《絲衣》也、《楚茨》也、《信南山》也、《潛》也、《桑扈》也、《蓼蕭》也、《湛露》也、《彤弓》也、《緜蠻》也、《吉日》也、《振鷺》也、《有瞽》也、《武》也、《酌》也、《賚》也、《般》也、《時邁》也、《桓》也、《有客》也、《文王》也、《蟋蟀》也、《天保》也、《清廟》也、《維天之命》也、《維清》也、《斯干》（按：依例當補「也」字）、《泂酌》也、《卷阿》也、《凱風》也；康王之世詩五篇：《采菽》也、《昊天有成命》也、《下武》也、《噫嘻》也、《甘棠》也；昭王之

世詩二篇：《執競》也、《鼓鍾》也；共王之世詩一篇：《綢繆》也；懿王之世詩一篇：《還》也；夷王之世詩三篇：《柏舟》也、《北門》也、《北風》也；厲王之世詩十篇：《漸漸之石》也、《桑柔》也、《四月》也、《采綠》也、《民勞》也、《板》也、《蕩》也、《宛丘》也、《東門之枌》也、《衡門》也；宣王之世詩二十篇：《都人士》也、《鴻雁》也、《韓奕》也、《六月》也、《采芑》也《常武》也《江漢》也《無衣》也《崧高》也《黍苗》也《烝民》也《無羊》也《車攻》也、《汎彼柏舟》也、《庭燎》也、《雲漢》也、《祈父》也、《沔水》也、《黃鳥》也、《鶴鳴》也；幽王之世詩三十二篇：《無將大車》也、《隰桑》也、《大東》也、《巷伯》也、《鴛鴦》也、《白華》也、《車舝》也、《角弓》也、《頍弁》也、《瓠葉》也、《小戎》也、《正月》也、《瞻卬》也、《召旻》也、《小旻》也、《青蠅》也、《我行其野》也、《小弁》（按：依例當補「也」字）、《蓼莪》也、《十月之交》也、《雨無正》也、《北山》也、《何草不黃》也、《小明》也、《匪風》也、《素冠》也、《逍遙》也、《丘中有麻》也、《隰有萇楚》也、《菀柳》也、《巧言》也、《苕之華》也；平王之世詩三十四篇：《瞻彼洛矣》也、《緇衣》也、《車鄰》也、《裳裳者華》也、《溱洧》也、《東門之墠》也、《女曰雞鳴》也、《出其東門》也、《駟鐵》也、《賓之初筵》也、《抑》也、《淇澳》（按：依例當補「也」字）、《終南》也、《蒹葭》也、《黍離》也、《中谷有蓷》也、《碩人》也、《綠衣》也、《終風》也、《日月》也、《簡兮》也、《考槃》也、《采葛》也、《遵大路》也、《白石》也、《山有樞》也、《椒聊》也、《戌申》也、《君子于役》也、《葛藟》也、《叔于田》也、《大叔于田》也、《將仲子》也、《野有蔓草》也；桓王之世詩三十二篇：《燕燕》也、《擊鼓》也、《節南山》也、《雄雉》也、《新臺》也、《蟋蟀》也、《君子偕老》也、《靜女》也、《相鼠》也、《谷風》也、《氓》也、《何人斯》也、《著》也、《敝笱》也、《葛屨》也、《墓門》也、《習習谷風》也、《伯兮》也、《兔爰》也、《有女同車》也、《鴇羽》也、《山有扶蘇》也、《狡童》也、《蘀兮》也、《褰裳》也、《二子乘舟》也、《芄蘭》也、《牆有茨》也、《鶉之奔奔》也、《桑中》也、《東方未明》也、《盧令》也；莊王之世詩九篇：《揚之水》也、《風雨》也、《南山》也、《東方之日》也、《猗嗟》也、《甫田》也、《載驅》也、《何彼襛矣》也、《雞鳴》也；僖王之世詩二篇：《大車》也、《無衣七兮》也；惠王之世詩十六篇：《君子陽陽》也、《防有鵲巢》也、《伐檀》也、《園有桃》也、《河廣》也、《干旄》也、《竹竿》也、《載馳》也、《泉水》也、《有狐》也、《清人》也、《木瓜》

也、《定之方中》也、《采苓》也、《陟岵》也、《葛生》也；襄王之世詩十五篇：《有杕》也、《權輿》也、《十畝之間》也、《蜉蝣》也、《候人》也、《渭陽》也、《羔裘豹袪》也、《有杕之杜》也、《鳲鳩》也、《羔裘如濡》也、《閟宮》也、《有駜》也、《駉》也、《晨風》也、《黃鳥》也；頃王之世詩一篇：《碩鼠》也；定王之世詩八篇：《彼汾沮洳》也、《株林》也、《東門之楊》也、《東門之池》也、《月出》也、《澤陂》也、《旄丘》也、《式微》也；景王之世詩二篇：《子衿》也、《豐》也；敬王之世詩一篇：《下泉》也。雖《風》、《雅》、《頌》混而不分，其義專主孟子所云「誦其詩，論其世」，故其書亦有足取，非豐氏《魯詩》徒變亂經文者比也。至若以《草蟲》為《南陔》，《菁菁者莪》為《由儀》，《緜蠻》為《崇丘》，皆出於臆見，不足信矣。

李光地《榕村語錄續集》卷三《詩》：〔註4〕

何屺瞻問何元子《詩經世本》。曰：也平常，不過敘次諸詩世代，殊未的確。某意《詩經》除如「周公之孫，莊公之子」之為僖公，「戎狄是膺，荊舒是懲」、「至于海邦，淮夷來同」之為從齊桓公征伐之類，的有證據者為無疑，其他皆宜空闊，為無題之詩可也。陳介石極說得是：「頌為天子用之宗廟者，魯且僭而仿之，則大、小《雅》列國獨不敢仿乎？夫《國風》出於天子巡守列國，陳而觀之，以行賞罰，示勸懲者。西周王迹未熄之時，風詩自《二南》以外蔑如也。東周以後，天子不巡守，諸侯不獻詩，而孔子所選者反累累焉，此豈可信乎？夫風不必《二南》為正，自《邶》、《鄘》以下皆變也。各國之中皆有正變也，烏知其正者內無西周之詩耶？故不指實，豈不更妙！」

《詩經》除顯然有證據的然為某人某事，稍涉游移者便須空之，愈空愈好，何用實以世系為哉？只是要見其大處。如《國風》不過此男女飲食之故，到大、小《雅》皆賢人君子所為，作燕饗慰勞，命將出師，行禮奏樂也，不過如此。至於《頌》，以成功告神明，格天祖也，不過如此。其言情，情即性也。聖人盡性，徹上徹下，見到至處。六經皆是此理，《詩經》更說得薈萃融浹耳。

彭元瑞《天祿琳琅書目後編》〔註5〕

詩經世本古義二函，十六冊。

〔註4〕（清）李光地《榕村語錄續集》，《四庫未收書輯刊》第4輯第21冊，北京出版社2000年版，第27頁。

〔註5〕彭元瑞《天祿琳琅書目後編》，上海古籍出版社2007年版，第652～653頁。

明何楷撰。楷，字元子，晉江人。天啟乙丑進士，官吏科給事中。唐王時，授禮部尚書，為鄭芝龍所軋，憤卒，《明史》有傳。書二十八卷。前有范景文序，林蘭友序，曹學佺序，楷自序，次原引一首，附錄《論風雅頌》三條。其書不依《毛詩》次第，略本鄭氏《詩譜》，而雜以己意，取三百五篇，敘其時世，始夏少康之世《公劉》篇，迄周敬王之世《下泉》篇，凡二十八王，各為序引於前。末屬引一首，仿《序卦傳》體，以韻語明所以比屬牽綴之義，不免穿鑿附會。而援據極博，考據極詳，亦可謂萃一生之精力者矣。范景文，字夢章，吳橋人。萬曆癸丑進士，崇禎末官大字士，殉難。曹學佺，字能始，侯官人。萬曆乙未進士，官陝西副使，天啟中除名，崇禎初復官，不赴，家居，殉節。

姚際恒《詩經通論・詩經論旨》〔註6〕

何玄子《詩經世本古義》，其法紊亂《詩》之原編，妄以臆見定為時代，始於《公劉》，終於《下泉》，分列某詩為某王之世，蓋祖述偽《傳》、《說》之餘智而益肆其猖狂者也。不知其親見某詩作於某代某王之世否乎？苟其未然，將何以取信於人也？即此亦見其愚矣。其意執孟子「知人論世」之說而思以任之，抑又妄矣。其罪尤大者，在於滅詩之風、雅、頌。夫子曰：「女為《周南》、《召南》矣乎？」又曰：「雅、頌各得其所。」觀季札論樂，與今《詩》編次無不符合。而乃紊亂大聖人所手定，變更三千載之成經，國風不分，雅、頌失所，罪可勝誅耶！其釋詩旨，漁獵古傳，摭拾僻書，共其採擇，用志不可謂不過勤，用意不可謂不過巧；然而一往鑿空，喜新好異，武斷自為，又復過於冗繁，多填無用之說，可以芟其大半。予嘗論之，固執之士不可以為詩；聰明之士亦不可以為詩。固執之弊，人所知也；聰明之弊，人所未及知也。如明之豐坊、何楷是矣。抑予謂解詩，漢人失之固，宋人失之妄，明人失之鑿，亦為此也。鑿亦兼妄，未有鑿而不妄者也，故歷敘古今說詩諸家。於有明豐、何二氏禱張為幻，眩目搖心，不能無三歎焉。何氏書刻於崇禎末年。刻成，旋遭變亂。玄子官閩朝、為鄭氏所害時，逃去，或云鄭氏割其耳，或云中途害之。印行無多，板亦燬失。杭城惟葉又生家一帙，予於其後人重購得之。問之閩人，云彼閩中亦未見有也。大抵此書詩學固所必黜，而亦時可備觀，以其能廣收博覽。凡涉古今詩說及他說之有關於詩者靡不兼收並錄；復以經、傳、子、詩所引

〔註6〕姚際恒《詩經通論》，語文出版社2020年版，第17～18頁。

詩辭之不同者，句櫛字比，一一詳注於下；如此之類，故云可備觀爾。有志詩學者於此書不可惑之，又不可棄之也。然將來此書日就漸滅，世不可見，重刻亦須千金，恐無此好事者矣。

盧文弨《何楷詩經世本古義書後》〔註7〕癸巳

何氏以三百篇之詩分屬世次，不與通行本同，始於《公劉》，訖於《下泉》，其先後頗難盡信。然此亦自成一家之學。其書二十八卷，配以宿名，首角終軫，每卷之首，各有小引。又有《原引》為卷首，則當在二十八卷之前；又有《屬引》為卷後，則當在二十八卷之後。今此裝潢本，於卷首之下，將各卷首篇小引紬出，彙置一處，下又即將卷後一冊繫焉。以下詩之次第，仍同今本，以《關雎》為首，《殷武》為末，茫然無復卷數，大失著書之本意矣。其《屬引》一篇，蓋倣《序卦》而為之，屬以聯屬為義，若知後世必有紛更之者，而殿以此篇，其序灼然可尋，庶幾淆亂之餘，不難復舊。今當於《屬引》之下，仍以小引散之各卷之首，依角、亢、氐、房等宿名目尋之，則二十八卷，乃成為何氏之書，而以《屬引》終焉，則與本題卷後之名亦相脗合矣。

王昶《示長沙弟子唐業敬》〔註8〕

《詩》以毛、鄭為宗，孔疏其冢適也。嗣後如呂成公、嚴華谷、何元子、陳長發，其所發明，博洽宏通，尤當盡覽。

耿文光《萬卷精華錄藏書記》〔註9〕

《詩經世本古義》二十八卷

明何楷撰

溪邑謝氏本。嘉慶己卯依原板重刊。前有范景文序、林蘭友序、曹學佺序、楷自序。參校姓氏至百家，則明代刻書之陋習也。首卷為原引，自「古文『詩』作『詝』」敘至「楷家世受《詩》」。附錄論風、雅，頌三條。篇次二十八卷，依二十八宿，殊屬無謂。角部至軫部，分為二十八部，共三百五篇。書成於崇禎十四年，原本未見，其篇第皆非舊次，第一章為《篤公劉》。亦可謂好異

〔註7〕（清）盧文弨《抱經堂文集》卷八，陳東輝主編《盧文弨全集》第8冊，浙江大學出版社2017年版，第149～150頁。

〔註8〕（清）王昶《春融堂集》卷68，上海文化出版社2013年版，第1128頁。

〔註9〕耿文光《萬卷精華錄藏書記》卷五，山右歷史文化研究院編《山右叢書初編》第8冊，上海古籍出版社2014年版，第184～185頁。

者矣。別本有依監本之次而刻其注者，頗便循覽。或又議其非何氏本意，然予但取其注，不取其篇次也。其注於名物訓詁所採極博，林序所謂「破萬卷而出之」者，誠不誣也。恭讀《天祿琳琅書目》，曰其書不依《毛詩》次第，略本鄭氏《詩譜》而雜以己意。取三百五篇敘其時世，始夏少康之世《公劉》篇，迄周敬王之世《下泉》篇，凡二十八王，各為序引於前。末屬引一首，仿《序卦傳》體，以韻語明所以比屬牽綴之義，不免穿鑿傅會。而援據極博，考證極詳，亦可謂萃一生之精力者矣。

何氏自序曰：「凡余說《詩》，是不一術。先循之行墨，以研其義；既證之他經，以求其驗；既又考之山川譜系，以摭其實；既又尋之鳥獸草木，以通其意；既又訂之點畫形聲，以正其誤；既又雜引賦《詩》斷章，以盡其變。諸說兼詳，而《詩》中之為世為人，若禮若樂，俱一一躍於是。喜斯文之在茲，歎絕學之未隊也。」

《毛傳》云：「小曰橐，大曰囊。」孔云：「囊、橐俱用裹糧食，而異其文，明有小大之別。宣二年《左傳》稱趙盾見靈輒餓，食之，又為簞食與肉，實諸橐以與之。橐，唯盛食而已，是其小也。哀六年《公羊傳》稱，陳乞欲立公子陽生，盛之巨囊內。可以容人，是其大也。」徐云：「按字書，有底曰囊，無底曰橐。然則橐今纏腰下者。」嚴粲云：「《東方朔傳》云『奉一囊粟』，是糧米盛於大囊，乾饌盛於小橐也。」予初不解橐為何物，觀此始明，因錄之以見何注之詳。其他類此者尚多，非諸家所及。

周中孚編《鄭堂讀書記》〔註10〕

詩經世本古義二十八卷書三味齋刊本

明何楷撰。楷，字元子，晉江人。天啟乙丑進士，官至吏科給事中。唐王聿鍵起兵於閩，以為禮部尚書，旋為鄭芝龍所軋，憤恚而卒。《四庫全書》著錄。《明史・藝文志》亦載之。是書大指主孟子論世知人之說，不分風、雅、頌，以二十八宿列部，移掇篇次，依時代為先後。始於夏少康時《公劉》之篇，終於周敬王時《下泉》之什，凡歷二十八王，以隸三百五篇。每篇各屬小引，以識其世，故曰《世本》。其於各詩之作者，必求其人以實之，故穿鑿附會，皆所不免，然於名物訓詁，引據詳明。惟其意主博搜，不暇持擇，且並偽《子貢傳》、偽《申培說》，亦引

〔註10〕 （清）周中孚編《鄭堂讀書記》卷八《經部五之上・詩類》，上海書店出版社 2009 年版，第 122～123 頁。

以為證，殊屬大紕繆耳。首有《原引》，其子燾注，並附錄論十五國風，論二雅、論三頌三則，卷後仿《易序卦》，作《屬引》一篇。書成於崇禎辛巳，自為之序，同時范景文、曹學佺、林蘭友俱為之序。至國朝嘉慶癸酉，嘉興周春圃仁秉重刊其書，仁和費丙章、德清車宏英又俱為之序，春圃暨鮑淥飲廷博俱為之跋。

黃之驤《宏遠謨齋家塾程課條錄》

《詩》以毛、鄭為宗，孔《疏》其冢適也。嗣如呂氏祖謙《讀詩記》、嚴氏粲《詩緝》、何氏楷《詩世本古義》、陳氏啟源《毛詩稽古編》，博洽宏通，尤多裨助。

李慈銘《越縵堂讀書記》〔註11〕

詩經世本古義　明何楷撰

得蓮士書。以明何氏楷《詩經世本古義》借閱。楷字元子，福建清漳人，崇禎中為御史，負直聲，後仕南都，至戶部侍郎。入閩·升尚書。閩亡後卒。此書以時代先後為主，慎倒次第，始於《公劉》、《行葦》諸篇，謂在夏少康之世，此明人割裂古書之妄習，雖多存古義，採取頗富，而支離鹵莽，得不勝失。蓮士來書，謂其頗涉武斷，誠然也。前有范文忠、林蘭友字操聖、曹學佺字尊生三序。予最不喜明人經說，因遂還之，並以《三朝要典》屬轉還節子。即作覆書，言《毛詩》之學，以注疏及呂氏《詩紀》、嚴氏《詩輯》為之綱，近時有合刻嚴、呂《詩說》者，於廠市見之，甚佳。以國朝陳氏《稽古編》、胡氏《後箋》、李氏《紬義》、馬氏瑞辰《傳箋通釋》為之緯，他書可不讀矣。顧亭林《聖安本紀》載南都降臣有戶部侍郎何楷名，而黃梨洲《行朝錄》、錢田間《所知錄》皆言其入閩為戶部尚書，掌都察院·以忤二鄭請告歸，為盜截其一耳，欽定《明史》因之，蓋僅於降表簽名，而未嘗迎附者也。

同治丙寅　正月廿一日

皮錫瑞《經學通論·詩經·論鄭譜鄭箋之義知聲音之道與政通》〔註12〕

《詩》之世次難以盡知，何楷《世本古義》臆斷某詩為某人某事作，《提要》以為大惑不解。即《毛序》某詩刺某君，朱子亦不深信。

〔註11〕李慈銘《越縵堂讀書記》，上海書店出版社 2015 年版，第 34～35 頁。
〔註12〕（清）皮錫瑞撰《皮錫瑞集》，嶽麓書社 2012 年版，第 1386 頁。

魯迅《漢文學史綱要》第二篇《書與詩》〔註13〕

毛氏《詩序》既不可信，三家《詩》又失傳，作詩本義遂難通曉。而《詩》之篇目次第，又不甚以時代為先後，故後來異說滋多。明何楷作《毛詩世本古義》，乃以詩編年，謂上起於夏少康時（《公劉》、《七月》等）而訖於周敬王之世（《下泉》），雖與孟子知人論世之說合，然亦非必其本義矣。

胡樸安《詩經學·宋元明詩經學》

明儒說《詩》，略分兩派。一派演《集傳》之餘，如胡廣奉敕撰《詩經大全》，悉以劉瑾之書為主，頒為功令，學者翕然從之。一派雜採漢、宋之說，如季本之《詩解頤》，李先芳之《讀詩私記》，何楷之《詩經世本古義》，朱謀㙔之《詩故》是。大概明人之學，在義理一方面言，不如宋人之精；在考證一方面言，不及漢唐之密。名物訓詁之考證，惟朱謀㙔之《詩故》略善。當《詩經大全》盛行之日，朱氏獨能研究遺文，發揮古義，亦不可多得也。此明代之《詩經》學也。

劉師培《經學教科書》

自明代輯《大全》胡廣等選。以私記。之書，則雜採漢宋之說。惟何楷《詩經世本古義》、王夫之《詩經稗疏》又有《詩廣傳》亦多新義。詳於名物訓詁，以朱謀㙔《詩故》為最精。雖間傷穿鑿，然折衷漢詁，與遊談無根者不同。

馬宗霍《中國經學史》〔註14〕

何楷《詩經世本古義》旁摭史傳。其書專主孟子「知人論世」之旨，依時代為次，故名「世本古義」。引援賅洽，考證詳明，非宋以來諸儒所及。

倫明《續修四庫全書總目提要》〔註15〕

詩經世本目一卷《閩竹居叢書》本

明何楷撰。楷著《詩經世本古義》，以世為次。計夏少康之世詩八篇，殷盤庚之世詩一篇，殷高宗之世詩三篇，殷祖庚之世詩一篇，殷武乙之世詩五

〔註13〕魯迅《漢文學史綱要》，譯林出版社 2018 年版，第 17 頁。
〔註14〕馬宗霍《中國經學史》第十一篇《元明之經學》，湖南師範大學出版社 2018 年版，第 113 頁。
〔註15〕倫明著，東莞圖書館整理《倫明全集》第 3 冊，廣東人民出版社 2017 年版，第 143 頁。

篇，殷文丁之世詩五篇，殷帝乙之世詩五篇，殷帝辛之世詩二十篇，周武王之世詩十三篇，周成王之世詩五十篇，周康王之世詩五篇，周昭王之世詩二篇，周共王之世詩一篇，周懿王之世詩一篇，周夷王之世詩三篇，周厲王之世詩十篇，周宣王之世詩二十篇，周幽王之世詩三十二篇，周平王之世詩三十四篇，周桓王之世詩三十二篇，周莊王之世詩九篇，周僖王之世詩二篇，周惠王之世詩十六篇，周襄王之世詩十五篇，周頃王之世詩一篇，周定王之世詩八篇，周景王之世詩二篇，周敬王之世詩一篇。　是本止錄其目。其所分世次，雖不無可議，要是一家之學也。

傅增湘《題詩經世本古義》 〔註16〕

題詩經世本古義

元子此書以知人論世為主，徵引傳記，牽合史事，舉全經篇次而以己意更張之，可謂悍然無忌矣。清高宗《御製文集》載有此書跋語，斥其不師古訓，妄興異義，索隱行怪，不可為訓，正宜束之高閣。《四庫總目提要》亦舉其臆造諸說，以為「大惑不解」。然文淵閣中仍予著綠，則以其學問博通，引援賅洽，說《詩》者可資取材，故終不能廢棄也。柳泉發憤為之重定目次，俾復《三百篇》之舊，既以挽元子改竄舊次之失，而後之閱者亦便於檢尋，一舉而兩善備，自詡為元子功臣，洵不誣矣。

柳泉經術湛深，著作閎富，四明人士推為儒宗，群經皆有撰述，言《詩》者有《詩音通》、《山中學詩記》，不審有無刊本。生平藏書六萬卷，毀於兵火。晚年又收得三萬餘卷，身後亦復散失。光、宣之交，估客自南中捆載而來，故廠市多有其遺籍，雖無宋元古刻，然鈔校本頗右精善者。余往時收得數種，印記宛然。此書據其手跋，乃其煙嶼樓故物，散出後展轉收得者，舊友重逢，忻慰可知，宜其手加訂治，跋尾至十三四而不憚煩勞也。壽林夙洽《詩》學，得此柳泉晚年訂本，什襲寶藏，可云物得其所。柳泉有知，其喜付託之得人乎！

蔣見元、朱傑人《詩經要籍解題》 〔註17〕

《詩經世本古義》，明何楷撰，二十八卷。何楷字元子，漳州鎮海衛人，天啟五年（1625）進士。崇禎時，官至工科都給事中。明亡，從唐王入閩，官

〔註16〕《藏園群書題記》卷一，上海古籍出版社 1989 年版，第 17～18 頁。
〔註17〕上海古籍出版社 1996 年版，第 69～71 頁。

戶部尚書，受鄭芝龍的排擠，辭官回鄉，抑鬱而卒。楷博綜群書，寒暑勿輟，尤邃於經學，所著除本書外，尚有《周易訂詁》等。

何楷論《詩》，尊奉孟子「知人論世」的觀點，認為「不能論其世以知其人，則不能知其詩之從何而作；不能知其詩之從何而作，則所以說之者皆囈語耳」。又認為：「《書》、《詩》、《春秋》原相首尾，詩即史也。」因此，他打亂《詩經》原來《風》、《雅》、《頌》的次序，將每首詩按他所考訂的創作年代依次排列。從第一篇夏少康時代的《公劉》開始，至最後一篇周敬王時的《下泉》止，共三代二十八王，用二十八宿名稱為每卷之名。廢《毛序》不用，每篇前作一小引以標明世次和內容。對每篇詩都有評盡的注解，以平水韻標出押韻字，每章還標出賦、比、興。全書後有「屬引」一篇，仿《周易・序卦》之例，用韻語排比成文，說明他這樣排列世次的理由。

何楷重新編排《詩經》詩篇的次序，是非常大膽的舉動。在封建時代，五經是聖人編定的最高經典，一字一句尚且不得移易，更何況全盤打亂次序。所以乾隆皇帝在《四庫全書》收錄的《詩經世本古義》前面批評道：「以孔子刪定之三百篇，敢於任意顛倒，不師古訓，妄興異議，實索隱行怪之徒，不可為訓。」皇帝的批評，說明封建正統是不能容忍這種背離精神的，也說明何楷這種精神在學術上的可貴。

何楷想將《詩經》三百零五篇按年代或作者一一列出，這種想法在主觀上是很好的，如果真的能夠做到這樣，將是〈詩經〉研究的巨大突破；但是，客觀上並不存在這種可能，《四庫提要》批評得很中肯：「《詩序》之傳最古，已不盡得作者名氏。故鄭氏《詩譜》缺有間焉。三家所述，如《關雎》出畢公，《黍離》出伯封之類，茫昧無據，儒者猶疑之弗傳，楷乃於三千年後，鉤棘字句，牽合史傳以定其名姓時代，如《月出篇》有『舒窈窕兮』、『舒憂受兮』之文，即指以為夏徵舒，此猶有一字之近也。《碩鼠》一詩茫無指實，而指以為《左傳》之魏壽餘，此孰見之而孰受之？以《大田》為幽雅，《豐年》、《良耜》為幽頌，即屬之於公劉之世，此猶有先儒之舊說也。以《草蟲》為《南陔》，以《菁菁者莪》為《由儀》，以《緜蠻》為《崇丘》，人孰傳之而孰受之？大惑不解，楷之謂乎？」確實，由於年代實在太久遠，史料過於缺乏，何楷陷入師心臆測、貽人笑柄的境地也就是無可避免的了。因此，何楷的精神是可嘉的，但他的業績在學術上卻沒有什麼價值。

　　本書的另一個特點是引援賅洽，考證詳明。何楷學問淹博，對每一個問題都能引證大量的典籍加以說明，遠非宋、明諸儒之空疏所能企及。不過他的淵博，能超乎前人，不能優於來者。清儒在《詩經》訓詁方面的成就，遠勝於何楷。即以注韻一項而論，何楷之時，學者尚未發現古韻的真相，他以平水韻來解釋《詩經》押韻字，較後來清儒之精確，自然不可同日而語。

　　總之，《詩經世本古義》是一本曾產生過較大影響的書，它之所以有影響，是因為以世次編詩的與眾不同。但這一努力終歸於失敗，所以本書的實際參考價值是有限的。

　　本書有《四庫全書》本。

夏傳才、董治安主編《詩經要籍提要》〔註18〕

　　《詩經世本古義》二十八卷，明何楷撰。

　　何楷，字玄子，福建漳州鎮海衛人。祖父何良紹，號志齋。父何湛，號印海。楷，天啟五年（1625年）進士。他的事績，今傳各種史傳記載都非常簡略。《明史》有關何氏學術的，僅「博綜群書，寒暑勿輟，尤邃於經學」（卷一六四《何楷傳》）十數字而已。

　　何氏的著作，今可知者有《古周易訂詁》十六卷、《詩經世本古義》二十八卷和《春秋繹》三種。其中以《詩經世本古義》（以下簡稱《古義》）較受重視。今傳版本有明崇禎刊本、清四庫全書本等。

　　《古義》可說是《詩經》解釋史上體例最特殊的一部書。他將《詩經》三百五篇，分成廿八個時代段落，各繫以廿八宿的一個宿名，從角部「夏少康之世」至軫部「周敬王之世」，恰好以廿八個君王代表廿八個時世。每一部內所錄的詩篇，即是該君王時代的作品。這些詩篇反映的，即是這君王時代政治、社會的狀況。這種編排詩篇的方式，顯然受到鄭玄《詩譜》的影響。

　　在每一部內的每一詩篇前，皆有一小序，提示詩篇的立題。這一小序，或採自《詩序》，或採自朱子《詩集傳》，或採自偽書《子貢詩傳》、《申培詩說》，或採自前代學人之說，有一部分是何氏自己的認定。每一小序下有相當繁瑣的注解和考證，往往引史事或前賢之說來證成自己的論點。小序後錄詩篇全文，各詩句下皆有注解。注解先注出韻腳；再注出異體字、假借字；再將

〔註18〕夏傳才、董治安主編《詩經要籍提要》，學苑出版社2003年版，第163～166頁。

各章內的字、詞，逐字加以注解。有必須以史實證明者，則繁引史事以證成之。對名物制度，更不厭其煩的考證。每一詩篇末注明該詩篇的章句，如果原《毛傳》所訂章句與何氏說法不合，何氏即加以改訂。經改訂的詩篇，有數十首之多。

何氏既要重建他對詩篇的解釋以達到「知人論世」的目的，自漢代以來《毛詩》所建立的解釋體系就必須打破。他在建立自己的解釋體系時，往往繁引史事和前人的說法，再加上自己的論證，以便符合他為這些詩篇所預設的時世。如：何氏將斗部的二十篇詩定為「殷帝辛之世」的詩篇，前人所定的詩旨根本看不出是殷帝辛時代所作，何氏只好加以附會。如《采繁》，《詩序》說：「夫人不失職也。」並未說明「夫人」是誰，何氏則加以推論，指實為太姒。又如：《樛木》，《詩序》云：「后妃逮下也。」何氏以為詩中有「南有樛木」句，一定是「南國之人，詠其所見」；又因《子貢詩傳》、《申培詩說》以為該詩是南國諸侯慕文王之德，且《竹書紀年》也記載帝辛二十一年春正月諸侯朝周，乃將《樛木》之詩旨定為：「南國諸侯歸心文王也。」有些詩篇，則完全是何氏主觀的臆斷，如《采薇》，《詩序》云：「遣戍役也。」何氏以為《竹書紀年》所記季歷伐戎，曾獲三大夫，與《采薇》「一月三捷」相合，所以將《采薇》詩旨定為：「周公季歷以戍伐戎，獲捷而歸，代為述征之辭以勞之。」何氏解釋詩篇用力甚勤，但附會太多。何氏對朱子的淫詩說，曾批評為「無稽」、「邪穢」、「有害風教」等。在朱子所認定的三十篇淫詩中，何氏自定詩旨的，有十六首；採《詩序》之說的，有十一首半；採《詩集傳》之說的，僅半首；採《申培詩說》的，有一首；採朱謀㙔《詩故》的，有一首。另外《詩序》所認定刺幽王的詩篇三十四首，朱子《詩集傳》往往重訂詩旨，有部分雖仍與史事有相當密切的關係，但朱氏儘量避免論定為某一君王時代的詩；有一部分則定為發抒個人情感的詩篇。何氏在重訂這三十四篇詩的詩旨時，他自定詩旨的，有二十一首；採自《詩序》的，有七首半；採《詩集傳》的，僅三首半；採自嚴粲《詩緝》的，有一首；採《申培詩說》的，有一首。從這兩個事例，可以發現何氏並不因朱子的《詩集傳》是當時官定教材，而一味盲從。他是把《詩集傳》等同於各家注解，在他自己的詮釋體系下，一併加以採用的。當然，從統計數字也可以看出朱學的權威正逐漸降落中。

清代批評何氏《古義》最多的是姚際恒的《詩經通論》和《四庫全書總目》。姚氏《詩經通論》卷前的《詩經論旨》有一大段批評何氏的話，以為：（一）何

氏所以變亂《詩經》原來編次，是受偽書《子貢詩傳》和《申培詩說》的影響；
（二）何氏所定某詩作於某代某王，他本人又未曾親見，何能取信於人？（三）
孔子已說過：「女為《周南》、《召南》矣乎？」「《雅》、《頌》各得其所」的話，
且季札觀樂時《詩》的編次，與今本《詩經》編次「無不符合」，可見《詩經》
編次，為聖人所手定，何氏的變亂，可說罪惡滔天。此外，姚氏又批評何氏隨
意認定詩旨，是鑿空發論，喜新好異，武斷自為。雖然如此，姚氏對何氏資料
蒐羅宏富，仍予以肯定，姚氏《詩經通論》所引何氏說法，有數十條之多。《四
庫全書總目》的批評一如姚氏，對何氏書的考證工夫，認為是「非宋以來諸儒
所可及」，「百餘年來，人人嗤點其書，而究不能廢其書，職是故矣」。

　　（林慶彰）

《蘇州圖書館古籍善本提要（經部）》〔註19〕

　　詩經世本古義二十八卷首一卷末一卷

　　明何楷撰。明崇禎刻本。十冊九行二十字，小字雙行，行字同。白口，四
周單邊。框高二十‧一釐米，廣十四釐米。前有崇禎十四年何楷自序、崇禎庚
辰曹學佺序。鈐「莫友芝圖書印」、「莫彝孫印」、「莫繩孫印」、「留真館藏書
印」、「小桐谿」、「拜經樓吳氏藏書」朱印。

　　《中國古籍善本書目》著錄。

　　何楷，詳見《古周易訂詁》。

　　何楷以孟子知人論世之旨，依時為次，故曰「世本古義」。認為《詩》與
《春秋》為類。《詩》亦史也，《商頌》商史也，《周頌》周史也，《大雅》、《小
雅》、《風》類之。非特事之可跡，典章文物、聲容器數之見於《詩》者，無不
至纖而不可遺，至繁而不可亂。大言之，亦不可謂無理；小言之則拘於事，遂
至強分時代，附會作者，殊為紕繆。然終不掩其於名物訓詁考訂之長，典據
精確，實非宋以來諸儒所可及，無怪乎錢謙益、瞿式耜、黃道周諸儒樂為之
審閱也。是書成於崇禎十四年，禮壞樂崩，何氏豈存救世之志乎？

〔註19〕蘇州圖書館編《蘇州圖書館古籍善本提要（經部）》，江蘇古籍出版社 2004 年
　　　　版，第 43 頁。

附錄五：《詩經世本古義》篇次歸屬表

卷　數	《詩經世本古義》篇名（四庫本）	歸屬（朱熹《詩集傳》）
卷一 （共8篇）	公劉	大雅·生民之什
	七月	豳風
	甫田	小雅·北山之什
	大田	小雅·北山之什
	豐年	周頌·臣工之什
	良耜	周頌·閔予小子之什
	載芟	周頌·閔予小子之什
	行葦	大雅·生民之什
卷二 （共1篇）	長發	商頌
卷三 （共3篇）	那	商頌
	烈祖	商頌
	玄鳥	商頌
卷四 （共1篇）	殷武	商頌
卷五 （共5篇）	關雎	周南
	鵲巢	召南
	桃夭	周南
	螽斯	周南
	葛覃	周南

	采薇	小雅・鹿鳴之什
卷六 （共5篇）	卷耳	周南
	鹿鳴	小雅・鹿鳴之什
	南山有臺	小雅・白華之什
	伐木	小雅・鹿鳴之什
卷七 （共5篇）	草蟲	召南
	出車	小雅・鹿鳴之什
	四牡	小雅・鹿鳴之什
	杕杜	小雅・鹿鳴之什
	皇皇者華	小雅・鹿鳴之什
卷八 （共20篇）	采蘩	召南
	兔罝	周南
	樛木	周南
	南有嘉魚	小雅・白華之什
	羔羊	召南
	小星	召南
	江有汜	召南
	摽有梅	召南
	漢廣	周南
	芣苢	周南
	野有死麕	召南
	麟之趾	周南
	殷其雷	召南
	騶虞	召南
	行露	召南
	菁菁者莪	小雅・彤弓之什
	汝墳	周南
	魚麗	小雅・鹿鳴之什
	采蘋	召南
	鳧鷖	大雅・生民之什
卷九 （共13篇）	魚藻	小雅・桑扈之什
	緜	大雅・文王之什

	旱麓	大雅・文王之什
	皇矣	大雅・文王之什
	天作	周頌・清廟之什
	既醉	大雅・生民之什
	雝	周頌・臣工之什
	思齊	大雅・文王之什
	棫樸	大雅・文王之什
	靈臺	大雅・文王之什
	臣工	周頌・臣工之什
	白駒	小雅・祈父之什
	小宛	小雅・小旻之什
卷十 （共50篇）	閔予小子	周頌・閔予小子之什
	匏有苦葉	邶風
	鴟鴞	豳風
	狼跋	豳風
	伐柯	豳風
	九罭	豳風
	假樂	大雅・生民之什
	載見	周頌・臣工之什
	烈文	周頌・清廟之什
	訪落	周頌・閔予小子之什
	小毖	周頌・閔予小子之什
	敬之	周頌・閔予小子之什
	東山	豳風
	破斧	豳風
	泮水	魯頌
	常棣	小雅・鹿鳴之什
	大明	大雅・文王之什
	文王有聲	大雅・文王之什
	思文	周頌・清廟之什
	生民	大雅・生民之什
	我將	周頌・清廟之什

	絲衣	周頌・閔予小子之什
	楚茨	小雅・北山之什
	信南山	小雅・北山之什
	潛	周頌・臣工之什
	桑扈	小雅・桑扈之什
	蓼蕭	小雅・白華之什
	湛露	小雅・白華之什
	彤弓	小雅・彤弓之什
	綿蠻	小雅・都人士之什
	吉日	小雅・彤弓之什
	振鷺	周頌・臣工之什
	有瞽	周頌・臣工之什
	武	周頌・臣工之什
	酌	周頌・閔予小子之什
	賚	周頌・閔予小子之什
	般	周頌・閔予小子之什
	時邁	周頌・清廟之什
	桓	周頌・閔予小子之什
	有客	周頌・臣工之什
	文王	大雅・文王之什
	蟋蟀	唐風
	天保	小雅・鹿鳴之什
	清廟	周頌・清廟之什
	維天之命	周頌・清廟之什
	維清	周頌・清廟之什
	斯干	小雅・祈父之什
	泂酌	大雅・生民之什
	卷阿	大雅・生民之什
	凱風	邶風
卷十一 （共5篇）	采菽	小雅・桑扈之什
	昊天有成命	周頌・清廟之什
	下武	大雅・文王之什

	噫嘻	周頌・臣工之什
	甘棠	召南
卷十二 （共 2 篇）	執競	周頌・清廟之什
	鼓鍾	小雅・北山之什
卷十三 （共 1 篇）	綢繆	唐風
卷十四 （共 1 篇）	還	齊風
卷十五 （共 3 篇）	柏舟	邶風
	北門	邶風
	北風	邶風
卷十六 （共 10 篇）	漸漸之石	小雅・都人士之什
	桑柔	大雅・蕩之什
	四月	小雅・小旻之什
	采綠	小雅・都人士之什
	民勞	大雅・生民之什
	板	大雅・生民之什
	蕩	大雅・蕩之什
	宛丘	陳風
	東門之枌	陳風
	衡門	陳風
卷十七 （共 20 篇）	都人士	小雅・都人士之什
	鴻雁	小雅・彤弓之什
	韓弈	大雅・蕩之什
	六月	小雅・彤弓之什
	采芑	小雅・彤弓之什
	常武	大雅・蕩之什
	江漢	大雅・蕩之什
	無衣	秦風
	崧高	大雅・蕩之什
	黍苗	小雅・都人士之什
	烝民	大雅・蕩之什
	無羊	小雅・祈父之什

	車攻	小雅・彤弓之什
	汎彼柏舟	鄘風・柏舟
	庭燎	小雅・彤弓之什
	雲漢	大雅・蕩之什
	祈父	小雅・祈父之什
	沔水	小雅・彤弓之什
	黃鳥	小雅・祈父之什
	鶴鳴	小雅・彤弓之什
卷十八 （共32篇）	無將大車	小雅・北山之什
	隰桑	小雅・都人士之什
	大東	小雅・小旻之什
	巷伯	小雅・小旻之什
	鴛鴦	小雅・桑扈之什
	白華	小雅・鹿鳴之什
	車舝	小雅・桑扈之什
	角弓	小雅・桑扈之什
	頍弁	小雅・桑扈之什
	瓠葉	小雅・都人士之什
	小戎	秦風
	正月	小雅・祈父之什
	瞻卬	大雅・蕩之什
	召旻	大雅・蕩之什
	小旻	小雅・小旻之什
	青蠅	小雅・桑扈之什
	我行其野	小雅・祈父之什
	小弁	小雅・小旻之什
	蓼莪	小雅・小旻之什
	十月之交	小雅・祈父之什
	雨無正	小雅・祈父之什
	北山	小雅・北山之什
	何草不黃	小雅・都人士之什
	小明	小雅・北山之什

	匪風	檜風
	素冠	檜風
	逍遙	檜風・羔裘
	丘中有麻	王風
	隰有萇楚	檜風
	菀柳	小雅・桑扈之什
	巧言	小雅・小旻之什
	苕之華	小雅・都人士之什
卷十九 （共34篇）	瞻彼洛矣	小雅・北山之什
	緇衣	鄭風
	車鄰	秦風
	裳裳者華	小雅・北山之什
	溱洧	鄭風
	東門之墠	鄭風
	女曰雞鳴	鄭風
	出其東門	鄭風
	駟驖	秦風
	賓之初筵	小雅・桑扈之什
	抑	大雅・蕩之什
	淇奧	衛風
	終南	秦風
	蒹葭	秦風
	黍離	王風
	中谷有蓷	王風
	碩人	衛風
	綠衣	邶風
	終風	邶風
	日月	邶風
	簡兮	邶風
	考槃	衛風
	采葛	王風
	遵大路	鄭風

	白石	唐風・揚之水
	山有樞	唐風
	椒聊	唐風
	戍申	王風・揚之水
	君子于役	王風
	葛藟	王風
	叔于田	鄭風
	大叔于田	鄭風
	將仲子	鄭風
	野有蔓草	鄭風
卷二十 （共 32 篇）	燕燕	邶風
	擊鼓	邶風
	節南山	小雅・祈父之什
	雄雉	邶風
	新臺	邶風
	蝃蝀	鄘風
	君子偕老	鄘風
	靜女	邶風
	相鼠	鄘風
	谷風	邶風
	氓	衛風
	何人斯	小雅・小旻之什
	著	齊風
	敝笱	齊風
	葛屨	魏風
	墓門	陳風
	習習谷風	小雅・小旻之什・谷風
	伯兮	衛風
	兔爰	王風
	有女同車	鄭風
	鴇羽	唐風
	山有扶蘇	鄭風

	狡童	鄭風
	蘀兮	鄭風
	褰裳	鄭風
	二子乘舟	邶風
	芃蘭	衛風
	牆有茨	鄘風
	鶉之奔奔	鄘風
	桑中	鄘風
	東方未明	齊風
	盧令	齊風
卷二十一 （共9篇）	揚之水	鄭風
	風雨	鄭風
	南山	齊風
	東方之日	齊風
	猗嗟	齊風
	無田	齊風・甫田
	載驅	齊風
	何彼襛矣	召南
	雞鳴	齊風
卷二十二 （共2篇）	大車	王風
	無衣七兮	唐風・無衣
卷二十三 （共16篇）	君子陽陽	王風
	防有鵲巢	陳風
	伐檀	魏風
	園有桃	魏風
	河廣	衛風
	干旄	鄘風
	竹竿	衛風
	載馳	鄘風
	泉水	邶風
	有狐	衛風
	清人	鄭風
	木瓜	衛風
	定之方中	鄘風

	采苓	唐風
	陟岵	魏風
	葛生	唐風
卷二十四 （共 15 篇）	有杕	唐風
	權輿	秦風
	十畝之間	魏風
	蜉蝣	曹風
	候人	曹風
	渭陽	秦風
	羔裘豹祛	唐風·羔裘
	有杕之杜	唐風
	鳲鳩	曹風
	羔裘	鄭風
	閟宮	魯頌
	有駜	魯頌
	駉	魯頌
	晨風	秦風
	交交黃鳥	秦風·黃鳥
卷二十五 （共 1 篇）	碩鼠	魏風
卷二十六 （共 8 篇）	汾沮洳	魏風
	株林	陳風
	東門之楊	陳風
	東門之池	陳風
	月出	陳風
	澤陂	陳風
	旄丘	邶風
	式微	邶風
卷二十七 （共 2 篇）	子衿	鄭風
	豐	鄭風
卷二十八 （共 1 篇）	下泉	曹鳳

附錄六：何楷傳記資料

（明）黃宗羲《思舊錄》[註1]

何楷

何楷，字玄子，閩人。著《五經解詁》。余入其書室，方為《周易解詁》，收羅甚博。百年以來窮經之士，黃石齋、郝楚望及公而三耳。唐王時，公以左都御史叱鄭芝龍於殿上，致政而歸。芝龍使人戕其耳於途中。

（明）黃宗羲《朱康流先生墓誌銘》[註2]

余丙午歲十一月，同冰修訪先生於家。劇談徹夜，綿聯不休。盡發所記《五經》讀之，出入諸家，如觀王會之圖。計平生大觀，在金陵嘗入何玄子署中討論《五經》，至此而二耳。

（明）吳應箕《何玄子楷給諫左遷南禮部閉門著經時有見贈移家之作奉酬一首》[註3]

何來寶炬照江湄，留滯東南道未衰。疏草已聞爭上殿，經師猶幸得同時。慚如鍾會探懷擲，嘔若南榮見父慈。誰信知雲須異代，褰裳還自此中期。

〔註1〕（明）黃宗羲《黃宗羲全集》第1冊，浙江古籍出版社2012年版，第326頁。
〔註2〕（明）黃宗羲《黃宗羲全集》第10冊《南雷詩文集》上，浙江古籍出版社2012年版，第357頁。
〔註3〕（明）吳應箕《樓山堂集》，叢書集成初編本。

（清）萬斯同《明史》卷三百六十二列傳二百十三〔註4〕

何楷，字元子，漳州鎮海衛人。生有異質，讀書過目不忘。舉天啟五年進士。值魏忠賢亂政，不謁選而歸。建紫芝書院，講學其中。崇禎時，授戶部主事，進員外郎，改刑科給事中。流賊陷鳳陽，燬皇陵，楷劾巡撫楊一鵬、巡按吳振纓罪，而未刺輔臣溫體仁、王應熊，俄言：「振纓乃體仁私人，一鵬則應熊座主也。逆賊犯皇陵，神人共憤。陛下輟講避殿，感動臣民。二輔臣乃漫然視之，欲令一鵬、振纓戴罪自贖。情面重，祖宗陵寢為輕；朋比深，天下譏刺不恤。臣所以憤發於中，言不能已。」忤旨，鐫一秩視事。已，又言：「應熊、體仁奏辨，明自引門生姻婭。刑官瞻徇，實由於此。乞宣諭輔臣，毋分別恩仇，以國事為戲。」應熊覆奏辨。楷言：「臣疏未奉旨，應熊先一日摭引臣疏詞，必有漏禁中語者。」帝意動，令應熊自陳，應熊竟由是去。登萊巡撫陳應元引疾，吏部尚書謝陞言登、萊要地，宜允其去。及推勞永嘉代應元，則言登萊巡撫本贅員。宣大缺總督，兵部侍郎史永安虞廷推及己，遽託疾。楷疏駁之。楷以訟獄繁興，列上定新例、行久任、酌分理、重會審、嚴斃獄、革羈鋪、飭聲冤、究造謗八議，言最詳析。給事中陳啟新言初任時徇例謁嘉定伯，而南京給事中曹景參則疏頌溫體仁，請召還政府。楷言：「啟新所循何例，將大啟奔競風景。參拜疏時，體仁尚未允放，何以豫知其必去，先請召還？」上言：「大臣德政，當按律治罪。都御史高攀龍當給贈官誥，以許士柔撰文獲罪，停不給。」楷以為言，並請賜左光斗諸臣諡，召還惠世揚。疏多見聽。累遷工科都給事中。

十一年五月，帝以火星逆行，減膳修省。兵部尚書楊嗣昌方主款議，因力引前史以進。楷與南京御史林蘭友先後言其非。楷言：「嗣昌引建武款塞事，欲藉以申市賞之說；引元和田興事，欲藉以申招撫之說；引太平興國連年兵敗事，欲藉以申不可用兵之說。徒巧附會耳。至永平二年馬皇后事，更不知指斥安在。」帝方護嗣昌，不聽。踰月，嗣昌柄政，楷又言：「嗣昌奪情入閣，自請服素，衣角帶。及視事，吉服爛然，立諸輔首。臣恐天下士民有以窺輔臣淺深也。」忤旨，貶二秩，為南京國子監丞。就遷禮部郎中。母憂歸。服闋，廷臣交薦。至十七年正月，召令入京。甫聞命，都城已陷，楷至南京。會福王立用王鐸薦，超擢戶部右侍郎，督理錢法，命兼工部右侍郎。連疏請告，不許。順治二年，南都破，楷走杭州。從唐王入閩，擢戶部尚書。

〔註4〕（清）萬斯同《明史》，《續修四庫全書》第 330 冊，上海古籍出版社 1996 年版，第 406～408 頁。

鄭芝龍、鴻逵兄弟橫甚，郊天時，稱疾不出。楷言：「禮莫大於郊，二勳臣不陪祀，無人臣禮。」王獎其風節，命掌都察院事。鴻逵扇殿上，楷呵止之，兩人益怒。楷知不為所容，連請告去。途遇盜，截其一耳，芝龍使部將楊耿為之也。後漳州破，抑鬱而卒。楷博綜群書，寒暑勿輟，尤邃於經學。

（清）張廷玉《明史》卷二百七十六〔註5〕

何楷，字元子，漳州鎮海衛人。天啟五年進士。值魏忠賢亂政，不謁選而歸。崇禎時，授戶部主事，進員外郎，改刑科給事中。流賊陷鳳陽，燬皇陵，楷劾巡撫楊一鵬、巡按吳振纓罪，而刺輔臣溫體仁、王應熊，言：「振纓，體仁私人；一鵬，應熊座主也。逆賊犯皇陵，神人共憤。陛下輟講避殿，感動臣民。二輔臣獨漫視之，欲令一鵬、振纓戴罪自贖。情面重，祖宗陵寢為輕；朋比深，天下譏刺不恤。」忤旨，鐫一秩視事。又言：「應熊、體仁奏辯，明白引門生姻婭。刑官瞻徇，實由於此。乞宣諭輔臣，毋分別恩仇，以國事為戲。」應熊覆奏辯。楷言：「臣疏未奉旨，應熊先一日摭引臣疏詞，必有漏禁中語者。」帝意動，令應熊自陳，應熊竟由是去。吏部尚書謝陞言登、萊要地，巡撫陳應元引疾，宜允其去。及推勞永嘉代應元，則言登萊巡撫本贅員。楷亦疏駁之。楷又請給贈都御史高攀龍官，誥賜左光斗諸臣諡，召還惠世揚。疏多見聽。屢遷工科都給事中。

十一年五月，帝以火星逆行，減膳修省。兵部尚書楊嗣昌方主款議，歷引前史以進。楷與南京御史林蘭友先後言其非。楷言：「嗣昌引建武款塞事，欲藉以申市賞之說；引元和田興事，欲藉以申招撫之說；引太平興國連年兵敗事，欲藉以申不可用兵之說。徒巧附會耳。至永平二年馬皇后事，更不知指斥安在。」帝方護嗣昌，不聽。踰月，嗣昌奪情入閣，楷又劾之。忤旨，貶二秩為南京國子監丞。母憂歸。服闋，廷臣交薦，召入京，都城已陷。

福王擢楷戶部右侍郎，督理錢法，命兼工部右侍郎。連疏請告，不許。順治二年，南都破，楷走杭州。從唐王入閩，擢戶部尚書。鄭芝龍、鴻逵兄弟橫甚，郊天時，稱疾不出，楷言芝龍無人臣禮。王獎其風節，命掌都察院事。鴻逵扇殿上，楷呵止之，兩人益怒。楷知不為所容，連請告去。途遇賊，截其一耳，乃芝龍所使部將楊耿也。漳州破，楷遂抑鬱而卒。

楷博綜群書，寒暑勿輟，尤邃於經學。

〔註5〕（清）張廷玉《明史》第 23 冊，中華書局 1974 年版，第 7076～7077 頁。

（清）徐鼒《小腆紀傳》卷二十六列傳第十九 〔註6〕

何楷，字元子，漳州鎮海衛人。生有異質，讀書過目不忘，尤邃於經學。舉天啟乙丑進士。值魏奄亂政，不謁選歸，建紫芝書院，講學其中。崇禎時，授戶部主事進員外郎，改刑科給事中。賊燬皇陵，疏劾巡撫楊一鵬、巡按吳振纓罪，言：「振纓為溫體仁私人，一鵬為王應熊座主。逆賊犯皇陵，神人共憤。陛下輟講避殿，感動臣民。而二輔臣漫然視之，欲令一鵬、振纓戴罪自贖。情面重，皇陵輕；朋比深，而天下譏刺且不恤。臣所以憤發於中，言不能已。」忤旨，鑴一秩視事。已，應熊疏辨，楷復言：「臣疏未奉旨，應熊先一日摭引臣詞，必有漏洩禁中語者。」帝意動，應熊竟以是罷。累遷工科給事中。

十一年五月，帝以火星逆行，減膳修省。尚書楊嗣昌方主款議，歷引前史以進，楷乃案條駁奏。比嗣昌奪情柄政，楷又劾其入閣視事，吉服爛然，臣恐天下士民有以窺輔臣深淺也。復忤旨，貶二秩為南京國子監丞。就遷禮部郎中。母憂歸。弘光時，擢戶部右侍郎，督理錢法，兼工部右侍郎。連疏請告，不許。南都破，走杭州。從隆武帝入閩，進戶部尚書。時鄭芝龍、鴻逵兄弟橫甚，郊天時，稱疾不出。楷言：「禮莫大於郊，二勛臣不陪祀，無人臣禮，宜正其罪。」上獎其風節，命掌都察院事。已而鴻逵揮扇殿上，楷呵止之，二鄭交惡。知不為所容，請告去。中途遇盜，截去一耳，蓋芝龍使部將楊耿為之也。後漳州破，抑鬱而卒。

（清）徐鼒《小腆紀年附考》卷十 〔註7〕

〔順治二年閏六月丁未（二十七日）〕明以何楷為戶部尚書。

楷，字元子，漳州鎮海衛人。舉天啟乙丑進士。值魏奄亂政，不謁選歸。崇禎時，授戶部主事，進員外郎，累遷工科給事中。以劾楊嗣昌忤旨，貶二秩為南京國子監丞。就遷禮部郎中。母憂歸。南都擢戶部右侍郎，督理錢法，兼工部右侍郎。求退，不許。南都破，走杭州，從王入閩，進戶部尚書。

李清馥《閩中理學淵源考》卷八十三《清漳何氏家世學派·何玄子先生楷》〔註8〕

何楷，字玄子，漳浦鎮海衛人。生有異質，書過目不忘。天啟五年登進

〔註6〕（清）徐鼒《小腆紀傳》，中華書局 2018 年版，第 277～278 頁。
〔註7〕（清）徐鼒著，王崇武校點《小腆紀年附考》，中華書局 1957 年版，第 398 頁。
〔註8〕（清）李清馥《閩中理學淵源考》，鳳凰出版社 2011 年版，第 849～850 頁。

士，時魏璫肆毒朝紳，楷不謁選而歸。崇禎時，起戶部主事，榷濟墅關。事竣，進員外郎。七年，詔簡部曹為言官，大臣多推楷。改刑科給事中。流寇陷鳳陽，毀皇陵。楷疏劾撫臣楊一鵬、按臣吳振纓下獄，語侵輔臣溫體仁、王應熊，旋復劾兩人朋比行私，言：「振纓為體仁私人，一鵬為應熊座主。情面重，則祖宗之陵寢為輕；朋比濃，則天下之刺譏不恤。」語甚切至，忤旨，鐫一級。復疏，請罷內操。上又不從。是時，上憤在廷之臣多貪庸顧身家，視君國輒泄泄，思欲痛整齊之。於是詔獄繁多，司寇諸曹郎日不暇給。有言者，上疑為偏護，舉朝皆結舌無敢言。楷乃疏陳慎刑八議，娓娓千言，援祖制，明國典，寄匡救於將順之中。天子知其諷切也，一時獄稍寬。楷自以身為言官不得默，朝廷每有大事，時政有得失，嘗侃侃敷陳，議保舉，言擇相，請停秋決及言海寇宜剿，並駁諸大臣情弊。即皇陵一案，楷已得罪，尤復再申前說，謂：「二輔輕視祖宗，勇護私黨，政本何地，相率為比，尤而傚之，弊將何極？」及應熊陳辨，楷復駁其：「明旨未下，應熊何知置辨，必有往來偵探漏禁中語者！」應熊竟由此罷去。蓋天子亦知其敢言，雖不能悉從，然顧心志之。未幾，改工科都給事中。時火星逆行，天子減膳修省。兵部尚書楊嗣昌方主款，因歷引前史惑帝意。楷疏駁其立言本心，附會罔上。及嗣昌奪情柄政，楷又疏劾其非。忤旨，貶二秩，為南京國子監丞。旋丁內艱，乃歸，講學於紫芝書院。服闋，諸大臣請復原官，上不許。既而國用匱乏，朝廷思用鈔，乃召楷問鈔法。至南都而京城已陷矣。楷博綜羣書，寒暑不輟，尤邃於經。所輯《古周易訂詁》、《詩世本古義》最精博，《春秋繹》尚少四公，然皆為學者所傳云。郡志。

錢謙益《題何平子〈禹貢解〉》〔註9〕

往余搜採國史，獨《儒林》一傳，寥寥乏人。國初則有趙子長，嘉靖中則有熊南沙。近見何玄子之注《易》，私心服膺，以為可與二公接踵者也。玄子之弟平子，作《禹貢解》，上自《山海經》，下逮桑、酈《水經》，古今水道，分劈理解，如堂觀庭，如掌見指。此亦括地之珠囊，治水之金鏡也。昔謝莊分左氏經傳，隨國立篇，制木方丈，圖山川土地，各有分理。離之則州別縣殊，合之則寓內為一。吾每歎之，以為絕學。今平子殆可以語此。平子其茂勉之。更與玄子努力遺經，兄弟並列《儒林》，豈非本朝盛事哉！

〔註9〕（清）錢謙益《牧齋初學集》卷八十三，上海古籍出版社 2009 年版，第 1754 頁。

吳應箕《何玄子楷給諫左遷南禮部閉門著經時有見贈移家之作奉酬一首》〔註10〕

何來寶炬照江湄，留滯東南道未衰。疏草已聞爭上殿，經師猶幸得同時。憖如鍾會探懷擲，噩若南榮見父慈。誰信知雲須異代？褰裳還自此中期。

劉獻廷《廣陽雜記》卷四〔註11〕

何楷，字玄子。思文時，曾彈鄭飛虹並及賜姓。玄子歸，為盜所傷，截其耳。人云鄭氏使人為之。何、鄭自此為世仇矣。後賜姓據廈門，有人來閩，玄子必捕之。其第三子常涕泣而諫其父，人皆知之。玄子死，三公子為賜姓所擒，置之獄中。因曾勸其父也，得以不死，勒令造鐵甲千二百副而後釋之。比校時，曾受刑杖。玄子著有《周易訂詁》，奇書也。

凌雪《南天痕》卷九〔註12〕

何楷，字玄之，莆田人。生有異質，寓目不忘。舉天啟乙丑進士。值魏忠賢肆虐，不謁選而歸。建紫芝書院，率子弟講學其中。崇禎時，起戶部主事，進員外郎。有詔簡部曹為言官，大臣多推楷者，乃改刑科給事中。劾輔臣王應熊，應熊辯之，楷言：「故事：奏疏非發抄外無由知、非奉旨則邸抄不傳。臣疏旨未言，應熊在外何由知？非往來密偵者漏禁中語乎？」時帝方惡預泄詔旨，應熊卒以此罷。又為故左都御史高攀龍請誥命，從之。先時，攀龍死奄難，給三代贈官誥命。詞臣許士柔方撰文進呈，未得命，而攀龍子高世學已書軸。奄黨發其事，士柔、世學皆受謫，誥命竟寢。至是，始得之。轉工科給事中。以申奏少詹事黃道周謫官，量移禮部郎中歸。南渡，擢戶部右侍郎。唐王入閩，楷迎之水口驛，進尚書。鄭芝龍、鄭鴻逵偃蹇不臣，上郊天於南臺，皆稱疾不出。楷劾之。上獎其風裁，令掌都察院事。已而鴻逵揮扇殿上，楷呵之止。二鄭益惡之。知不為所容，力請罷官。上欲兩全之，暫予歸里。諭以收復南京，當召為總憲。楷行，芝龍使其部曲楊耿遮之途，戕其一耳，至家而卒。楷潛心經學，所輯《周易訂詁》、《毛詩世本古義》，學者多宗之。錫疇與楷皆有學，為武臣所戕，朝廷不能詰，識者知其無成也。

〔註10〕（明）吳應箕著，章建文校點《吳應箕文集》，黃山書社2017年版，第503頁。

〔註11〕（清）劉獻廷《廣陽雜記》，叢書集成初編本。

〔註12〕清宣統二年（1910）復古社排印本。

後　記

夫明六經之指，涉百家之書，縱不能增益德行，敦厲風俗，猶
為一藝，得以自資。父兄不可常依，鄉國不可常保，一旦流離，無
人庇廕，當自求諸身耳。諺曰：「積財千萬，不如薄伎在身。」伎之
易習而可貴者，無過讀書也。世人不問愚智，皆欲識人之多，見事
之廣，而不肯讀書，是猶求飽而嬾營饌，欲暖而惰裁衣也。夫讀書
之人，自羲、農已來，宇宙之下，凡識幾人，凡見幾事，生民之成
敗好惡，固不足論，天地所不能藏，鬼神所不能隱也。

——《顏氏家訓·勉學第八》

一

如果按舊曆來算的話，今年這一年可真沒少寫後記，3月寫《杜詩闡》的
後記，8月寫《〈曝書亭集詩注〉校證》的後記，前不久才寫完《陳玉澍詩文
集箋證》的後記，眼下又輪到這本《詩經世本古義》了。於我而言，這恐怕是
歷史之最了。以後還會不會一年寫幾篇後記，現在不得而知，但今年算是空
前的了。雖然後記寫的很密集，但感慨依舊很多。記憶的閘門一旦開啟，往
事便歷歷在目，一一浮現。

說起《詩經》，我接觸它甚至知曉它都還是很晚的事情。正如我曾經在《周
易玩辭困學記校証·後記》裏所提到的——受經濟條件、思想觀念的限制，
在 2001 年的秋天到縣城上高中之前，整個小學、初中階段，除了教材，我幾
乎沒有見過別的書。每天早上的朝讀，翻來覆去就是教材那幾篇文章。比如
那篇《范進中舉》，前後不知道「朝讀」過多少回。這恐怕也是很多農村 80 後
共同的遭遇。

　　第一次讀到《詩經》，是因為初中語文課本選有一篇《王風·君子于役》。但它不像通常的古詩句式整齊，朗朗上口，所以當時除了覺得這詩怪怪的之外，並未見其有甚好處。後來我又借抄了吳從正家的一個古詩選本，抄過《關雎》，並背過，但那一連的「參差荇菜，左右采之。窈窕淑女，琴瑟友之。參差荇菜，左右芼之。窈窕淑女，鍾鼓樂之」，究竟是什麼意思，當時並不明白，既沒有可以深入學習的輔助資料，也沒有人能夠為我講解。平淡無奇甚至枯燥的鄉村求學經歷，無書可讀的童年和少年，這大概就是那個時代農村孩子成長的縮影。高中語文課本也選過幾首《詩經》的名篇，比如《邶風·靜女》、《衛風·氓》、《秦風·無衣》、《王風·木瓜》，自然也是要求背誦的。然而應試教育的模式，自然不可能讓這些詩煥發出別樣的光彩，也當然沒有勾起我的興致。比起在鄉村的小學、初中生涯，那時候的條件已然有了天壤之別。畢竟有書攤可以租書，有書店可以買書，有圖書館可以借書。更何況，城裏的老師在觀念上也比鄉村老師要開明不少。但那時我的閱讀興趣主要集中在古今中外的小說，諸如金庸的武俠、瓊瑤的言情，以及外國的長篇，對於古代文學如《詩經》之類，並未產生過多關注。反倒是在一本課外讀物上看到了昭明太子的《文選》，當時很有些興趣，於是託家姊在外購買，卻無從覓得，頗有些失落。直到上了大學之後，我才見到了《文選》，但那時候已經時過境遷，再也沒了當年的熱情。

　　不過，高中好歹要學語文，課外閱讀和文學多少有些勾連。到了讀本科時，由於學習市場營銷專業，這就宛然和文學已然分道揚鑣，了無瓜葛了，甚至連高中迷戀的小說也變得索然無味，不再有興趣閱讀。暇時曾向涂偉借過一套帶配圖的《詩經》，翻過幾首，似懂非懂，亦未產生好感。連小說都沒了興趣的我，看來和文學真的是漸行漸遠了。（我在大一看過數本古龍小說，另看過一本《貞觀長歌》，自此之後，便未看過小說。雖買過，也嘗試過，但終於沒有閱讀的耐心和欲望，可謂徹底絕緣。）

　　大二時，突然想考研。起初還是準備考本專業，也就是管理學。於是複習專業課，重點是高等數學。到後來，越複習，越無趣。恰好那時候對佛教感興趣，於是就準備考四川大學的宗教學。於是又開始了新的複習。宗教學的書沒少看，後來複習到黑格爾的《小邏輯》（考試指定書目）時，看的雲裏霧裏，索然無味，也跟著就放棄了。再接著就是備考湖北大學的古代文學專業了。從此就開啟了每天蟄伏在考研自習室的生活模式。考研的人很多，自習

室有好幾個。我所處的一樓大教室，是商務策劃學院和管理學院合用的。在那個教室，我認識很重要的朋友——夏梅。複習，備考，日子就這麼重複著。還記得，2009 年 1 月 10～11 日是考研的日子。那時候已經放了寒假，我和室友童露在暗夜裏起床，一路摸黑行至校門口，穿地下通道，奔五公里公交站，擠著公交車的早班，來到重慶交通大學的考點。後來才知道，商務策劃學院 05 級學生裏讀研的不少，但後來讀了博的，也只有我們兩個。童露的碩士、博士都是在雲南大學讀的，在昆明待了七年，畢業直接留校工作。而我在武漢待了七年，畢業後卻遠赴蘇北的鹽城。本科畢業，一晃竟十幾年了，不覺悵然……

九月，我順利來到湖北大學讀研。第二學期，何海燕老師開設了詩經研究一課，加之自己跟隨何新文老師讀的是先秦文學方向，課外這才認真讀過幾本《詩學》著作，如朱熹《詩集傳》、方玉潤《詩經原始》、程俊英《詩經注析》等。當然，當時只是通覽先秦典籍而已，對《詩經》亦未有特別的感覺。

然而，人生之路變幻莫測，充斥著太多的未知。正如我在《杜詩闡·後記》中所說的那樣：

> 現在回過頭去看，人生真的充滿了變數。就像《阿甘正傳》裏所說的：「人生就像一盒巧克力，你永遠不知道下一顆是什麼味道。」讀研時，看到秦永紅的導師張震英老師要她看《杜集敘錄》，熊愷妮的導師宋克夫老師要她看《列朝詩集小傳》，我當時就想，我一個搞先秦文學的，《詩經》、《楚辭》都不大讀，這輩子肯定不會去看《杜集敘錄》和《列朝詩集小傳》這類離我特別特別遙遠的書。可我何曾想到，我竟然在往後的時光裏，居然還發表了有關《杜集敘錄》和《列朝詩集小傳》的論文；何曾想到，我竟然會從碩士階段的《左傳》跳到博士階段的元代文學，再跳到如今在做的清代文學。

讀研時，和舉哥（何海燕老師的研究生袁文舉，專攻《詩經》）交好。看著他天天穿梭在各類《詩》學書中，我就覺得，我這輩子應該不會和他的研究領域有交集。尤其是碩士論文選題確定《左傳》了之後，這種感覺就更加堅定。

到了博士階段，一次偶然得機會，見到了陳子展先生的《詩三百解題》。書很厚，1200 多頁，近 90 萬字。翻了幾頁，覺得有點意思。於是藉著這興致，通讀了全書，這才發覺《詩》學實在是博大精深。隨後在讀書過程中，還

陸續寫了四篇《詩》學論文（應該都是 2014 年寫的）：《劉咸炘〈詩經〉學成就述評》（《攀枝花學院學報》，2014 年第 6 期）、《試析李坤〈齊風說〉的詩經學價值》（《楚雄師範學院學報》，2015 年第 2 期）、《簡議馬振理〈詩經本事〉的得與失》（《重慶第二師範學院學報》，2015 年第 6 期）、《成僎〈詩說考略〉述評》（《鹽城師範學院學報》，2018 年第 2 期。此篇因學報編輯耽擱，以致刊出較遲）。涉及到的四本書，都是學界未曾有人關注的。但我的文章僅停留在一個簡單的評述，談不上對《詩經》有什麼研究。雖說不研究，但相關的書倒沒有少買，如《毛詩正義》、竹添光鴻《詩經會箋》、錢澄之《田間詩學》等。那時候還新出了一個章門弟子馬宗薌的《毛詩集釋》（手稿影印本，中華書局 2014 年版），但售價高昂，我關注了很久，終於沒有下手。

入職鹽師之後，我最開始的研究焦點是錢穆和《經義考》，之後整理古籍，選擇的是易學和清人別集、子部雜家等。直到 2020 年秋講先秦文學，因為有了《周易》、《左傳》、《莊子》等書的整理，而《詩經》作為一個重要章節，我卻一直沿用之前在網上下載再加以修整的課件，沒有新的東西可供講解，想來頗覺無味。於是跟漢語師範 20（4）班的學生誇下海口，說我準備做一本《詩經》。但具體是什麼書，還沒有確定。王陽明稱「一念發動處便是行」，那一刻，我感覺我可能要和《詩經》建立某種聯繫了。所以從根本講，這書和《杜詩闡》、《莊子通》以及尚未完成的《左傳》、韓愈集一樣，都是古代文學課逼出來的書。

買辣椒也用券原唱、周深翻唱的《起風了》是一首非常優美的歌，我特別喜歡其中的這幾句：

　　　　從前初識這世間

　　　　萬般流連

　　　　看著天邊似在眼前

　　　　也甘願赴湯蹈火去走它一遍

　　　　如今走過這世間

　　　　萬般流連

　　　　翻過歲月不同側臉

　　　　措不及防闖入你的笑顏

再想想自己從先秦搞到元代，又搞到清代、近代，不經意間，兜兜轉轉，居然又回歸到了先秦的《易》、《詩》、《左傳》。和這曲中之義又何其相似！

二

　　那個時候正在忙著做《曝書亭集詩注》的文字錄入工作，而且剛開始，還很投入，所以做《詩經》還只能是說說，究竟做不做，什麼時候做，選擇做什麼一切都是未知。但既然已經起心動念，它便已在心裏萌芽。於是到底做哪一本書，宛如一個心結，暇時也一直在留意，試圖把它解開。我最開始關注的是范處義的《詩補傳》，後來又確定嚴虞惇《讀詩質疑》、姜炳璋《詩序廣義》、馬振理《詩經本事》，但最終都放棄了。思來想去，幾經考量，最後確定了張次仲的《待軒詩記》、何楷的《詩經世本古義》。說起原因，其實也很簡單，就是因為之前我做過兩人的易學著作，加之二書又頗有價值。前者的《〈周易玩辭困學記〉校證》已於 2020 年 3 月出版，後者的《〈古周易訂詁〉校證》的主體也早就於 2019 年完成。於是我在 2021 年 7 月 24 日就複製了二書的文本。後來由於擬做《張次仲集》，九月份就開始整理《待軒詩記》，很快完成了《國風》部分。《詩經世本古義》也偶而會做一點。但隨著又開始了《〈吳詩集覽〉校證》，於是就暫時中止了《詩經》。所謂《張次仲集》，特別是其《張待軒先生遺集》，還沒有開始，也就這樣不了了之了。等到 10 月份，由於「《古周易訂詁》整理與史源學考辨」獲批了國家社科基金後期資助項目，何楷的《詩經世本古義》又一次回到了我的視野。既然何楷的《易學》中了課題，是不是應該順帶把他的《詩》學也弄出來？我一直在糾結。

　　一則此書已有《儒藏》本，二則卷帙浩繁。但粗略翻覽《儒藏》本《詩經世本古義》之後，發現還是有一些問題，比如漏校、誤校、誤改、誤點、破句等，覺得還是可以做一下。同時，出於對何楷的興致，我終於還是下定了決心。

　　自 11 月 5 日起，說幹就幹，除了上課、帶娃、偶而釣魚之外，我的精力都放在了這本書上，而且很瘋狂。在電腦前，我一坐一上午，一坐一下午，不喝水，不上廁所，當然也沒有運動。每天早上，基本都是五點、六點起床，偶而四點多也起過。我開始有點找到了「學習使我快樂」的感覺。講真的，我還從來沒有為什麼東西怎麼拼命過。起早摸黑，心無旁騖，有些瘋狂，這境界即便在讀博士時，我也沒見這樣。

　　2021 年的最後兩個月，就這樣交付給了《詩經》。新年繼續，終於在 1 月的下旬完成了全書的主體。近幾天，還在陸續地修正補充，並搜集附件材料。

三

1 月 6 日將審稿材料發給楊主任，13 日就回覆說通過審稿。效率之高，令人感佩！俗話說得好：沒有對比就沒有傷害。19 年、20 年，我曾將《〈古周易訂詁〉校證》、《〈讀易述〉校證》分別投給大陸的一個權威出版社、一個普通出版社，前者索要出版費 10 萬，後者要 6 萬。然而，不得不面對的現實是，公家既無出版專項經費，私人微薄的收入除去房貸、車貸、生活所需之外，已然所剩無幾，最後想想還是算了。其實，書出不出，多出一本，少出一本，都無所謂，但飯是必須要吃的。杜甫說：「囊空恐羞澀，留得一錢看。」還是生活最重要！詩和遠方的田野固然美好，但眼前的苟且才是最真實的！到目前為止，我僅在大陸投過這兩次書稿，但沒有在大陸出過一本書，所有的書都是由花木蘭文化有限公司出版的。那免費的出版、大氣的裝幀、高效的流程、精細的編校，著實讓我感動和感恩。

清光緒十九年（1893）鴻寶齋石印本，國內多所圖書館有藏。由於疫情防控，未能出門訪書。恰好蘇州圖書館亦有此書，承蒙卿朝輝兄拍照卷首諸序跋，特此致謝！和朝暉兄素未謀面，僅在微信有過交流，此前還獲贈過他的大著《牧齋初學集詩注匯校》。近來他致力於《錢謙益年譜》和《錢謙益全集》，非常期待！

卷首「參閱諸公」、「較正門人」兩篇文字，是劉雙燴同學代錄的。附錄三是王麗華同學代錄的。劉、王兩位同學是 20（2）班漢語言文學師範專業的學生，為人恬靜，好學深思，自是未來可期。

能夠解決的問題想辦法解決，但有些問題眼下還無從搞定，只能留作遺憾。比如，在網上查得趙烈文所藏嘉慶十八年（1813 年）周氏書三味齋刻本《詩經世本古義》28 卷首 1 卷，有趙烈文跋，現藏中央民族大學圖書館；徐時棟校並重訂目次、傅增湘跋《詩經世本古義》二十八卷；等等；眼下無緣得見，只能寄希望於他日。

四

2016 年 9 月 20 日曾購有林慶彰先生《明代經學研究論集》，但直到這本書開始做了一段時間之後，才開始閱讀此書，因其中有《何楷〈詩經世本古義〉析論》一文。某日看到《朱謀㙔〈詩故〉研究》，文章開篇指出：

> 明代經學，在整個經學史的研究過程中，一直是最受忽視的。
> 近十餘年來，筆者在這領域寫過兩本專著和多篇論文，對明代經學

的面貌和特質，也僅能描繪出一輪廓而已。較深入的分析研究，可能要從個別經學專家的研究入手。例如：《易經》有蔡清《易經蒙引》、熊過《周易象旨決錄》、陳士元《易象鈎解》、魏濬《易義古象通》、何楷《古周易訂詁》等《詩經》有季本《說詩解頤》、朱謀㙔《詩故》、馮復京《六家詩名物鈔》、何楷《詩經世本古義》、朱朝瑛《讀詩略記》等。《春秋》有湛若水《春秋正傳》、陸粲《春秋胡氏傳辨疑》、高攀龍《春秋孔義》、朱朝瑛《讀春秋略記》等。《四書》有陳士元《論語類考》、《孟子雜記》等，群經總義有陳耀文的《經典稽疑》、朱睦㮮《授經圖》等。這都是明代較有代表性的經學著作。都應有專著或專文加以分析研究。唯有如此細密深入的分析討論，明代經學的真面目才能有效的掌握。能如此，由宋學到清學，其間的演變過程也才能一目了然。〔註1〕

看到林先生擬定的這個書單，不禁倍感親切。我於 2019 年相繼完成《〈周易玩辭困學記〉校證》、《〈古周易訂詁〉校證》之後，因二書對《周易象旨決錄》多有徵引，曾有過整理此書的想法，並做過一部分，但後來因為做了史源學考易系列的另五種之後，又開始清代別集的工作，周易系列就暫時中止，此書便未能完成。以後如果有機會，應該還是會把它整出來的。學界對明代經學的評價不高，但如果深入進去，還是有很多可圈可點的東西，不可一概加以否定。但可以肯定，明代經學的價值肯定會逐步被肯定，明代經學文獻的整理還有很大的空間。也許，在未來的日子裏，我還會整出幾部。

五

今晚就是南方的小年夜了，由於疫情原因，已經連續兩年沒有回老家，父母又早早地做好了肉糕和扣肉，趕在年前寄了過來。在父母眼中，兒女永遠是長不大的孩子，所以他們操勞一生，默默付出。那無聲的愛，至大至濃，讓異地的人兒倍感溫暖。

23 日外姑就回了山東老家，由於沒人帶孩子，我已不能再像之前那樣專心於工作了。好在《陳玉澍詩文集箋證》和《詩經世本古義》都大體已完成，還剩下一些小的問題，只能趁著早上小孩還在酣睡的時候集中處理。還有一個多月的時間就要交稿了，繼續努力。

〔註 1〕林慶彰先生《明代經學研究論集》，華東師範大學出版社 2015 年版，第 279 頁。

新的一年，暫時不打算著手新的東西，先把手頭幾本沒有做完的舊書慢慢做完，有些拖得實在太久了。「書卷多情似故人」，老這麼拖著，不僅原有的熟悉感變得愈發的陌生，還彷彿欠了故人一筆人情債，頗有些愧疚。

初中學《曹劌論戰》，當時是要求背誦全文，時過多年，大都已經忘記，印象最深的是「一鼓作氣，再而衰，三而竭」。然而不大懂得是什麼意思。搞完了《詩經世本古義》，爬梳自己這些年的工作，突然發現好像是懂了。自 2018 年決心整理古籍以來，首先選定的是《沈欽韓詩文集校注》，然後是《劉毓崧集校證》、《小峴山人集箋注》，之後又有經部、子部文獻。但就清人別集而言，至 2021 年止，已陸續著手進行的書，除了前舉三種之外，還有七種：《汪之昌集校證》、《陳玉澍詩文集箋證》、《居業堂文集》、《思綺堂文集》、《陸繼輅集》、《〈曝書亭集詩注〉校證》（附《曝書亭詩錄箋注》）、《〈吳詩集覽〉校證》。然而除了《劉毓崧集校證》已出版，《居業堂文集》已交稿，《陳玉澍詩文集箋證》、《〈曝書亭集詩注〉校證》（附《曝書亭詩錄箋注》）待交稿，《陸繼輅集》已完成之外，另外五種都完了一部分，然後由於種種原因都中止了。特別是《沈欽韓詩文集校注》，從 18 年擱置至今，始終未能賡續。事實證明，一鼓作氣的都搞完了，一中斷的就很難再續上。希望以後都能夠慢慢撿起來，不給自己留下缺憾！

六

早些年，網絡上流行一個詞語叫「佛系」，後來又流行「人間不值得」的喪文化。而今年則流行「內捲」。各行各業都捲的很嚴重。單就考研而言，近幾年的報考人數，2015 年為 165 萬，2016 年為 177 萬，2017 年為 201 萬，2018 年為 238 萬，2019 年為 290 萬，2020 年為 341 萬，2021 年則飛升至 422 萬。由於內捲過度，於是就相應的出現了「躺平」一詞。很多人覺得自己再怎麼努力，也沒有辦法改變自己的處境，於是就採用「躺平」來對抗「內捲」。

想想自己的工作，雖然在論文發表、專著出版、職稱晉升、日常教學等諸方面也捲的厲害，但畢竟還算穩定，也不算太辛苦，已然十分知足。

陸游詩云：「流年不貸人，俯仰遂成昔。」趁著還年輕，自當珍惜每日的時光，做點自己感興趣的事。不為他人，只為自己內心的快樂，——因為，那是自己的選擇。

最後，用汪峰的《光明》來作結：

當灰爐查封了凝霜的屋簷
當車菊草化作深秋的露水
我用固執的枯藤做成行囊
走向了那布滿荊棘的他鄉
當大地鋪滿了悲泣的落葉
當杜鵑花化作遠空的霧靄
祝福我吧我最思念的親人
那就是我向你告別的身影
也許迷途的惆悵會扯碎我的腳步
可我相信未來會給我一雙夢想的翅膀
雖然失敗的苦痛已讓我遍體鱗傷
可我堅信光明就在遠方

當灰爐查封了凝霜的屋簷
當車菊草化作深秋的露水
我用固執的枯藤做成行囊
走向了那布滿荊棘的他鄉
也許征程的迷惘會扯碎我的手臂
可我相信未來會給我一雙夢想的翅膀
雖然挫折的創傷已讓我寸步難行
可我堅信光明就在遠方
我用翅膀掀起那天邊的白浪
我用身軀託起那鮮紅的太陽
就在這刺骨而凜冽的大風中
你會聽到我　讚美未來的呼喊

1 月 22 日晚上失眠，1 點鐘用手機寫第一節
1 月 24 日下午第二節
1 月 24 日清晨第三～四節
1 月 26 日清晨第五～六節